近世讃岐の藩財政と国産統制

木原溥幸

溪水社

近世讃岐の藩財政と国産統制　目次

Ⅰ部　高松藩

Ⅱ部　丸亀藩

近世讃岐の藩財政と国産統制

Ⅰ部　高松藩

第一章　高松藩の砂糖流通統制

はじめに

讃岐高松藩における砂糖生産に関するこれまでの研究は、三つの傾向に大きく分けることができる。一つは天保六年に始まった領内への砂糖問屋の設置と、これにともなう砂糖為替金の貸付や運上・冥加金の賦課等に関するもので、高松藩の砂糖統制の具体的内容を明らかにしその特徴を探ろうとするところに中心がある。[1]また砂糖の精製工程たる白砂糖の製造に従事する絞（搾）屋の経営内容等の分析を通して、砂糖生産においてマニュファクチャー資本としての絞屋が圧倒的地位を占めることによって、初製糖たる白下地の製造を行う締小屋の自生的な発展が阻止されたという、いわば絞屋の前期資本的な性格を強調するものである。[2]そしてこの絞屋の動向と関連して、明治期における香川県下の地主制の展開が幕末期の砂糖生産と深くかかわっていることに注目し、幕末の砂糖生産をめぐる農民層の分解の中で、絞屋が土地の集積を行って地主化していくことを明らかにしようとする研究である。[3]

これらのうち、本稿では高松藩の砂糖の統制内容、その中でも特に流通面に対する統制の実態を明らかにすることを課題としている。しかしながら、砂糖の流通統制の問題は生産統制と切り離して考えることはできず、両者は有機的連関をもって砂糖に対する統一的な統制をなしていることはいうまでもないが、ここでは取りあえず流通統制に焦点を置いて考察することにしたい。

砂糖に対する高松藩の流通統制については、すでに大坂での砂糖取引を中心とする研究成果が出されている。(4)天保六年の高松藩の砂糖統制が、荷主・船頭に藩札を砂糖為替金として貸し付け、大坂での売払代金によってその返済を行わせたことにあらわれているように、大坂市場と密接な関係をもって実施されたのは事実である。しかしながら高松藩内で生産された砂糖が普通いわれるように、すべて大坂へ積み出されたのではなく、大坂以外への他国積も行われていたのである。したがって大坂での砂糖の取引を明らかにすることはもとより必要であるが、それだけでは高松藩の砂糖の流通統制の全貌を明らかにしたとはいえない。高松藩が大坂での砂糖の売払いを重視していることに注目しつつ、積出砂糖の流通の実態を明らかにすることが必要である。

最近、文政期における高松藩の流通統制の分析から、天保六年に始まる高松藩の流通統制の原型がすでに文政から天保の初めにかけてできつつあったとの指摘がなされている。(5)文政期の流通統制全般が明らかにされたわけではないが、これまで全く触れられることのなかった文政期の統制について言及した研究として貴重な成果である。そして指摘のように、天保六年以前から砂糖に対する統制が行われていたのであれば、天保六年から高松藩の砂糖統制が始まったという通説は改めねばならない。そのためには文政期以降の統制の具体的内容やその変遷を明らかにすることが必要であろう。これらの検討を通して高松藩の砂糖統制の意義が明らかとなり、天保六年の統制の位置づけもはっきりしてくると思われる。

このような点を踏まえて、文政二年から始まり天保六年の砂糖為替金の貸付にいたる高松藩の砂糖の流通統制の具体的内容について、高松藩の財政のありかたに関係させながら、大坂での砂糖取引の状況や領内での統制等を中心として以下考察する。そして併せて天保六年以降の領外への積出の実態について、領外積出砂糖の統制のために設置された九か所の砂糖問屋（のち砂糖会所）の一つである高松藩領西部の阿野郡北の林田浦砂糖会所を例として紹介したい。

なお、高松藩の藩政史料は今次戦禍で焼失したといわれ、藩政史料の側から砂糖流通統制について追求することができず、以下の分析も史料はすべて地方文書の御用留類からであって史料的制約も多い。高松藩の砂糖統制の全貌を明らかにするには、まだ不十分な点が多いことを断っておきたい。

一　文政二年の砂糖会所

高松藩では宝暦ごろから砂糖製造に着手し藩医池田玄丈にその研究を行わせたが、その後池田玄丈の弟子向山周慶が寛政元年冬に初めて砂糖の製造に成功している。この時、藩では「以来年々出来候へハ御国益ニモ可相成」と注目しているが、領内への砂糖製造の伝授はまだ禁止している。[6] そして寛政六年には大坂へ砂糖が積送られたという。[7] 享和三年になると向山周慶は「砂糖製法の義猶以出精可仕」と命じられているが、[8] このころには領内への砂糖製造の普及が図られていたと思われる。そして文化元年ごろに東讃とくに大内郡湊村での砂糖生産が盛んとなり、「専ラ上方表へ差向」けて売払い、「売方直段宜ク、屹度割合ニ相掛リ、年々徳分ヲ得候事ニ相聞」と、「徳分」を得る程までになっており、藩は砂糖生産を奨励するために運上銀を免除している。[9]

この運上銀免除のことから、これより以前に、盛んとなってきた砂糖生産に対して、藩が運上銀賦課という形で統制に乗り出していたのがわかるが、のち文政三年の運上銀賦課に際し「初発百姓共依願、寛政六寅年より享和二戌年迄、御取立被仰付候御振合も有之」といっており、[10] この寛政六年から享和二年までの間に運上銀の賦課が行われていたのがわかる。

また文化の初め江戸では砂糖について「近頃は紀伊国四国辺にて造り出し氷砂糖まで製造す、別して讃岐国は産雪白の如く、舶来にいさゝかおとらず、文化元年の頃よりして、菓子の類に商人ども専ら用ゆ」といわれているように、[11] 讃岐産つまり高松藩産の白砂糖が江戸で菓子類に使われていた。

ところで高松藩における砂糖生産の推移であるが、砂糖の原料たる甘蔗の植付面積からある程度推測することができる。[12] **表1**によると、盛んであったのは安政の後半から慶応にかけての時期であることがわかる。とくに「慶応寅年ノ如キハ我讃糖業ノ空前絶後ノ隆盛ヲ極メシ年ニシテ、全讃岐植付反別殆ント八千町歩ノ多キニ登ツテ四十万余ノ樽数ヲ輸出シ、之カ為メ糖業者ハ非常ノ巨利ヲ博セリ」と、慶応寅年つまり二年が最盛期であったという。[13] この高松藩産の砂糖が全国的にどのような位置にあったかというと天保元・二・三年の大坂への黒糖を除く和製白砂糖の積登量の平均によると（**表2**参照）、総積登量のうち讃岐分が約六一パーセントを占め、そのうち高松藩分だけで約五五パーセントとなり、大坂積登量の半数余りが高松藩産の砂糖であった。

では高松藩内のどの地域で砂糖の生産が行われていたかということであるが、**表3**の㋑は砂糖問屋（のち砂糖会所引請人）の置かれた浦・城下の天保八年の甘蔗植付面積で、各会所の管轄下の郡と推定されるものを右端の括弧内に示した。大内郡が最も多く、次いで寒川郡、阿野郡北の順となっている。この傾向は㋺の明治六年の場合も同様であるが、三木郡と山田郡で植付面積が増加しているのが天保八年と異なる点である。このように東讃の大内・寒川郡一帯で砂糖生産が盛んであり、阿野郡がこれに次いでいる。

享和三年ごろから砂糖生産が領内に普及していったのではないかと先述しておいたが、文化の初めごろに砂糖生産に関する事務を郡奉行に委ね、その保護奨励を行ったことがあり、[14] また文化二年の末から阿野郡北では医者道順によって砂糖製造が広められ、五、六年後には「諸人見習自然と製法上手ニ相成、功者ニ利益相顕」れた結果、「郡中一統押移繁栄仕、抜群之御国益ニ相成居」るという状態になっている。[15] こうして阿野郡北に限らず他

表1　高松藩甘蔗植付面積の推移（町以下切捨）

寛　政　2	1町	前田正名「讃岐ノ砂糖」
文　政　12	(850)	信夫清三郎『近代日本産業史序説』
天　保　5	1,120	「讃岐ノ砂糖」
天　保　7	1,379	「讃岐ノ砂糖」
天　保　8	1,371	「代笏」
弘　化　元	1,750	「讃岐ノ砂糖」
嘉　永　元	2,042	「讃岐ノ砂糖」
安　政　3	3,220	「讃岐ノ砂糖」
安　政　5	3,715	井上甚太郎『讃岐糖業之沿革』
慶　応　元	3,807	「讃岐ノ砂糖」
明　治　6	2,827	「讃岐国庶糖統計表（『農務顛末第二巻』）
明　治　14	3,240	同上

注（1）「讃岐ノ砂糖」と『讃岐糖業之沿革』とは数字に若干の違いがあるが、ここでは「讃岐ノ砂糖」に拠った。
（2）明治6・14年は旧丸亀藩領を若干含む。
（3）天保8年の「代笏」は渡辺家文書（瀬戸内海歴史民俗資料館蔵）である。

表2　天保初年の砂糖大坂積登高

総　積　登　高		11,234,657斤余
讃　岐　分		6,880,820斤余
内訳	高松藩	6,151,016斤余
	丸亀藩	526,063斤余
	多度津藩	148,860斤余
	小豆島	54,881斤余

大阪商業会議所編『大阪商業史資料・巻二九』より。

の地域にも、このころから砂糖作りが普及し、文化末には東讃のみでなく領内各地で砂糖の生産が盛んとなり、領外への積み出しも行われていったが、この時期の砂糖に対する統制については明らかでない。そして砂糖の流通に対する統制が本格的に行われ始めるのは文政に入ってからのことである。

具体的な流通統制を述べる前に文政ごろの高松藩産砂糖の領外への移出状況をみると、大坂への積み出しにつ

表3　郡別の甘蔗植付面積（反以下切捨）

㋑天保8年			㋺明治6年	
引田浦	207町	（大内郡）	大内郡	763町
三本松浦	240	（大内郡）	寒川郡	585
津田浦	122	（寒川郡）	三木郡	286
志度浦	197	（寒川郡）	山田郡	190
檀浦	122	（三木・山田郡）	香川郡	381
城下	176	（香川郡東西）	阿野郡	432
林田浦	240	（阿野郡北）	鵜足郡	115
原田村	64	（鵜足・那珂郡）	那珂郡	75
（前出「代笏」より）			（前出『農務顛末・第2巻』より）	

注（1）天保8年の場合、阿野郡南がどこの砂糖会所の管轄となるかが問題として残る。
（2）明治6年の場合、鵜足郡に1か村、那珂郡に19か村の旧丸亀藩領を含む。

いては、「近年（文政元年ごろ）砂糖作多、当郡（阿野郡北）者勿論、阿野南鵜足郡迄専作付仕、〆立製法或者焚込等ニ而、夥敷上方表へ積登(16)」、また文政七年ごろ「寒川郡村々ヨリ大阪表エ積登候砂糖莫大ノ義相聞」とあるように(17)、大量に大坂へ積み出されていた。一方大坂以外の地域にも売り捌かれており、文化十二年には阿野郡北の林田村船頭松右衛門が砂糖を積み込んで長門の下関で売り払い(18)、また文政四年ごろ同じく阿野郡北の砂糖が、明石・兵庫・伊勢・尾張などにも積み送られている(19)。さらに江戸にも送られており、文政五年には江戸の「御国砂糖問屋」の一人である三沢次郎兵衛への砂糖の積出を行わせている(20)。

このように文政期には、大坂へ大量に送られるのみならず、大坂以東の伊勢・尾張・江戸や、大坂以西の兵庫・明石・下関などの瀬戸内海地域にも送られていた。瀬戸内地域で売り捌かれることを「下筋売」といったが、のち天保に入ると兵庫の砂糖問屋経由の江戸積を除いて、大坂以外の地域で売り捌かれることを「端浦売」といっている。

さて、文政二年九月に砂糖会所が領内に設置された(21)。

大内郡松原村
寺井屋星之助
川崎屋吉兵衛
寒川郡津田村
室津屋弥八郎
平福屋喜代蔵
同　郡志度村
宇治屋伝左衛門

右者御領中本田畑江甘蔗植付之義ニ付、此度公辺向御達在之候、追而被仰出候迄先是迄之通相成候ニ付、百姓共一同可致安堵、然ル所右作付之義ニ付、諸国一統御停止之段被仰出候ニ付、御取扱方容易難相調義ニ候、百姓共迷惑次第難相捨置、格段之御取調ニ而是迄之通ニ相成候義ニ付、砂糖売捌方是迄ハ不締之義ハ無之哉、其上近国出来糖ヲ御領分砂糖之由申成、上方ニ而売買致候趣も相聞候間、已後為〆り方砂糖会所取立、当分其方共座本ニ申付、極印相渡置候間、諸国江積出候分樽毎ニ押、積出切手ヲも指出可申候、此度座本申付候義ハ、全御国産砂糖繁栄、百姓共為成義弥第一候間、自分之利欲而已ニ不拘、作人共之不為ニ不相成候様、精々心掛ケ相働可申候

一右取扱全仮趣法立ニ付追々相改、浦々ニ而座本相増可申候、且又極印村役人共ゟ取扱候義可在之候、兼而其旨相心得可申候

文政元年十二月に幕府は本田畑への甘蔗植付を禁止しているが、[22]これを契機として領内産の砂糖樽には砂糖会所の座本が「極印」を押して確認し、「積出切手」を出すというのである。したがってこれ以後は砂糖の領外への積出は砂糖会所の座本を通さねばならないことになった。川崎屋吉兵衛・平福屋喜代蔵は城下の商人である。[23]ま

た「且又極印村役人共ゟ取扱候義可在之」と、村方役人が極印を押すことも併行して行われている。これは砂糖会所座本決定以前は村役人が極印を押していたことを示すものと思われ、積出切手に相当する「砂糖出入積荷見改切手」は浦役人が出すことになっていた。(24) つまり文政二年以前は村役人・浦役人によって砂糖の流通統制を行っていたのが、砂糖会所を中心とする領外への流通統制に変わったのである。

この砂糖会所座本の設置は、「大坂表江積登之砂糖代銀彼地江相納、此元ニ而代銀札請取候義勝手ニも可相成候ニ付、同所町人加島屋一郎兵衛引請人申付候間、右市（ママ）郎兵衛方江夫々問屋共ゟ代銀持込、預り書取荷主共江相渡せ候間、請取罷戻夫々座本へ持出候得ハ、時々相場ニ而代り銀札相渡し可申候」とあるように、(25) 大坂での砂糖代金の取扱と密接な関係をもっていた。つまり大坂で売り払った砂糖の代銀は大坂の砂糖問屋から大坂町人加島屋一（市）郎兵衛へ納め、荷主に砂糖問屋から「預り書取」を受け取って帰らせ、藩地の砂糖会所座本から代銀に相当する「銀札」を渡すというのである。

高松藩における藩札の発行は宝暦七年に始まっているが、文政初年の藩財政は、近年の水害・旱魃によって年貢収入が減り、一方では江戸藩邸での遣料が倍になるなどから、「兼而卸備置に相成候御軍用御国用の御貯金も頓て払底」しており、そのため「江戸上方御領中にての御借り金相増」という状態であった。そして藩札の発行が増すにつれて多額の引換金を必要とするが、この引換金も確保できず、結局「大坂町人之内へ御頼引受日々際限相立少々づつ引換貫」うことになった。(26) 加島屋一郎兵衛は「銀札引更方指支候ニ付、加島屋一郎兵衛繰出銀ヲ以可也引更」とあるように、(27) 高松藩が藩札引更金のために借金した大坂の町人であった。したがって加島屋へ砂糖代金を納めることによって、この藩札引更の借金の返済を行っているのである。

この砂糖代金は加島屋へ納め荷主は代金に相当するものを藩札で請け取るという方法は、「勝手ニも可相成」とあって大坂での砂糖代金を加島屋へ納めることを強制されるものではなかったが、藩の借金返済資金である以上は、大坂での砂糖代金を加島屋へ納めることは、ほぼ強制的であったのではあるまいか。そしてまた大坂へ大量の砂糖の積出の方針を取ったであろうことも十分考えられる。この意味で高松藩は大坂への砂糖の積出を強化することによって、藩財政難を解決しようとしたのである。砂糖会所の設置が砂糖の領外積出の統制を狙ったものであると同時に、高松藩財政難解決の一環を担ったものであったことに注意しておかねばならず、これ以後砂糖の流通統制は藩財政との強い関係の下に推し進められることになる。

　この砂糖会所の設置に関係した史料として、「是迄ハ高歩（ママ）為替銀等借受候者も可有之様子ニ付、已来為替銀届候者江ハ貸方等右会所ニ而取扱せ可申筈ニ而、運上銀問屋口銭等も指出せ可申候所、連年繁栄之姿ニ相成、此上ハ兎角栄続ヲ第一之義ニ付、右等之扱ハ先当分御猶預被下候、全（ママ）焼印料切手銭として樽壱挺ニ付三分つゝ座本江相納せ可申候」とあり、[28]為替銀貸付・運上銀・問屋口銭は当分の間猶予し、極印の焼印料・積出の切手銭として砂糖樽一挺について銀三分を座本に納めさせることにしている。為替銀は文政二年以前にも貸付が行われているのがわかるが、これは享和元年から銀札を領内の「農商之富有なる者」に積極的に貸し付ける方針を取っており、[29]砂糖生産者にも貸し付けられたものと思われる。運上銀は先述のように寛政六年から享和二年まで課されていたが、文化のある時期に復活されたのかもしれない。問屋口銭については明らかでない。

　砂糖会所設置にともなう砂糖代金の加島屋納は、翌三年七月に「世上金銀不融通ニ而困窮之趣相聞候ニ付」との理由で中止され、大坂での砂糖代金は「如以前勝手次第、大坂問屋ゟ請取戻り候義不苦」となった。大坂での砂糖代金を藩札でしか受け取れないところからくる荷主・製糖業者の反対があったのであろう。しかし加島屋への砂糖代金納を行わなくなったかわりに、財政収入の増加をはかるために他領積出の砂糖に運上銀を課すことにした（**表4**は運上銀の率を示す）。この結果砂糖会所は必要でなくなり、焼印料・切手銭の銀三分の徴収も止め、以後は浦役人が運上銀を徴収し、極印を押して積出切手を出すことにした。つまり座本は廃止されたが極印・積

表4　積出砂糖の運上銀

白砂糖	50斤入1樽	運上銀6匁5分
白下地	100斤入1桶	同　4匁1分6厘
蜜	100斤入1桶	同　1匁3分
黒砂糖	80斤入1桶	同　4匁1分6厘

文政3年「御用日記」（渡辺家文書）より。

出切手の業務は浦役人が行うことになっており、他領積出の砂糖に対する統制そのものが廃止されたのではない。浦役人が運上銀の徴収にあたるのはこの時が始めてではなく「先年之振を以」てということであった(30)。

ところが九月に阿野郡北の大庄屋渡辺七郎左衛門・渡辺和兵衛は百姓・庄屋の願いを受けて、「上方表近来稀成直段下直」であることを理由として「御運上銀御用捨」を藩へ願い出た。そして運上銀を納めねばならないのなら、これに代えて甘蔗植付面積の一反について運上銀四、五匁か又は白砂糖一斤につき銀三、四厘を納めることを要望している。このような砂糖生産者農民の反対の中で藩は十月に、砂糖運上銀の徴収は「当年中御免ニ相成」ると中止している。この時手間がかかるということで焼印は「肉印」にかわったが、極印は浦役人が取り扱い、積出切手も浦役人が出すというこれまでの方針が維持されている(31)。こうして砂糖代金の加島屋納、さらに運上銀徴収が中止されると、藩は返済資金確保のための何らかの方法を講じねばならなかった。

二　加島屋・天王寺屋「七歩金掛込」

文政四年五月に、先述した砂糖代金の加島屋納の方法を若干修正する形で、大坂積出砂糖の統制を行うことになった。長文になるが次の史料を提示しよう(32)。

（前略）、当時御世帯向必止と御難渋ニ而、最早御取続も難相成御模様ニ成行、銀札引更方指支候ニ付、加島屋一郎兵衛繰出銀ヲ以可也引更候所、右繰出銀ニ而も度々指支而已、其上右出銀返済方之義ニ付、右一郎兵衛方達（ママ）々申出候次第も在之、無拠猶又此度相改、左之ケ条之通締り方申付、大坂表江積登砂糖代金銀、如已前加島屋一郎兵衛方へ掛込候様申付候、尤右正金銀之内三歩通者為肥代薪代と正金銀相渡、残七歩通者兼而一郎兵衛方江預ケ銀札も在之候間、於同所代り銀札相渡せ可申候、併札会所相場ニ而者一統難渋も可仕候間、其時々此元町金相場割合ヲ以引更相渡申度段、一郎兵衛内願之趣も有之承届候間、左様相心得、当時格段之御指支中之義ヲも相弁、弥心得違無之様速ニ大坂表江積登可申候、依之抜荷者勿論御隣領江陸地付越候義者一切不相成候間、此段不洩様入念可被申渡候、（下略）

一砂糖樽櫃毎ニ高松と申判形押来候得共無用、已来者其村々為目印と、符帳様ノ物ヲ入レ積登せ可申候、

一大坂表砂糖問屋共、於手元不締之次第在之哉と相聞、荷主共迷惑ニも可相成事ニ付、此度加島屋一郎兵衛手元ニ而中屋三郎兵衛義、右問屋共惣元〆申付候、（下略）

一右砂糖積登候趣、村政所共ゟ一郎兵衛方江渡手形指出せ可申候、（下略）

一砂糖荷物積登捌方之義者、是迄之通荷主船頭了簡次第之事候得共、送り手形ニ一手之分者、問屋両三軒江分ケ□仕売捌候義も在之候者、此度何屋誰積参候樽教何百挺之内何屋誰江水揚仕候段、書付ヲ以荷主船頭共之内ゟ加島屋方へ指出候様心得せ可申候、（下略）

一川口積出切手之義も村政所共江取計せ可申候、（下略）

一大坂表江積登砂糖者、手前々々勝手之問屋へ持込売払、右代金銀而已一郎兵衛方へ掛込候事と相心得せ可申候、（下略）

一掛込銀指引書加島屋一郎兵衛方ゟ請取戻候ハヽ、村政所之手元江取括置、月末ニ至郷会所へ指出せ可申候、

（下略）

一砂糖売払方無拠子細も在之、下筋江積廻候者も在之候得者、右金銀是又三歩廻正金銀相渡、残七歩通り銀札二而加島屋一郎兵衛手代共手元迄、町金相場割合ヲ以引更せ可申候間、此元江相詰居申候手代共旅宿江指出せ可申候、（下略）

大坂へ積登の砂糖代金の七割は荷主・船頭から加島屋に「掛込」せてその代わりに加島屋から銀札を渡すこと、残り三割は肥代・薪代として荷主・船頭へ渡すこと、砂糖樽・櫃に「高松」の印を押していたのをやめ積出村の目印として「符帳」を入れること、大坂の砂糖問屋の取締りのため中屋三郎兵衛を問屋惣元締とすること、各村政所(33)から加島屋へ「渡手形」（送り手形）を送ること、荷主・船頭は砂糖の水揚問屋を加島屋へ知らせること、「川口積出切手」は庄屋に取り扱わせること、大坂へ積み登した砂糖は荷主・船頭が「勝手之問屋」へ売り払ってよいこと、荷主・船頭は加島屋から「掛込銀指引書」を請け取り庄屋へ提出すること、「無拠子細」があって「下筋」へ積み送る時には、代金の七割を高松城下の加島屋手代へ納め銀札を請け取ることなどがその内容である。

まず注意しておかねばならないのは、「速ニ大坂表江積登可申」とあるように、砂糖の積出を大坂へ集中させようとしており、下筋売も「無拠子細」がある場合に限定されていることである。文政二年の時には大坂へ砂糖の集中をはかるということは表面的にはなかったが、この文政四年にははっきりと大坂との結びつきを強めるという形で、砂糖の流通統制を強化している。また砂糖代銀の七割は加島屋へ掛け込ませ、残りの三割は肥料・薪代のために荷主・船頭の収納としたのは、文政二年の際の欠陥を除いたものといえよう。また文政二年の場合と異なって砂糖の積出に村役人が重要な役割を果すようになっているが、加島屋への渡切手や川口積出切手が村役人に任せられていることは、大坂を中心とする砂糖の流通統制が村役人との関係を強めることによって行われたことを示している。そして、大坂および城下での砂糖代銀の銀札との引換が加島屋によって行われているように、加島屋と一層強く結びつくことによって文政四年の流通統制が実施されたことはいうまでもなかろう。高松藩が加島屋に多額の借金をしていることから考えると当然のことであった。

この砂糖代銀の七歩加島屋掛込は「当夏被仰出候御趣法向者、百姓共一統御服居申候、何之指支も無之、結好（ママ）之御趣ニ而御座候」と、砂糖を生産する農民もこれに従っているのがわかる。[34] しかし翌五年になると、「兼而村役人送り手形相添可申旨、達々申渡置候処、段々右送り手形持参無之、相尋候ヘハ致失念候間、跡ゟ送り可申旨申答候者も有之、甚指支之由」とあるように[35]、村役人から加島屋への送手形を持参しないものがあらわれてきている。村役人から加島屋へ送手形を出すことによって、荷主・船頭の大坂以外への売払を防止し大坂積出砂糖の確保を行っていたことから考えると、送手形を持参しないということは加島屋が大坂への積登高を正確に把握できず、ひいては荷主・船頭の大坂以外での売払によって、大坂への積登砂糖が減少するという事態をもたらすことになるのである。

また六年には「加島屋一郎兵衛方ニ而銀札ニ引更、右仕切書等取帰、役所へ指（出脱カ）候筈之所、中ニ者右様之取扱も相見不申、全切手指出候而已ニ而、加島屋方仕切取帰不申」と[36]、銀札と引換の仕切書を持ち帰らず、藩地で「七歩掛込」を行ったかどうか確認できないようなことが起こってきている。そして文政七年には「大坂江積登候砂糖代者、加島屋一郎兵衛方江掛込、其余積出之分ハ、此元同人店江掛込候義」が「近頃猥成義も相聞候」と[37]、加島屋への「七歩金掛込」が円滑に行われないようになっている。

なお、先述のように掛込金の仕切書は村政所へ提出し村政所から郷会所へ届けることになっていたが、文政七年一〇月にはこれを改めて札会所へ荷主・船頭から提出することにした。またこのとき大坂以外の「余国売」は高松城下の加島屋出店へ七歩銀を掛け込ませていたのを改め、札会所へ七歩銀を納めさせ札会所から銀札を渡すことにしており(38)、札会所の果す役割が重くなってきている。

文政七年一二月には、「砂糖代掛込、是迄加島屋一郎兵衛方へ掛込、同人手形相渡来り候所、万々同様ノ取扱ニテ、当分天王寺屋五兵衛事大眉五兵衛方エ掛込、手形相渡候筈ニ候間左様相心得、庄屋添手形も五兵衛方へ指越可申候」と(39)、砂糖代金の掛込先が加島屋から天王寺屋（大眉）へと代わっている。「万々同様ノ取扱ニテ」とあるように掛込方法は従来通りであった。この代わった理由は明らかでないが、高松藩が新たに天王寺屋から借金をしたためであろうか。先の七歩金掛込の仕切書の提出先が郷会所から札会所へ代ったこと、余国売は加島屋出店ではなく札会所で銀札と交換することにしたのは、この掛込先変更にともなう措置であったといえる。

しかし翌八年九月には天王寺五兵衛への砂糖代金の掛込と並んで、「車元割当銀」つまり砂糖車の所持者へ割当金を課すことにしている。次の二通がそれに関する史料である(40)。

砂糖車株之者共

砂糖代金之内七歩通、是迄大眉五兵衛方江掛込候様被仰付有之候所、相場之義ニ付迷惑之次第有之候而、願出候向も有之無拠相聞候ニ付、右願之趣当分御聞届被下候、尤今暫引更所金子入用有之候ニ付、別紙之通小引更所相立、時之町金相場ヲ以御引替被下候ニ付、大内郡車壱挺ニ付金弐拾五両、其余郡々者弐拾両抨、当十二月ゟ来戌四月迄、小引替所ニ而引替可申候、（中略）

但、勝手ニ付大坂表江相納申度者者、大眉五兵衛方江掛込受取書取帰、此元小引替所江持出候得ハ、其時之相場ヲ以代銀札相渡申候

一江戸表積廻之義、指留ニ相成居候得共、勝手次第積廻可申候

高松丸亀町　柏野屋市兵衛
鵜足郡宇足津村　大和屋慶助
寒川郡志度村　宇治屋伝左衛門
同　郡津田村　室津屋貞助
大内郡三本松村　綱屋与惣兵衛
同　郡引田村　米屋久次郎
同　郡南野村　百姓五郎兵衛

砂糖代金之内七歩通、大眉五兵衛方へ掛込候様被仰付置候所、砂糖百姓共色々指支之趣願出候向も有之、右願之趣御聞届被下、去ル卯年（文政二）年已前之通江戸積者勿論勝手次第売捌候様、砂糖百姓共へ申渡候、尤引更方入用ニ付、砂糖車壱挺ニ付大内郡者金弐拾五両、其余郡々者弐拾両つゝと相定、時之町金相場ヲ以引更候様申付候間、右御引替所其方共へ申付候

天王寺屋への掛込を緩和した理由は、「相場之義ニ付迷惑之次第有之」、「砂糖百姓共色々指支之趣願出候向も有之」とされているが、大坂での砂糖相場下落によって砂糖百姓に渡る正貨が減り、肥料・薪などの購入に影響したからであろう。そして以後はこれまでの大坂への砂糖積出を中心としていた状態から、江戸積を始め、「勝手次第売捌」いてよいことになった。しかし「引更方入用」つまり銀札との引換の資金を確保するために、砂糖車一挺について大内郡は二五両、その他の郡は二〇両を藩内七か所の「引替所」へ納めさせ、代わりに銀札を渡すというのである。またこの時「砂糖積出之節切手指出候得共、已来無用ニ可致」と、積出切手が中止されている。こ

れは積出先が自由となったことから、他領積出砂糖の統制が必要でなくなったからである。なお天王寺屋への掛込金を全く否定したのではなく、大坂へ積み送ったものは天王寺屋へ掛け込んでもよいことにしている。

この車元割当金は、大坂の砂糖積登重視を否定したもので、この意味では文政三年の運上銀賦課と同じであるが、実際には行われず翌文政九年一〇月には再び天王寺屋七歩金掛込のみを実施している。(41)

砂糖方調達金当分車元之者江申付候処、右納方色々混雑在之、迷惑之向も相聞候間、先右納方被指免候、仍之当十月廿五日以後大坂江積登候分者、以前之通り高松者平福屋安兵衛、浦々ハ村方庄屋共切手ヲ以積出、大眉五兵衛方江申送り書付等相添遣し、彼地ニ而売捌等之上、仕切帳面ヲ以、代金之七歩通り五兵衛方へ掛込可申候、尚又大坂之外他所積之分者、高松浦々共去年申付候小引替所共ゟ模寄々々切手差出せ、歩安之為替貸も致遣候段、委細先頃申渡候通可然候処、右書面之内相別り兼候ケ条も在之候間、左之通相心得可申候

（中略）

一大坂之外他所積致候節、高松者小引替所柏野屋市兵衛ゟ切手仕渡候ニ付、香西其余郷分小引替所手遠之端浦等ゟ積出候義も在之候得者、高松江相廻市兵衛切手ニ而積出可申、（中略）、為更貸も銀札ニ而貸候義者不致、都而正金銀ヲ借受、其分ヲ大眉五兵衛方江掛込候義と相心得せ可申候

一大坂之外他所積之分、小引更所共ゟ切手仕渡候分ハ半金為更貸渡、帰船之節金銀取納指引相立筈ニ候、仍之加印札ハ不相渡、且為更貸渡不申分も、半金相納候義と相心得せ可申候、且又加印札ハ相渡不申候

（下略）

文政八年までは大坂への積出切手は各村の庄屋が出していたことは先述したが、高松から積み出す場合には平福

屋安兵衛が出していたことがわかる。掛込方法などは以前と全く同じであり積出切手も旧に復している。他所積については「半金」つまり砂糖代金の半分に相当する「為更貸」を行い、帰船の時に指し引きをし、為更貸を行っていない分については砂糖代金の半分を納めさせ銀札を渡すことにしている。

そして大坂以外の「他所積」の場合は次のようにされた(42)。

大内郡南野村小引替所
　五郎兵衛
同　郡引田村同
　久次郎
同　郡三本松村同
　与惣兵衛
寒川郡津田村同
　貞助
同　郡志度村同
　忠太郎

砂糖方調達金当分東元江申付候段、去年申渡候所、右納方色々混雑も有之、迷惑向も相聞候間、先右納方指免候、依之当十月廿五日以後、大坂表之外他所積出候分ハ、高松ハ柏野屋市兵衛、浦々者最寄々々其方共切手ニ而積出せ可申候、尚右切手指出方之義ハ、文政巳年之振ニ而取計可申候、右ニ付帰船之節仕切状夫々切手引合せ、売捌高間違無之様相改可申候、且又為替貸并金銀取納方之委細ハ、御札会所ニ而可申渡候間、右様相

心得諸事入念可申候

積出切手は以前のように庄屋ではなく、前年に置かれた高松の柏野屋市兵衛をはじめ、大内郡・寒川郡の五か所の小引替所[43]から出されることになっている。他所積の為替貸は先の史料にあるように、小引替所が行っており、他所積の砂糖代金の半分を銀札と交換することもおそらく小引替所で行われたと思われる。他所積の半金納は以前の七割と比べると若干緩和されている。これは他所積をした方が大坂で売り捌くよりも多くの正貨を荷主・船頭が得ることを示しており、文政四年以後他所積は「無拠子細」がある場合に限られていたことから考えると、他所積への規制を緩めたものとして注意しなければならない。つまり文政四年以後の加島屋七歩金掛込に見られたような、砂糖の積出先として大坂を重視するという流通統制から、大坂を重視しつつも一方では他所積についても広く認めるという、いわば大坂中心の流通を若干緩和するような統制へと変わっているといえよう。

　翌一〇年になると、大坂での高松藩砂糖の水揚場（「水揚会所」）を決めている。これは「御国製砂糖大坂積登之分、是迄同所問屋共於手元取扱、隠売同様之仕成ニ而、直組等も不埒明候ニ付、荷主共年来疑惑之次第共有之」という理由で、長堀三右衛門の屋敷に水揚げし、「問屋仲買等相寄、荷主船頭立会、御屋敷ゟも役人出張、掛廻直組等明白ニ取扱」せることにしている。これは「問屋附之義者是迄之通得意々々可為勝手次第」とあるように、従来通り「問屋附」は認められており、水揚場で入札によって売り払うというものではなかった。水揚場で高松藩砂糖の取引きを藩役人立会のもとに行わせ、砂糖問屋商人の不正行為を防止しようとしたのである。そしてこれまで天王寺屋へ送られていた送り手形はこの「水揚会所」に提出することになった[44]。

　大坂での「七歩金掛込」については、「五歩金」または「三歩金」にして欲しいとの希望が船頭たちから出されていたが、この文政一〇年十一月に水揚会所で売り捌いた樽数の三割については「七歩金掛込」、残りの七割については「代金調物代入用ニ候得者、其段積出送書ニ書入差越可申」しと「五歩金掛込」にして、大坂での掛込金を緩和している。しかし翌年には「此度相改候在砂糖、并大坂他所積帰帆不致分、都而五歩通金調達被仰付」るとあり、[45]砂糖代金の金納が強化されている。

なお、文政一〇年に「今般御国産砂糖類、於御当地御売払被為成候に付、私共仲間之者御家鋪御立入仲買と御定被為成下」と、[46]大坂の三番組砂糖荒物株・同栄久講に属する商人が、高松藩大坂蔵屋敷立入仲買となっているのは、大坂水揚会所の設置にともなう措置であったと思われる。文政四年に中屋三郎兵衛を砂糖問屋惣元締としたことは先述したが、文政一〇年ごろには大坂での砂糖取引に関する取締りを一段と強めていることに注意しなければならない。この大坂水揚会所の設置は、砂糖問屋商人の抵抗があったらしく、「此度不届之申分等も有之」と、一七軒の砂糖問屋が高松藩産砂糖の取引を藩から指し留められている。[47]

「砂糖車元割当金」が中止になってから一年半後の文政十一年五月に大庄屋へ、「砂糖代金調達之義者、毎々申渡候次第も在之候所、何分趣法通難相整、依而当秋ゟ別紙之通被仰付候」と達せられた。そしてこの年秋から実施される方法は「砂糖車株調達金」と呼ばれる。次の史料がその内容を示している。

砂糖車株之者へ

砂糖車壱丁《(ママ)》ニ付金弐拾両つゝ、月々小引替所へ土地抨相場ヲ以調達申付候間、毎年十一月ゟ翌三月迄壱月四両つゝ之積、模寄小引替所へ相納、通ひ記貫可申候、取越皆納之義者可為勝手、月延之義ハ難聞届、兼而左様相心得、此度趣法屹度相守可申、(中略)

一端浦売代金ハ是迄之通納方ニ不及、大坂売之分ハ大眉五兵衛へ七歩金掛込、加印札請取戻候得者、是迄之通大眉出店ニ而引替候歟、又ハ前件模寄小引替所ニ而引替候義も勝手次第ニ候、(下略)

「砂糖車株調達金」とは砂糖車一挺について金二拾両を、この秋の十一月から翌年の三月までの五か月間に、一か月につき四両ずつを小引替所へ納めさせるというものである。「砂糖車元割当金」は九月から翌年四月迄の間に大内郡は車一挺につき二五両、それ以外は二〇両であった。大坂以外での「端浦売代金」はこれまでとおり金納は免除され、「大坂売之分」の天王寺屋五兵衛への「七歩金掛込」も同様に認められ、高松の天王寺屋出店、または小引替所での正金引替を行わせた。「砂糖車元割当金」と比べると、引替期間や「端浦売」については相違は見られるが、「車株調達金」ないし「七歩金掛込」にするかは「割当金」と同様に、砂糖生産者の意向に任すという方針をとっている。

この時次のように砂糖関係の株を決める方針が出された。

一砂糖仲買共向後株ニ付候間、村役人小引替所申合之上、人振相撰人数之義ハ郡村指支無之様取調、当月中ニ可出候

一絞屋共是又株ニ申付候間、是迄之通人別并押船之員数者、当月中取調可申出候

　但、車株之者共ニ而も、押船弐艘之外ハ、絞屋株ニ相成候間、本文同様員数可申出候

一砂糖積出之船頭者、向後株ニ申付候間、是迄村役へ小引替所等申合之上、人振篤と相撰、船頭等之義ハ、指支無之取調、当月中可申出候

一砂糖新車願ハ、以来用意ニ不相済候間、此段兼而村役人共へ心得せ置可申候

つまり砂糖仲買株・絞屋株・砂糖船頭株を決めるというものであり、砂糖新車の制限にみられるように砂糖生産

やその積出に一段と制限を加えようとするものであったことは注目すべきであろう[48]。

以上、文政期における高松藩の砂糖の流通統制の推移を検討してみた。そこから得られる特徴は、大坂に砂糖を積み送り、その代金を高松藩が借金した加島屋・天王寺屋など大坂の商人に払い込むという点にある。高松藩財政難の克服のために、砂糖が注目されていることはいうまでもない。しかし高松藩内で生産された砂糖を独占的に買い上げたのではなく、また大坂のみに積出先を限ったのでもなかった。この意味において強固な統制方法を取ったというよりも、当時大坂を中心として展開している砂糖の流通を利用して正貨の獲得を図ったということができる。ただし大坂の砂糖市場との結びつきを強めながらも、一方では大坂以外での売捌が行われていることに注意しておかねばならない。

また従来、高松藩の砂糖の流通統制が行われたのは、天保六年からであるとされているが、これまで見てきたところから明らかなように、文政二年から本格的に始まってきていることがわかる。また領外積出統制の機関として、天保六年設置の領内九か所の砂糖問屋（のち砂糖会所引請人）が重視されているが、砂糖会所座本や小引替所の設置にみられるように、文政期にその原型を見ることができる。従って天保六年の高松藩の砂糖の流通統制は、文政期以降の流通統制を集大成したものであるということができよう。

三　天保元年の砂糖引請人

天保に入って元年、三年、六年と相次いで砂糖の流通統制が変更されている。とくに天保元年の流通統制の内容は、天保六年に始まる流通統制との関係において重要な点を含んでいるので、天保元年の流通統制について先ず検討しておこう。

天保元年一〇月に「浦々船持共」へ、「此度砂糖積登り之義ハ大坂表ニ限、他所売一統差留候間、砂糖黍并ニ蜜之類も右同様他所売不相成」と命じており[49]、これ以前に認めていた他所積を禁止して、大坂への砂糖積出の強化を図っている。この頃高松藩は極度の財政難に陥っており、文政一一年には江戸・京・大坂等の商人からの借入高は金五〇万両余になっていたという[50]。かかる藩財政難の解決のために、大坂への砂糖の積登の強化を行ったのであろう。この時新たに領内に「砂糖引請人」が決められた[51]。

大庄屋　日下佐左衛門
同　渡瀬七郎左衛門
同　長町与左衛門
庄屋　岡田猪三右衛門
同　津本甚右衛門

其方共砂糖一件引請申付候、依之川口積出切手送り書并砂糖代前貸等之義も申付候間、委細之義者勘定所江罷出承合、入念相勤可申候

これまで大坂積については高松から積み出される場合には平福屋安兵衛、高松以外の場合には各村の庄屋、大坂以外の積出は小引替所から、積出切手・送り手形を出していたのを改めて前記の砂糖引請人の日下佐左衛門ら五名に行わせ、また「砂糖代前貸」も彼らの業務とした。日下は引田村庄屋、渡瀬は与田山村庄屋でそれぞれ大内郡の大庄屋、長町は津田村庄屋で寒川郡大庄屋、岡田は寒川郡志度村庄屋[52]、津本は寒川郡三本松村庄屋である。

砂糖代前貸に関しては「此元ニ而砂糖代之内致前借候分ハ、其趣此元ゟ送り書ニ致置状(ママ)指出候間、大坂表ニ而砂糖会所ニ指出可申候、同所ニ而売払候得者前貸指引可致候、指引書取戻り此元ニ而、送り書指出候者方江指出可申候」とあり、砂糖引請人から前借した支払は大坂の砂糖会所で行い、その指引書を砂糖引請人へ提出することにしている。ここに大坂に砂糖会所が設置されているのがわかるが、これは先述した水揚会所を砂糖会所に改称したのであろう。また「大坂表江砂糖積越売払候得ハ、問屋指引書一応同所砂糖会所指出、見届判取戻り、此元ニ而送り書指出候者方江も一応指出可申」[53]と、問屋差引書は大坂砂糖会所から「見届判」を受けて砂糖引請人に提出することにしており、大坂砂糖会所が大坂での砂糖取引に重要な役割を果すようになっている。

この大坂砂糖会所の役割と天王寺屋への七歩金掛込との関係であるが、天保元年閏三月まで天王寺屋への掛込を確認できるので[54]、おそらく天王寺屋掛込とともに、砂糖引請人からの荷主・船頭への砂糖代前貸の返済が、砂糖代銀によって大坂砂糖会所で行われることになったと思われる。この砂糖代前貸に使われるのは銀札であることはいうまでもない。こうして砂糖代を銀札で前貸することによって大坂へ砂糖を積み出させ、大坂での売払代銀で大坂砂糖会所へその返済を行わせて正貨を獲得しようとしたのである。[55]先述した文政二年以前からの為更銀、文政九年の他所積への半金為替貸は、砂糖代の前貸に類するものと思われる。したがって為替貸付はこの天保元年に始まったのではないが、文政九年の他所積への為替貸と異なって、この天保元年の場合には砂糖代前貸を受けたものは、その返済を大坂砂糖会所で行わねばならず、砂糖の大坂積出を義務づけられていた。

この砂糖代前貸について次の事例を示しておこう。[56]

拝借仕御銀之事

一加印札壱貫目也

此焚込拾五挺

右之通御前貸銀願上ケ拝借仕候所実正ニ御座候、然ル上ハ右引当砂糖押立仕、来ル二月迄之内追々浜出し之上送状願出、大坂表ニ積登し元利共上納可仕候、為後日如件

香川郡東岡村百姓
才　蔵㊞

天保二卯年
十二月五日

庄屋
丸岡富三郎様

右之通御前貸銀願出、引当砂糖見改置候間、右限月迄之内追々積出せ、於大坂表元利共無滞相納せ可申候、仍如件

同　郡同　村組頭
浅右衛門㊞

同
弥七郎㊞

同　庄屋
丸岡富三郎㊞

卯
十二月

木村達三郎殿

香川郡東の岡村の才蔵が「加印札」一貫目を焚込一五挺の砂糖代前貸として借用し、大坂で「元利共上納」するというもので、岡村の組頭・庄屋を経て山田郡潟元村の庄屋木村達（辰）三郎[57]へ提出されている。従ってこの木村達三郎は砂糖代前貸の業務を行う砂糖引請人であった。先の史料では砂糖引請人は五名で、大内・寒川郡がほとんどであったが、木村達三郎のようにその後大内・寒川以外の地域にも砂糖引請人が置かれていったのであろう。

なおこの天保元年に「組船」が決められている。のち天保三年に組船の廃止に対してその復活を要望した次の史料がある[58]。

口上

一此度砂糖御趣法改被仰出奉畏候、然ル所当村方ハ以前ゟ砂糖船余程御座候所、去々寅（天保元）年ゟ右船頭共之内御撰被成組船、右船頭之内不心得之者江ハ異見を加へ厳吟味ニ仕、万事締方永続仕居申候所、此度被仰出ニ付右組船解合候様成行候而ハ、御他領江致渡海、奢侈并悪遊等致候而ハ、遠路之義ニ付相知不申、自然増長仕候得ハ、詰ル所荷主百姓へ損掛候様ニ相成、誠ニ厳敷御法度之悪遊等相企候而ハ、於私ニも奉恐入候間、何卒是迄之通組船ニ御組せ被成、奢侈悪遊等厳吟味致せ候様被仰付被下候得ハ、難有奉存候間、此段宜被仰上可被下候、以上

阿賀平八郎

閏十一月

渡辺七郎左衛門様
渡辺夘八郎様

当史料は組船制の内容を窺うことができる重要なものである。阿賀平八郎は坂出村庄屋、宛先の渡辺両名は阿野郡北の大庄屋である。天保元年に坂出村の「砂糖船」の中から選んで組船を決めたが、天保三年に「解合」となった。しかし船頭の悪遊等によって「荷主百姓」に損失を負わせることがあるため、組船を復活して欲しいというのである。つまりこの天保元年に多数の砂糖船の中から選んで組船としたのであり、組船は藩から公認された砂糖積船であった。[59]この阿賀平八郎の要望の実現は、天保六年まで待たねばならなかった。

なお、「砂糖売捌方之義、去ル辰（天保三）年御趣法相究申」[60]、あるいは先の天保三年の組船復活の要望の史料の冒頭に、「此度砂糖御趣法改被仰出」とあるように、天保三年に「趣法改」が行われたようである。その内容の詳細は明らかでないが、注（55）で触れたように、砂糖大坂積の限定を止め、大坂以外の端浦積を認めたことをいっているのではないかと思われる。この天保三年に高松藩は「御勝手向必至と御指支」のため、「江戸上方其余とも、御借り金銀元利御返納方来々甲午年迄、三ケ年間総じて御断りニ相成」ると、以後三年間の借金返済を行わないことにしている。従ってこの期間中は臨時の支出があっても、江戸・大坂などの商人から借金ができないため、領民にこの三年間に米一万石と金五万両の献納を命じている。[61]かかる藩財政の状態であるから、正金収納の増加のために砂糖の流通統制に変更を加えたことは十分考えられるところである。

四　天保六年の砂糖問屋

さて、天保三年から三年間の江戸・大坂などの商人への借金返済猶予の期限が切れた天保六年に、高松藩はこれまで勘定奉行の管轄の下で借金返済の業務に携っていた「済方《すましかた》」を独立させ、札会所元締役日下儀左衛門を兼任として、済方と札会所を中心に借金返済資金確保の新しい方法を採用することにした。それは借金返済に回される米や金銀を済方に渡して引換財源とし、札会所から銀札を「砂糖為替金」として貸し付けるというもので、その方法は次の通りであった。(62)

……御国産沙糖（砂、以下同）は、去る寛政亨和之頃より製造相始、追々精製に至、近頃は江戸大阪にても御国産沙糖を以、和製之第一等と致相好候故、利益多く、製造高年々に相増、殊之外盛大に相成居申候、去ながら、甘蔗苅取候より沙糖に製し、大阪積登し売捌候迄費用大数相懸り、右振替に百姓共一同難義致候間、沙糖製造迄之上樽数に応じ、船中之為替金として、荷主之百姓又は積受候船頭共へ銀札を御貸付被下、其沙糖を大阪へ積登し売捌せ、右売代之正金を以、為替御貸付之元利を大阪屋敷へ取納、それを以御借り金銀御返済方相計ひ、余金有之候はゞ御国へ積下シ可申、（下略）

「船中之為替金」として荷主・船頭に銀札を貸し付け、大坂での砂糖売払代金で「大阪屋敷」に支払わせ、それを借金返済の資金とするというのである。つまり砂糖為替金の貸付によって、借金返済資金としての正貨を獲得しようとしているのであるが、この方針に従って高松藩の砂糖の流通に関する具体的措置が取られてくる。

天保六年九月に、大坂積出砂糖は大坂高松藩蔵屋敷で「一手水揚ニ而売捌」くことを幕府へ願ったがまだ許可がないとして、大坂の北堀へ砂糖会所を設けて藩役人に「諸事厳重ニ取扱」わせ、大坂積の砂糖はすべて砂糖会所に水揚させることにし、また大坂以外での売払については「端浦積致度者も在之候ハ、其段ハ先当分是迄之通可為勝手次第」と、これまで通りの積出を認めている。(63)これは大坂蔵屋敷への一手水揚が幕府から認められていないため、「全仮御趣法」であったが、「大坂廻着之義、御領主ゟ追而被仰立候次第も在之、以来年々惣高五百万斤宛大坂御蔵屋鋪江向、廻着之積御聞届相成」るとあるように、のち高松藩蔵屋敷への水揚が幕府から許可されており、砂糖会所は蔵屋敷に置かれることになった。[64] この大坂砂糖会所では「大阪積登之砂糖は一手水揚之趣法に候得共、直段見競等之義も在之候故、問屋共之内ゟ売支配人相立、右之者共にも売捌せ在之」と、問屋の中から売支配人を決め、彼に砂糖の売捌を任せていた。[65]

次にこの天保六年の領外積出に対する具体的な史料を提示しよう。長文の引用になるが、この時の領外積出の統制に関するものとして重要な史料である。[66] なお以下の説明の都合上番号を付した。

1 一大坂会所并何国へ指遣候分ニ而も、都而此元出船之節浦々問屋へ申出、改ヲ受積出可申候、尤運上之義ハ売捌銀高ニ弐歩相納可申候

但、右運上大坂積之分ハ同所会所ニ而取納、堺浦積之分ハ此元問屋ニ而取立候義と相心得可申候

2 一大坂会所へ水揚致候分ハ、樽へ何郡何村誰と荷主名前、并左之通位別相記、内へも小札ニ右同様名前書付入、問屋へ指出候ハヽ、台秤ニ而目方相改、組船へ積込送書相添指登、会所へ着船之節尚又台秤ニ而相改、宜分ハ致水揚目欠有之候ハヽ、船頭へ相弁せ、出目有之候ハヽ、船頭へ遣可申候

位別

一冨士　白鶴　白鳥　花王　花見　初雪　天光　上光　白玉　上松印　松印

右位別之義指支も有之候ハヽ、無印ニ而指登候而も不苦候得共、成尺位別相記可申候

3 一大坂会所并堺浦行之分ニ限、船中切為替入用者へハ御貸被成候間、着坂砂糖売捌次第、直ニ於同所元利引取可申候

但、利月壱歩弐朱　同貸五厘

4 一会所へ着之上直組出来不申、預置為更借請申度者も有之候ハヽ、相応ニ貸渡可申候

但、利月七朱五厘　同貸一日三厘

5 一問屋三歩口銭是迄之通相心得可申候、別段会所口銭指出ニ不及候

6 一於浦々組船相立都而厳重ニ取扱、若組船之内不埒之次第有之候ハヽ、外船ゟ弁せ、其船咎方申付候間、厳吟味ニいたし候様、兼而惣連判之一札問屋方へ取置可申候

7 一於浦々砂糖問屋并年行司之者相立、不正之砂糖取扱致候歟、又者抜積等致候者有之候ハヽ、右年行司へ問屋ゟ指図之上相糺せ、弥不埒有之候ハヽ、屹度咎可申付候

8 一会所ニ而召仕候者共小者ニ至迄、成尺御国者ニ限候筈ニ候

9 一大坂会所へ浦々年行司之内、両人つヽ代り合相詰万端見繕、若出役人并召仕候者共取扱方不宜候得ハ、無伏臓遂示談、若聞入不申候ハヽ、罷帰り可申出候

10 一組船運賃之義是迄区々ニ候得共、向後一樽ニ付銀弐匁五分つヽ指出可申候

11 一於浦々別紙名前之者共問屋申付、船中為更御貸方積出切手等万事指計せ可申候

12 一浦番所見改銭一樽ニ付弐厘、問屋切手銭一樽ニ付五厘船頭ゟ指出可申候

13 一砂糖売買代銀取引之義、互ニ書付を以堅致約定置、其上ニも不埒之次第有之候ハヽ、年行司へ願出可申候、早々訳立遣可申候、尤身元無之者へ猥ニ相渡置可被立（カ）品無之時ハ、荷物可為損銀候

九月

領内の浦々へ砂糖問屋を置き、船中為替の貸付や積出切手・送書等の業務を行わせること（2・7・11）、大坂

砂糖会所積・端浦積の砂糖はすべて砂糖問屋を通し、売払高の二分を運上銀として課し、大坂積は大坂砂糖会所へ、堺積と端浦積は領内の砂糖問屋へそれぞれ納めること（1）、大坂砂糖会所への水揚砂糖は樽毎に荷主の名前を入れ、砂糖問屋で目方の調査を受けて送書とともに積み出すこと（2）、大坂砂糖会所積・堺積に限り希望するものに船中為替（引用史料では「船中切為替」としているが11に「船中為更」とある。）を貸し付け、その支払は砂糖売払代銀によって大坂砂糖会所へ行うこと（3）にしている。

そして浦に組船の制を立て組船のうち不正を行うものがあった場合には他の組船の責任とし、組船の総連判を砂糖問屋へ提出すること（6）、年行司を砂糖問屋が置かれた浦に置いて砂糖取引の取締りにあたらせ、大坂砂糖会所へ年行司は二名ずつ交代で詰めること（7・9）などが主な点であるが、そのほか砂糖が大坂で売り捌けなかった時に大坂砂糖会所において為替貸を行うこと（4）、問屋三歩口銭はこれまで通りとし大坂砂糖会所へは口銭を納める必要がないこと（5）、組船の運賃は以後砂糖一樽について銀二匁五分とすること（10）、浦番所の見改銭は一樽につき銀二厘、砂糖問屋の積出切手銭は一樽につき銀五厘とし船頭から納めること（12）としている。

堺積については「当時直段も宜、大坂直段見競ニも相成候ニ付」として、筑前屋治助・炭屋善八・木村屋藤三郎・革屋五兵衛・大和屋治右衛門らに水揚げして売り捌かせ、船中為替の支払はこの五人から大坂砂糖会所へ納めさせることにしている。[67] この堺積には大坂砂糖会所積と同様に船中為替が貸し付けられているが、「大坂会所行同様、船中為替入用之者江者御貸被成」とあるように、堺積・大坂砂糖会所積を行う荷主・船頭すべてに貸し付けられたものではなかった。従って大坂砂糖会所に水揚された砂糖の中には、船中為替の貸付を受けたため送られてきたものと、船中為替の貸付は受けてないが大坂で売り払うために送られたものとの二種類があったことになる。前者の砂糖のことを「為替付」といっている。

領内の浦に置かれた砂糖問屋が砂糖の領外積出に重要な役割を果していることは、先の引用史料から理解できるが、この砂糖問屋の設置場所は次の通りである。(68)

引田浦（兼馬宿浦）	大内郡小海村牢人	島田弥一右衛門
三本松浦（兼松原浦・小磯浦・馬篠浦）	大内郡三本松村庄屋	高畑作兵衛
津田浦（兼鶴羽浦）	寒川郡津田村牢人	上野弥八郎
志度浦（兼鴨部下庄浦）	寒川郡志度村庄屋	岡田猪三右衛門
檀浦（兼潟元浦・庵治浦）	山田郡屋島村庄屋	茂三郎
城下川口	塩屋町二丁目	三木屋孫四郎
香西浦	百間町	坂本屋新太郎
林田浦（兼乃生浦）	阿野郡北青海村牢人	渡辺五百之助

坂出浦（兼宇足津浦）　　　阿野郡北坂出浦新浜
川崎屋吉太郎

高松領内全域にわたる九か所に砂糖問屋が設置されている。「牢人」とは高松藩や他藩の士分のものが藩内の農村に移り住んだ場合を指していっており[69]、帯刀を認められて大庄屋・庄屋になることが多い。従って城下川口・香西浦・坂出浦を除いた残り六か所の砂糖問屋は村役人層と考えてよかろう。これら村役人層の砂糖問屋と砂糖との関係を示す史料は管見のところ見当らないが、おそらく砂糖の生産や取引に従事していたのではないかと思われる。

このような天保六年の流通統制と天保元年のそれとの関係を検討しよう。天保元年の場合は先述のように砂糖引請人を通して砂糖代を銀札で前貸し、大坂砂糖会所へ正貨で払わせるというもので、天保六年の流通統制はこの基本線は受け継いでいるといえる。天保元年の流通統制の史料が少ないため、両者の統制内容の詳細な比較はできないが、まず砂糖問屋と砂糖引請人については、岡田猪三右衛門を除いて砂糖引請人から砂糖問屋となったものはおらず、両者の人的連続性は認め難いが、どちらも村役人層がなっているという点に注意しておかねばならない。また砂糖問屋が領内各地に置かれてほとんどの沿岸の積出港を管轄することになり、運上銀の徴収や組船の監督など砂糖積出に関するあらゆる業務を掌ったところに、砂糖引請人よりも砂糖問屋の果す役割が重くなっているのをみることができる。

砂糖引請人から砂糖代前貸が行われたが、これは提示した事例からわかるように、砂糖生産者への貸付けで村役人を通して貸し付けられるものであった。船中為替の場合は、砂糖生産者に限定されることなく、組船の船頭にも貸し付けられ、砂糖問屋からの直接貸付であった。つまり貸付対象を広げ手続を簡略化することによって、銀札の貸付を拡大しようとしたのである。

また大坂砂糖会所は高松藩積出の砂糖を一手水揚し、砂糖代前貸・船中為替の指引を行う点では天保元年と六年には違いはないが、天保六年には大坂砂糖会所が高松藩蔵屋敷に設置された点が異なる。問屋の中から売支配人を決めて売り捌かせたように、大坂砂糖会所内での入札売ではなかったが、大坂砂糖会所に送られてきた砂糖は蔵物同様となり、入札に近い形で売支配人を通して売り払われているのである。つまり大坂での売払いについての高松藩の統制が強まり、高松藩に有利な売払方法を行おうとしている。

このように天保六年の流通統制については天保元年の場合と異なっている点もあるが、それはあくまでも天保元年の流通統制を補い強化している面での相違であり、天保元年の流通統制をより一層整備し強化したのが天保六年の流通統制であった。そして天保六年の流通統制の中心となるのは、大坂砂糖会所が高松藩蔵屋敷内に設置されて大坂での売払いに統制を加えるようになったことも重要であるが、領外積出に際するあらゆる業務を管轄し、船中為替の貸付に直接責任を負うことになった砂糖問屋の設置であり、この砂糖問屋を中核として以後の流通統制が実施されていくのである[70]。そしてこの場合、先述したことでもあるが、砂糖の積出先を大坂のみに限らず端浦積を認めており、しかも大坂積とするか端浦積とするかは、荷主・船頭に任されていたことに注意しておかねばならない。のち砂糖問屋は天保八年正月には砂糖会所と改めており、その責任者を砂糖会所引請人と呼ぶようになっている[71]。

天保六年以後の江戸・大坂などの借金返済資金の確保を、砂糖為替金の貸付を通してはかろうとしたのが、天保六年の流通統制の直接の目的であった。しかしそれは単なる返済資金の確保にとどまらず、砂糖の流通に対する全般的な統制を内容としていたのはいうまでもない。そしてこれ以後幕末期を通してこの砂糖の流通統制の内容は維持されている。ただし大坂での売払いについては弘化元年にこれまでの大坂砂糖会所への一手水揚を止め、

「大坂積登り之砂糖品毎之弐歩荷、為替付之有無に不拘会所入札商内に可致」と、[72]大坂積登砂糖の二割を会所に水揚し入札制とすることになっている。さらに安政三年には入札制は残しているが白砂糖のみ「弐分荷会所揚」とし、これ以外は「荷主船頭共随意任せ」の水揚とした。[73]このように大坂での砂糖売払いに関しては、大坂砂糖会所を中心とする取引方法から大坂砂糖問屋と荷主・船頭とが直接取引する方法へと変っている。

領内九か所に置かれた砂糖会所は、天保八年には香西浦がなくなって「城下・坂本屋新太郎」、坂出浦に代って「那珂郡原田村　真光正助」となっている。[74]また安政二年になると引田浦が「馬宿浦・浜垣宇一郎」、原田村が「郡家村　小笠原与右衛門」、潟元浦の元屋茂三郎が三木周助にそれぞれ代っている。[75]その後元治元年正月の各砂糖会所と配下出会所を示すと次の通りである。[76]なお（　）は出会所である。

大内郡馬宿浦砂糖会所引請人　　浜垣宇一郎
（引田浦　平蔵）
同　郡三殿村砂糖会所引請人　　木村太一郎
（三本松浦　興助、小磯浦　有馬十右衛門、松原浦　次兵衛、馬篠浦　河野竹之助）
寒川郡津田浦砂糖会所引請人　　上野善三郎
（鶴羽浦　伊之助）
同　郡志度浦砂糖会所引請人　　岡田　達蔵
（小田浦　円次）
山田郡木太村砂糖会所引請人　　中村和太郎
（庵治浦　和吉郎、檀ノ浦　卯次郎、相引　竹蔵、牟札浦　甚之丞）

城下砂糖会所引請人　　百間町坂本屋松太郎
同　　丸亀町津国屋忠五郎
（香西浦　楠右衛門）
阿野郡北林田浦砂糖会所引請人　　渡辺槙之助
（大藪浦　政吉、江尻浦　梅吉・佐四郎、坂出浦　辰之丞・松之助）
鵜足郡川原村砂糖会所引請人　　宮井　房吉
（宇足津浦　宮井悦之助）

安政二年にくらべると、三本松浦は出会所となり代って三殿村に、潟元浦に代って木太村に、郡家村に代って川原村にそれぞれ砂糖会所が置かれている。元治元年の出会所にあたる浦は、天保六年では砂糖問屋の兼帯とされていたが、出会所にはそれぞれ責任者を置いていることは、流通統制の整備や砂糖積出の増加にともなって仕事量が増えたからであろう。木太村砂糖会所の出会所が一か所、林田浦砂糖会所の出会所が二か所と、天保六年の兼帯浦よりも増えていることは、両会所管轄地域での砂糖生産が高まって積出が盛んになったことを示していると思われる。

また天保六年の砂糖問屋はすべて浦に置かれていたが、元治元年には砂糖生産の最も盛んである東讃岐の大内郡の三殿村や山田郡の木太村など、浦から離れた地域に砂糖会所が置かれている。これは砂糖会所が直接に砂糖生産者と関係するところが大であったために、浦にこだわらずに砂糖生産者に便利な所に置かれたのであろう。のち明治三年には志度浦の砂糖会所がなくなって八か所になっている。(77) このように領内に置かれた砂糖会所は、天保六年の砂糖問屋設置の場所や数に若干の変化はあるが、大幅に変更を加えられることなく維持されたといえる。

ところで、天保六年に砂糖の流通統制を行うことによって、借金返済の資金を確保できたかどうかということである。銀札の貸付は天保六年は少数であったが、「追々願人相増、両三年之後は、毎年八九万両余拾万両、其後は拾四五万両弐拾万両に至」ったというように、[78]大量の銀札貸付が行われている。大量の銀札貸付が行われれば、それだけ大量の正貨を獲得することができるわけで、天保一一年に江戸藩邸の財政改革を行うことになった時に、「御国表之義は、砂糖為替貸御趣法相立候以来、金銀融通も宜く」とあって、[79]砂糖為替金貸付の成果が相当に上がっているのがわかる。そして天保末には軍用資金や災害の非常備金を貯えたという。[80]また廃藩置県に際して高松藩から香川県への引継金は砂糖為替金を含む貸付金「大凡百二万円余」と、藩札引替準備金や非常手当金等現銀で「数十万両」であったという。[81]

為替金の貸付は天保六年の時は船中為替だけであったが、その後別段為替・振為替・仕入肥貸付・古為替などが行われるようになったという。[82]このうち別段為替は、年貢納期に間に合わせるように一一月に売り払うと砂糖値段が安いため、砂糖生産者に年貢納入のための資金を貸し付けるというものであり、嘉永三年一〇月六日付の史料の一節に、「然ハ為替金貸方ノ義ハ、兼テ御趣法ノ通船中為替ノ義ニハ候得共、八歩御年貢時分、無拠指支ノ向モ有之節ハ、村々役人共手元ニ而、在砂糖并引当田地ヲ見込、奥印ヲ以会所エ申出、貸渡候義ニ在之候」とある。[83]別段為替は別名奥印為替ともいったが、[84]これが嘉永三年に始まったということは史料には記されていない。しかしおそらくこの嘉永三年の九月か一〇月頃から始まったと思われる。[85]このように為替貸付の種類を増やすことによって、銀札の大量の貸付を行おうとしているのがわかる。[86]

以上述べてきたような天保六年に始まった砂糖の流通統制の下で、高松藩の砂糖の流通の実態はどうであったのかが次の問題となろう。林田浦砂糖会所の場合を例として検討してみよう。

五　林田浦砂糖会所の積出状況

林田浦は阿野郡北の林田村に属し、林田浦砂糖会所は阿野郡北の一三か村の砂糖に関する諸業務を掌っていた。そして林田浦のみでなく、阿野郡北の沿岸部の木沢浦・乃生浦・江尻浦・大藪浦・坂出浦などから積み出される砂糖の取締りをも行っていた。この林田浦砂糖会所から積み出される砂糖が、高松藩領から積み出される全砂糖の中でどれ位の比重を占めるのかというと、直接これを示す史料は見当らないが、**表5**によって大体の傾向はつかめるであろう。この表は文久三年度に生産された砂糖のうち、元治元年一月から一〇月までに各砂糖会所から積み出された砂糖の樽数である。砂糖の生産は大体その年の秋から始まるので、文久三年製の砂糖はすでに文久三年中にも積み出されており、したがって**表5**の数字は文久三年製砂糖の積出総数を示しているのではない。林田浦砂糖会所からの積出高一万七〇八七挺が最も多く、全積出高の約二二パーセントを占めているのがわかる。

では、この林田浦砂糖会所から積み出された砂糖の流通状況であるが、これを示しているのが**表6**である。「端浦」は大坂以外の浦で売り捌いた砂糖のことである。「仲買共取扱」とは他国船が林田浦砂糖会所の管轄下の浦にやってきて、砂糖を仲買人から購入して積み出す場合である。「国浦々へ積廻」は高松領内の諸浦へ送られた砂糖、「処々より積戻」は一度林田浦砂糖会所から積み出したが、砂糖相場等の関係で売り払わずに持ち帰った砂糖、「処々へ預置」は相場待のため積出先の商人に預けている砂糖のことである。

まず総積出高の変遷をみると、天保一一年から減少し、弘化元年から増え始め、また嘉永三、四年に一度減少するが、嘉永五年以降急激に増え、慶応元年まで三万四千挺以上を維持している。とくに安政三、四年と文久元

表5　文久3年製砂糖の元治元年中積出惣樽数（大坂・端浦共）

（元治元年10月）

砂糖会所名	樽　数	白砂糖	白下地	樽　物
馬宿浦	5,442挺	5,082挺	23挺	337挺
三殿村	10,870	9,948	115	807
津田浦	12,098	10,434	30	1,634
志度浦	12,461	9,661	1,097	1,603
木田	4,805	3,193	411	1,201
城下	13,846	10,691	258	2,897
林田浦	17,087	15,928	140	1,019
川原	2,097	1,782	11	304
計	78,706	66,719	2,085	9,802

前出児玉洋一「高松藩に於ける砂糖為替の研究」より。（計は一部修正した。）

年は五万挺を超えている。つまり安政三年から慶応にかけての時期が、林田浦砂糖会所からの砂糖積出のピークをなしていた[87]。

　大坂積は大体六〇から七五パーセントで、平均して約七〇パーセントが大坂へ積み送られていたといえる。端浦積は大体二〇から三〇パーセントの間で、平均すると約二五パーセントということになろう。慶応元年が三〇パーセントを超えているが、これは大坂積以外を全て端浦積としているためで、この端浦積の中から積戻分や預分が出てくることになるのである。大坂積・端浦積ともにその変遷について大きな変化をみることはできない[88]。「仲買共取扱」は天保一二年ごろから減少し、文久に入ると増えてきている。砂糖樽数からみると大した量ではないが、文久以降他国船が砂糖購入のためにやってくることが多くなっていることを示している。その他「国浦々へ積廻」、「処々より積戻」、「処々へ預置」などについては注目すべき変化はみられない。

　大坂へ約七〇パーセントが積み送られていることは、船中為替により大坂への積出をはかっていたことや、低下したとはいえ物資の集散地としての役割を大坂がまだ果していたことから考えると、当然の事であるといえる。しかし荷主・船頭が自由に各地に積み出す端浦売が約二五パーセントもあることは、注意しておかねばならない。

　そこで大坂以外のどの地へ砂糖が積み送られているかを天保七年から明治元年までの状況をみると、尾張・紀

表6　林田浦砂糖会所の積出高（単位は挺）

年度	総積出高	大坂（%）	端浦（%）	仲買共取扱（%）	国浦々へ積廻	処々より積戻	処々へ預置（含未た持帰申さざる分）
天保10	33,437	22,946(68.6)	5,114(15.2)	1,949(5.8)	3,063	275	90
天保11	22,048	13,369(60.6)	4,566(20.7)	1,175(5.3)	2,198	126	614
天保12	23,791	15,865(66.6)	6,105(25.6)	493(2.0)	1,015	–	313
天保13	21,263	13,977(65.7)	6,015(28.2)	–	1,133	–	138
天保14	24,598	15,992(65.0)	7,881(32.0)	–	511	74	140
弘化元	29,465	21,146(71.7)	6,201(21.0)	931(3.1)	330	344	513
弘化2	30,166	21,341(70.7)	7,244(24.0)	546(1.8)	212	91	732
弘化3	29,003	19,482(67.1)	6,852(23.6)	858(2.9)	649	147	1,015
弘化4	29,719	21,611(72.7)	6,197(20.8)	665(2.2)	271	260	715
嘉永元	31,193	21,522(68.9)	7,052(22.6)	1,021(3.2)	172	429	997
嘉永2	34,603	24,464(70.6)	7,702(22.2)	1,064(3.0)	156	183	1,034
嘉永3	27,322	20,870(76.3)	4,829(17.6)	325(1.1)	453	411	434
嘉永4	24,383	17,148(70.3)	5,688(23.3)	546(2.2)	472	294	235
嘉永5	36,602	22,284(60.8)	9,945(27.1)	1,474(4.0)	1,393	331	1,175
嘉永6	34,210	19,590(57.2)	10,703(31.2)	1,320(3.8)	1,376	452	769
安政元	38,927	25,477(65.3)	10,632(27.3)	1,614(4.2)	297	197	710
安政2	34,863	23,377(67.0)	9,284(26.6)	911(2.6)	286	201	804
安政3	53,925	35,670(66.1)	15,849(29.3)	1,846(3.4)	135	75	350
安政4	54,680	41,056(75.0)	10,708(19.5)	1,415(2.5)	283	107	1,111
安政5	50,945	35,870(70.4)	12,311(24.1)	1,974(3.8)	–	110	680
文久元	51,664	38,429(74.3)	9,942(19.2)	2,276(4.4)	890	49	78
文久2	41,686	27,435(65.8)	10,876(26.0)	2,388(5.7)	432	220	335
文久3	37,637	24,788(65.8)	8,622(22.9)	2,303(6.1)	1,309	72	543
(1)慶応元	48,903	33,405(68.3)	諸浦積15,498(31.6)	—	—	—	—
(2)慶応3	22,777	—	—	—	—	60	—

「諸国売捌書上帳　林田浦砂糖会所」（9月より翌年8月まで）より。ただし、(1)は「自丑五月至寅四月　砂糖積出樽数書上帳」、(2)は「自卯五月至辰閏四月　積出砂樽糖数書上帳」より。（いずれも前出渡辺家文書）

伊から瀬戸内海一帯の地域、それに九州、さらに山陰から北陸地域へ砂糖が積み出されているのがわかる。尾張については嘉永六年と安政二年を除いて、残りはすべて「仲買人取扱」である。大体毎年積み送られているのは、和泉・播磨・備前・備中・備後・安芸の各国で、そのうち播磨・備前・備後に大量に送られている。なお、和泉は堺、摂津は兵庫、備中は玉島と笠岡、安芸は広島、長門は下関、北国筋は越後が主要な積出先で、周防は岩国・笠戸・上関、九州は筑前・豊前・豊後・日向の東九州が積出先である。積出量の多い三か国の積出先の内訳をみると、播磨では明石、備前では西大寺と岡山、備後では尾道が多い[89]。

以上のことから、林田浦砂糖会所からの端浦積の主要な積出先は、堺・明石・西大寺・岡山・尾道・広島であり、この他に天保から嘉永にかけては兵庫があげられよう。とくにこれらのうち、明石・尾道に多くの砂糖が積み送られていたのがわかる[90]。

また高松藩領からの砂糖の積出は組船[91]によって行われていたが、林田浦砂糖会所の安政二年の組船株の所持者と積出先を示したの**表7**である。大坂への積出は組船によって行われたといわれているが、組船による積出先は大坂のみに限定されるものではなく、大坂以外の地域にも組船によって積み出されているのがわかる。組船でも全く大坂に積み出さず、端浦積だけを行う組船もある。しかし積出量の多い組船所持者ほど大坂積が多いことは、組船所持の有力者が大坂積を重視していることを示している。この安政二年の大坂積は合計二万三三一一挺で、そのうち為替付は一万九四三八挺で、大坂積の約八三パーセントにあたる。大坂積のすべてが為替付であったのではなかったことに注意しておかねばならない。坂出浦の兼吉のみが越後へ一〇二四挺を積み送っているが、越後と特別な関係をもっていたのであろうか。

林田浦砂糖会所からの積出状況について検討してきたが、林田浦砂糖会所が高松藩の西に寄った地に置かれたことから、林田浦砂糖会所の積出状況が、高松藩全体の傾向を示すものと断定することはできないが、他の砂糖

表7　安政2年林田浦砂糖会所の組船株所持者と積出先

浦	船主	計	大坂	(為替付)	堺	明石	播磨	備前	備中	備後	尾道	広島	その他
坂出	庄右衛門	3,111	2,852	(1,986)									尾張259
坂出	庄五郎	2,885	2,885	(2,725)									
坂出	安兵衛	2,750	2,698	(2,041)	29								積戻23
坂出	富蔵	2,032	1,918	(1,688)									長州68、積戻46
乃生	政吉	1,962	773	(204)		85		1,104					
大藪	松五郎	1,875	1,508	(1,214)	242	103					22		
乃生	卯吉	1,813	1,813	(1,775)									
坂生	新兵衛	1,748	1,673	(1,372)	73								積戻2
坂生	兼吉	1,743	187		532								越後1,024
乃生	伝蔵	1,495	1,492	(1,492)		2							積戻1
坂出	信吉	1,252	1,237	(1,216)		15							
林田	幸吉	1,153				530				16	314	197	積戻96
乃生	庄助	1,110	828	(667)		156					113		積戻13
大藪	丹蔵	911	887	(786)		24							
大藪	市助	886				876		10					
林田	巳助	754	747	(613)									積戻7
坂出	太郎兵衛	747	747	(747)									
大藪	八百蔵	613						593					西大寺20
坂出	加兵衛	565	565	(565)									
乃生	庄太郎	501	159			122					165	32	三原23
坂出	伊吉	489						89	26	228		27	積戻17
坂出	佐太郎	347	347	(347)									
大藪	辰蔵	322				244					61	17	
乃生	嘉兵衛	318					294						預24
乃生	清五郎	315				25	161		28	9			周防91、積戻1
乃生	玄五郎	285				27	209		41				
乃生	利吉	281				281							積戻8
坂出	太作	280						60		6	65	149	
乃生	坂蔵	232				60			56			116	
大藪	作次郎	164						26		8	87	37	積戻6
乃生	和太蔵	145				71	30	44					
林田	喜助	144						55	2	87			
乃生	乙吉	81				81							
木沢	忠兵衛	14						14					
乃生	要蔵	13						9	4				

安政2年12月「卯製砂糖積出切手控」（前出渡辺家文書）より。

会所の積出状況を示す史料は見当らず、現段階では一応高松藩からの砂糖積出の状況の大まかな傾向を示すものと考えておきたい。

なお端浦積は拡大する傾向にあったが[92]、藩の方針を無視して組船による端浦積が行われている例がある。嘉永三年に高松藩は三河・尾張・伊勢への「直積」を禁止したにもかかわらず、文久三年ごろには「追々法外之大数積送候浦方も在之、大坂表商内之指障に相成」ると、これらの地域へ大量に積み送られて大坂での砂糖取引の妨げになっている[93]。事実、林田浦砂糖会所の場合にも嘉永六年には三四五挺、安政二年には二五九挺の組船による尾張への積出が行われている[94]。高松藩としては大坂での砂糖取引を重視する立場を取り続けることはいうまでもないが、他方では時代が下るにしたがって、端浦積が拡大していたことは無視し得ない点であろう。

おわりに

以上、文政二年から天保六年にかけての、高松藩の砂糖の流通統制の推移とその内容について分析を加えるとともに、天保六年以降の流通の状況について林田浦砂糖会所からの積出を例として検討してきた。問題とすべき点はその都度指摘しておいたが、最後に若干のまとめをしておきたい。

高松藩の砂糖に対する統制は、天保六年に始まるとするのが従来の見解であったが、これまでの分析から明らかなように、砂糖の大坂への積出を目的とする流通統制が砂糖会所が設置された文政二年から行われ始めた。文政二年以前においても高松領内からの砂糖の積出は、村・浦役人によって統制を受けていたが、文政二年からは砂糖会所の座本にこれが引き継がれた。そして文政九年に端浦積については小引替所、天保元年に大坂積は砂糖引請人の統制下に置かれた。このような砂糖会所座本・小引替所・砂糖引請人の設置による領外積出砂糖の統制が、天保六年の砂糖問屋の先駆をなしていたことはいうまでもない。

また、文政二年以前から為替銀の貸付が行われており、文政九年の小引替所からの端浦積の半金為替貸、天保元年の砂糖引請人からの砂糖代前貸は、天保六年の船中為替の貸付に連なっているし、文政一〇年の大坂の水揚会所の設置、天保元年の水揚会所の大坂砂糖会所への改組は、船中為替の貸付を通して大坂での正貨獲得をはかる上で重要な役割を果した、天保六年の新たな大坂砂糖会所の設立を準備するものであった。

このように領外積出の砂糖の統制機関としての役割を果す砂糖問屋の設置、銀札を貸し付けることによって大坂での正貨の確保をはかろうとする、船中為替に代表される為替金の貸付、この為替金貸付と密接に結びついた大坂積砂糖の売払、為替金返済の業務等を掌る大坂砂糖会所の設立等、天保六年に始まったこれらの砂糖の流通統制の内容は、文政二年以来の迂余曲折を経ながらの数度にわたる流通統制の実施の上に立って始めて可能であって、文政二年以来の流通統制を集大成し完成させたものであったといえよう。

ところで、文政二年以来の文政期の流通統制の大きな特徴は、加島屋・天王寺屋「掛込」にみられるように、砂糖を大坂へ積み送って砂糖の売払代金を借金返済の資金としたところにあり、藩財政難の克服のために砂糖の大坂への積出が行われている。これは藩財政難の克服が大坂市場との関係を抜きにしては不可能であることを端的に示すものである。しかし一方では端浦積が行われていることも重要である。すでに文化末から文政にかけて、下関・明石・兵庫等の瀬戸内沿岸地域で高松の砂糖が売り捌かれている。このような大坂以外の端浦積をある程度認めた上で、大坂への砂糖積出の強化を図ろうとしたのである。文政四年の「七歩金掛込」にみられる大坂への砂糖積出の強化の方向はその後も引き継がれ、天保元年には大坂積を一層重視した方針を出しているが、天保六年では端浦積を否定するような政策は取られていない。

かかる高松藩の砂糖の流通統制のありかたから考える時、天保六年から施行された流通統制の意味はおのずから明らかであろう。つまり現実の砂糖の流通状況に対して強い規制を加えるのではなく、それを容認した上で為替金貸付によって大坂への砂糖積出を確保しようとした。従って領内九か所に置かれた砂糖問屋は、その地域における砂糖の流通を規制して大坂への積出の増加をはかるという役割を果すものではなかったし、まして砂糖を独占的に買い上げようとするものでもなかった。砂糖問屋が為替金貸付や運上銀・冥加金の徴収等において、砂糖の生産や流通に対して大きな権限をもち重要な役割を果していたことを否定するものではないが、流通に関していえば、砂糖問屋は砂糖の積出先について規制する役割はなく、砂糖の積出は荷主・船頭の恣意によるものであった。砂糖問屋の管轄下にあって公認された砂糖船たる組船にしても、すべてが大坂へ砂糖を積み送ったわけではなく、大坂へ全く積み送らず端浦積を行う組船があったのである。

このような性格をもつ高松藩の天保六年の流通統制は、大坂への砂糖の積出を強制しなかったところに、一応の成果をあげた要因があったと思われる。幕末期において諸藩が領内特産品を買上げ、その流通を独占する方向を多くとる中で、高松藩の流通統制のありかたは独自の方法であったといえよう。

天保六年以降の高松藩の砂糖の端浦積の流通状況は、林田浦砂糖会所の例から考えると、西日本一帯を中心として広範囲にわたっており、しかもそれが拡大する傾向にあった。とくに瀬戸内沿岸地域、とくにその中でも明石と尾道が主要な積出先であった。一般的に幕末になると、農民的商品生産の発展にともなって全国的に地域市場が発展し、大坂を中心とする幕藩体制的流通機構が変質していき、大坂市場の地位の低下が顕在化してくるといわれている。高松藩の砂糖の流通から考えても、藩自体は大坂市場を重視する立場をとっているが、一方では端浦積が広範囲に展開しているのが実状であった。この意味では幕末における流通機構の変質を考える上で、高松藩の砂糖の流通状況は一つの事例を提供すると思われる。そして高松藩の砂糖が明石・尾道等の瀬戸内海地域へ大量に積み送られていることは、西廻り航路による海運の盛んな瀬戸内海沿岸地域における、新しい地域市場の形成を考えていく上で何らかの手懸りを与えるのではあるまいか。

注

(1) 前田正名氏「讃岐ノ砂糖」(『明治前期財政経済史料集成・第一八巻』、原書房、一九七九年)・井上甚太郎氏『讃岐糖業之沿革』(東京国文社、一九〇二年)・岡田唯吉氏『讃岐製糖史』(鎌田共済会、一九四〇年)・児玉洋一氏「高松藩に於ける砂糖為替の研究」(『高松高商論叢』第一七巻第二・三号、一九四二年)。

(2) 鎌田久明氏「讃岐製糖業者搾屋に就いて」(『経済史研究』第一八巻第三号、一九三七年)・信夫清三郎氏「幕末における糖業発達の構造」(『近代日本産業史序説』、日本評論社、一九四二年)・鎌田久明氏「讃岐製糖業―幕末期の一搾屋を中心に―」(『社会経済史学』第二五巻第六号、一九六〇年)・丸岡健次氏「幕末讃岐糖業における搾屋資本の動向について」(『農林業問題研究』第一〇号、一九六七年)。(鎌田二論文はのち『日本近代産業の成立』〈ミネルヴァ書房、一九六三年〉に収録)。

(3) 鎌田久明氏「幕末・明治初期の讃岐における寄生地主的土地所有」(『北陸史学』第四号、一九五五年)・丹羽邦男氏「維新期における地主小作関係の性格・高松藩」(『形成期の明治地主制』、塙書房、一九六四年)・海部伸雄氏「幕末期高松藩引田村の甘蔗生産と農民層の動向」(『香川史学』第四号、一九七五年)。

(4) 濱村正三郎氏「幕末における高松大阪間の砂糖取引」(『経済史研究』第二四号、一九三一年)。

(5) 土岐道憲氏「高松藩文政年間の糖業―渡辺家大庄屋日記を中心に―」(『香川史学』創刊号、一九七二年)。

(6) 前出「讃岐ノ砂糖」。但し「讃岐ノ砂糖」では向山周慶が初めて砂糖を製したのを寛政二年としているが、甘蔗の収穫は秋に行われるので、おそらく前年の寛政元年の冬のことと思われる。

(7) 樋口弘氏『本邦糖業史』(味燈書屋、一九四三年)一五〇ページ。

(8) 前掲『讃岐製糖史』九ページ。

(9) 前掲「讃岐ノ砂糖」。

(10) 文政三年「御用日記」(渡辺家文書、瀬戸内海歴史民俗資料館蔵。以下「御用日記」はすべて渡辺家文書である)。

(11) 小川顕道「塵塚談」『燕石十種・第一』(国書刊行会、一九〇七年)二六六ページ。

(12) 文政一二年分についてはこの年の讃岐の白下糖産額五〇〇万斤を、『讃岐糖業之沿革』にある天保七年の甘蔗植付面積と製糖斤数の割合から換算したものである。なお白下糖産額五〇〇万斤が高松藩領分のみかどうかは明らかでないが、後出の第2表からわかるように、当時讃岐産の砂糖は大部分が高松藩産であることから、一応ここでは高松藩産として計上した。

(13) 明治一五年四月「高松商法会議所答申書」(『農務顛末・第二巻』〈農務省、一九五四年〉七〇五ページ)。引用史料中にいう「八千町歩」は讃岐全体としても少し多すぎるのではないかと思われる。

(14) 『大川郡誌』(一九二六年)五四六ページ。

(15) 天保二年「御用日記」。

(16) 文政元年「御用日記」。

(17) 田中正保氏編「砂糖資料」(草稿)。

(18) 文政八年「御用日記」。

(19) 文政四年「御用日記」。

(20) 前出「砂糖資料」。のち文政八年には「御国製砂糖東郡浦々ノ内ニハ、江戸直積致シ候者モ之レ在リ候由ノ所、大坂表売捌方一統直組ノ害ニモ相成リ候由相聞キ候間、当分江戸積指留メ候」と、大坂の砂糖値段に影響するとして江戸への積み送りが禁止されているが(「砂糖資料」)、まもなく撤回され「勝手次第積廻」が許可されている(「諸仕出控覚帳」丸岡家文書、瀬戸内海歴史民俗資料館蔵。以下「御用日記」以外で所蔵者を記していないものは丸岡家文書である。)

(21) 「御法度被仰出留」(『香川県史9・近世史料I』、一九八七年)。

(22) 前掲『本邦糖業史』一八七ページ。幕府の甘蔗植付禁止の理由として樋口氏は、米穀の確保が大きな理由であり、その他に節約主義から出ていること、オランダ・清との長崎における砂糖貿易に悪影響を与えること、黒糖の主産地たる薩摩藩が幕府に働きかけたことなどが考えられるとしている(同書、一八六・一八七ページ)。

(23) この他に砂糖会所が設置された例として阿野郡北(設置場所は不明)を確認できるし、また「東西浦方砂糖会所座本」との文言が出てくることから考えると(文政三年「御用日記」)、のちには引用史料中の五人以外にもいたことが明らかである。
(24) 文政元年「御用日記」。
(25) 前出「御法度被仰出留」。
(26) 『増補高松藩記』(永年会、一九三二年)三二九・三三〇ページ。なお高松藩の財政を取り扱った論稿に、小川福太郎「高松藩文化―文政―天保年間の財政難と其解消」(『高松経専論叢』一九巻一・二・三号、一九四五年)がある。
(27) 文政四年「御用日記」。なお加島屋一(市)郎兵衛については、その頃の加島屋の中に名前を確認できない。
(28) 前出「御法度被仰出留」。
(29) 前出『増補高松藩紀』三一六ページ。
(30) 以上、文政三年「御用日記」。
(31) 以上、右同。
(32) 文政四年「御用日記」。
(33) 引用史料中に「村政所」とあるのは、村庄屋のことで、高松藩では庄屋のことを政所、大庄屋のことを大政所といっている。
(34) 文政四年「御用日記」。この時砂糖車一挺について銀札一貫五〇〇匁の無利息貸付を要望している(同上)。
(35) 文政五年「御用日記」。
(36) 文政六年「御用日記」。
(37) 文政七年「御用日記」。
(38) 右同。
(39) 前出「砂糖資料」。
(40) 前出「諸仕出控覚帳」。
(41) 文政九年「御法度御触事留帳」(前出丸岡家文書)。但し当史料は表紙が欠けているが、内容から判断すると文政九年の記事で、年毎の「御法度御触事留帳」と同内容のものである。
(42) 「諸控」前出丸岡家文書。

(43) この文政九年の小引替所は、先述した前年に比べると宇足津村の大和屋慶助が見当らず、また志度村の宇治屋伝左衛門が忠太郎に代っているが、その他は一致している。
(44) 文政一〇年「御法度御触事留帳」。
(45) 「御用留」(山崎進氏蔵)。
(46) 松好貞夫氏「大阪に於ける砂糖株仲間について」(『経済史研究』第一五号、一九三一年)。
(47) 文政一〇年「御用日記」。
(48) 以上、「御用留」(山崎進氏蔵)。なお文政十一年九月には「此度車株之者へ一車ニ付金弐拾両、十一月ゟ翌三月迄、壱ヶ月四両つゝ調達可仕」と再確認をしており、「砂糖車株調達金」は予定どおり実施されたと思われる(「御用留」)。また各株の決定は「砂糖積登候船頭名前絞屋株仲買株等、相究候義来春ニ至取調候間、先是迄之通と相心得可申候、尤絞屋共人別帳面者、早々指出可申候」とあり(文政一一年「御法度御触事留帳」)、株統制の実施は文政十二年春までに延期されている。
(49) 「浦方御用留」(日下家文書、瀬戸内海歴史民俗資料館蔵)。なお天保二年「御用日記」にも「砂糖大坂表江積登候様御趣法相改」とある。
(50) 前出『増補高松藩記』三六二ページ。
(51) 天保元年「御法度御触事留帳」。
(52) 「文政年間高松藩大庄屋小庄屋姓名録」(ガリ版刷)。
(53) 天保元年「御法度御触事留帳」。
(54) 天保元年「御用日記」。
(55) のち天保六年九月に新たに流通統制策がとられた時に、「端浦積致度者」は「先当分是迄之通可為勝手次第」とあり(天保六年「御法度御触事留帳」)、天保元年の砂糖大坂積送りの限定は、その後変更され端浦売が行われていた。それは後述するように天保三年の「趣法改」であったと思われる。
(56) 「存念書入割一札并万事済口書付控」。
(57) 前出「大庄屋小庄屋姓名録」。
(58) 天保三年「御用日記」。

(59) 引用史料中に「組船ニ御組セ被成」とあり、何艘かで一組となって連帯責任を負っていたのではないかと思われる。前出の「讃岐ノ砂糖」は五艘で一組であったという。
(60) 前出「御法度被仰出留」。
(61) 前掲『増補高松藩記』三七二・三七三ページ。
(62) 以上、右同、三八一―三八三ページ。
(63) 天保六年「御法度御触事留帳」。但し当史料は表紙が欠けている。
(64) 『大阪商業史資料・第二九巻』(大阪商業会議所、一九六四年)。
(65) 濱村正三郎氏前掲論文。
(66) 「大坂砂糖積登書付」(仮題)(前出渡辺家文書)。但し最後の箇条の「相渡置」以下は欠けているため、天保六年「御法度御触事留帳」で補った。
(67) 天保六年「御法度御触事留帳」。
(68) 右同。
(69) 「郷中牢人筋目御詮義之上被仰渡留」(『香川叢書・第二』、香川県一九四一年)。
(70) 領内九か所に設置された砂糖問屋については本稿では流通面からの言及しか行わなかったが、砂糖為替金の貸付や肥代貸付などの重要な機能も持っていた。
(71) 天保八年正月にはすでに砂糖会所と出てきている(拙稿「史料紹介・天保八年『代笏』の高松藩砂糖関係史料」〈『香川史学』第三三号、二〇〇六年〉)。
(72) 濱村正三郎氏前掲論文。引用史料中に「砂糖品毎」とあるが、それは白砂糖・白下地・焚込・蜜である。
(73) 右同。岡朝子氏「大坂砂糖会所の内部組織と安政期における諸問題」(『香川史学』第十号、一九八一年)。
(74) 前掲拙稿「史料紹介・天保八年『代笏』」。
(75) 拙稿「史料紹介・『砂糖方御趣法留』」(『香川史学』第二一号、一九九二年)。
(76) 児玉洋一氏「高松藩の砂糖為替に就いて」(『社会経済史学』第一二巻一一・一二合併号、一九四三年)。
(77) 「東西砂糖会所引受人姓名記」(前出渡辺家文書)。
(78) 前掲『増補高松藩記』三八三ページ。

(79) 右同、三九七ページ。
(80) 右同、三八五ページ。
(81) 拙稿「史料紹介・『旧高松藩砂糖為替金始末』」(『香川史学』第八号、一九七九年)。
(82) 右同。
(83) 前出「砂糖資料」。引用史料中の「八歩御年貢」とは、その年内中に年貢米の八割を納めなければならないことをいう。
(84) 前掲拙稿「史料紹介・『旧高松藩砂糖為替金始末』」。
(85) 渡辺家文書の中に「御為替金之内奥印貸付人別帳」というのがあるが、これは嘉永三年のものが初見であることも、嘉永三年から始まったのではないかとする根拠としている。
(86) 為替金の種類やその貸付内容等については本書第二章「高松藩の砂糖為替金」参照。
(87) 「一」で慶応二年が讃岐で最も砂糖生産の高かった年であるといわれていると指摘しておいたが、林田浦砂糖会所の慶応二年の砂糖積出の史料がなく、その詳細は明らかでない。
(88) 「商松商法会議所答申書」(前掲「農務顛末・第二巻」七〇五ページ)によると、明治一五年当時讃岐で生産された白砂糖は、大坂へは二割五分、東京へは三割八分、端浦は三割五分で、初製糖の白下地以下は大坂へは二割、大坂以西の端浦へ四割七分、尾張の名古屋へ三割を積み送っており、東京へ送る場合には諸浦から神戸へ送り、ほとんどが神戸問屋高見善兵衛から横浜へ送られていたという。林田浦砂糖会所からの大坂への積出は、慶応元年ごろまでは大した変化はみられなかったが、明治一五年ごろの状態から考えると、大坂への積出が以後減少していったのがわかる。為替の付登によって大坂への砂糖の積出は維持されていたが、藩制の解体とともに急激に大坂への積出は減少していったと思われる。
(89) 以上、拙稿「讃岐高松藩における砂糖の流通統制」第7表「端浦積の内訳」・第8表「播磨・備前・備後の積出先内訳」参照(『香川大学教育学部研究報告』第Ⅰ部第四四号、一九七八年。以下「砂糖の流通統制」とする)。
(90) 端浦の積出先には高松藩の砂糖を取り扱う問屋がいた。天保七年に阿野郡北鴨村の百姓伝左衛門が備後尾道へ砂糖を積み送ったが、砂糖相場が下がったので尾道の「問屋共手元為吟味」、尾道に出かけている(天保七年「御用日記」)。また「兵庫御国砂糖問屋」として、生田屋伝兵衛・綱屋吉次郎・和泉屋佐兵衛らの名がみえる(前出渡辺家文書「口上」)。彼らは、安政二年に鞆津の槌屋文七らが、高松藩へ「砂糖売捌問屋株」の指定を申請しそれが許されているように、高松藩から砂糖問屋株の許可を受けねばならなかった(前掲拙稿「史料紹介・『砂糖方御趣法留』」)。なお明治六年頃に尾道の灰屋平助が「讃州白下地」五挺を越後の寺崎与左衛門へ積み送っており、尾道を経由して越後方面へ砂糖が売り捌かれている(『尾道市史・第五巻』〈一九七六年〉二一八ページ)。

(91) 組船については天保六年には、不正行為があった場合には組船の連帯責任とされていたが、この外組船は冥加銀として一艘につき金一歩と売捌砂糖高の二パーセントの運上銀を納めねばならなかった(前掲『讃岐糖業之沿革』)。のち安政二年には「一躰砂糖組船之儀者、御蔵物同様之品柄積込候事故、人別相究組船株ニ申付来、御蔭ヲ以渡世仕候義ニ付、為冥加以来船壱艘ゟ金弐歩宛、当暮ゟ指上可申」しと、冥加銀が金一歩から二歩となっている(前掲拙稿「史料紹介・『砂糖方御趣法留』」)。

(92) 端浦積拡大の具体的事例である元治元年の江戸森田屋との各砂糖会所の取引、明治二年の尾張藩、同三年の水戸藩の高松藩砂糖の買入れ計画については、前掲拙稿「砂糖の流通統制」で紹介しているので参照していただきたい。

(93) 濱村正三郎氏前掲論文。

(94) 前掲拙稿「砂糖の流通統制」第7表による。

第二章　高松藩の砂糖為替金

はじめに

近世後期になると、諸藩では藩財政難を解決するために、領内の国産品に対する統制を強めてくることは周知のところであるが、高松藩においては藩札引替に必要な多額の借金の返済資金確保のために、砂糖に対する統制が文政二年から行われていることはすでに指摘されている[1]。そして藩財政改革の一環として天保六年に始まる砂糖為替金の貸付を中心とする砂糖統制は、徳島藩の阿波藍の統制と並ぶ、天保期における四国諸藩の代表的なものとされている[2]。

この天保六年以降の高松藩の砂糖流通統制については、すでに拙稿において領外積出を中心として砂糖流通統制の内容やその具体的な実態についてはすでに論じたところである[3]。藩札たる砂糖為替金を貸し付けて、その返済を大坂での積登せ砂糖代金によって行わせ、これを藩の負債返済の資金とするというのが、このときの砂糖統制の目的であったことを考えるならば、砂糖為替金の貸付の具体的内容や大坂市場との関係を明らかにすることが、重要な課題であることはいうまでもない。

これまでの研究では大坂市場における砂糖売捌の方法などについては、ある程度解明されているが[4]、砂糖為替金の実態についての詳細な分析は殆んどないといえる。早くは明治十七年の調査である「興業意見」のなかで[5]、高松藩の砂糖為替金が取りあげられて以来、その後もこれを論じているものは多いが、いずれも砂糖為替金の種類と簡単な説明にとどまっている。

したがって本章では、天保六年に始まる砂糖為替金の実態を明らかにすることを目的としており、文政二年以降の為替金の変遷、天保六年の為替金の種類とその内容、及び林田浦砂糖会所の為替金実施の状況などについて論究したい。

一　文政・天保初期の砂糖為替金

高松藩で砂糖に対する流通統制が始まるのは、城下・大内郡松原村・寒川郡津田村・同郡志度村に砂糖会所が設置され、領外移出の統制に乗り出した文政二年九月からのことである(6)。このときに「是迄ハ高歩《ママ》為更銀等借受候者も可有之様子ニ付、已来為更銀望候者江ハ貸方等右会所ニ而取扱せ可申筈」と(7)、砂糖会所を通しての藩からの為替金の貸付が始められている。文政二年九月以前にも為替金貸付が行われていたようであるが、その方法や内容は明らかでない。高松藩では宝暦七年より藩札を発行しているが、享和元年から諸産物生産の「元手銀」として藩札を貸し付けている(8)。**表1**は寒川郡津田村の砂糖会所の責任者たる座本の室津屋弥八郎が(9)、文政二年から三年にかけて藩の札会所へ返済した為替金の内訳を示したものである。返済元金は一八二貫余となっているが、銀とも銀札とも記されていない。札会所から藩札を貸し付け、利子をつけて藩札で返済させるというものだったのであろうか。

このときの為替金は阿野郡北では「郡内爰彼船頭共等江為更御貸付御座候」といっており、砂糖積船船頭への

表1　室津屋弥八郎引受の砂糖為替金高

文政2年10月	7貫目
11月	6貫目
12月	32貫635匁
文政3年1月	22貫目
2月	20貫目
3月	20貫目
4月	20貫目
5月	40貫目
6月	15貫目
計	182貫635匁

「室津屋弥八郎引受砂糖為替方御貸付銀指引納帳」(仮)(上野家文書、瀬戸内海歴史民俗資料館蔵) より。

貸付が主であったと思われるが、「質取」による貸付も行われている。[10] これはおそらく砂糖生産者への貸付ではなかったかと考えられる。先述の室津屋弥八郎の返済金の中に「砂糖質取方御貸付」ともみえ、[11] この質取貸付も砂糖会所からの貸付であった。

この文政二年九月に高松藩は砂糖の積登せを大坂に集中し、その売払代金を大坂の加島屋一郎兵衛方へ納めさせ、これに相当するものを砂糖会所から藩札で渡すという方法によって、正貨の獲得を計ったのであるが、翌三年七月にこれは中止され、領外移出砂糖への運上銀賦課を行おうとした。しかしこれまた中止となった。[12] この運上銀賦課に際して、為替金貸付・質取貸付に代って、「砂糖作ニ付而者正米不自由ニ而御年貢納之節指支難渋之次等も可在之、且右作付元手銀入用之義も有之」と、大庄屋を介して砂糖生産者へ「作付元手銀」の貸付を行おうとしているが、初年度については為替金貸付・質取貸付は実施する方針であった。この作付元手銀の貸付については、「尤右御貸方ニ付正金銀調達之義ハ不申付候間、元利とも銀札を以返納仕候義ニ相心得せ可申候」といっており、藩札による貸付と返済であった。[13]

作付元手銀のその後の経過は明らかでないが、文政四年十月に阿野郡北の庄屋連名で、諸雑用銀に充てるために田地を抵当にして、砂糖締車一挺につき藩札一貫五〇〇匁の無利子貸付の願書が出されている。年貢米代や薪代・日雇賃・〆賃などの諸雑用のために、新製砂糖を急いで大坂へ積み送らねばならず、大坂での砂糖値段が下落して砂糖生産者の収入が減っていることを理由にしている。このとき小作のみで田地を所持しないが砂糖締車を有している砂糖生産者に対しては、「砂糖車製作諸道具并家財納屋等迄も引当見込ニ而、村役人入念取調せ、村役人引請之加判ヲ以引当相応拝借被下候様」と述べており、無高層が砂糖締車を所有して砂糖生産に従事していることに注意しておかねばならない。なお、このころ「直違等ニ而売払方指支」のため大坂砂糖問屋へ砂糖を預け為替金を借用することが行われているが(14)、この為替金は、これまで述べてきた藩からの貸付たる砂糖為替金とは性格が異なるものであることはいうまでもない。

文政四年五月に高松藩は、先述の加島屋への砂糖代金の「掛込」を若干修正し、砂糖代金のうち七割を加島屋へ納めさせ、これに相当する藩札を加島屋から渡し、残り三割の正金は船頭・荷主へ渡すことにしたが、文政七年十二月に掛込先は加島屋から天王寺屋五兵衛へと代った。しかし翌八年九月にはこれとともに、領内各地に小引替所を設置して砂糖車一挺毎に一定の正金を引替所へ納めさせ、代りに藩札を渡す「砂糖車元割当金」を実施することにしたが、翌年十月には再び天王寺屋への七歩金掛込のみとなっている(15)。

このとき、「為更貸も銀札ニ而貸候義者不致、都而正金銀ヲ借受、其分ヲ大眉(天王寺屋)五兵衛方江掛込候義と相心得せ可申候」と、為替金を正金で貸し付け、その返済は大坂での砂糖売払代金で天王寺屋へ行わせることにしている。先に為替金貸付に代って作付元手銀の貸付を行おうとしていたことを述べたが、ここでいう「為更貸」がこのときに新たに始まったものなのかどうか明らかでない。後出史料にあるように為替金貸付は中断されずに続いていたようにも思われる。また大坂以外の「他所積」についても、小引替所より売払代金の五割に相当する為替金を貸し付け、その返済は帰藩後に行わせているが、為替金については「加印札ハ不相渡」とあり、藩札ではなく正金を貸し付けたようである(16)。このように為替金が、藩札の貸付による正金の獲得ということではなく、正金で貸し付けられたのは、前年の砂糖車元割当金が正金の吸収を目的としていたために、砂糖生産者の反発を招いたのではないかと思われ、それへの対処という面をもっていたのではあるまいか。

表2　天保2・3年の砂糖引請人長町与左衛門大坂積出砂糖高

年月	白砂糖	白下地	焚込	蜜	計
	挺	挺	挺	挺	挺
天保２年10月	137	6	−	7	150
11月	746	−	−	9	755
12月	745	−	59	33	837
天保３年１月	332	−	44	163	539
２月	293	−	27	181	501
３月	286	−	54	222	562
４月	90	−	6	152	248
総計	2,629	6	190	767	3,592

天保2年10月より「月々積出シ砂糖大坂表荷物請取書」（前出上野家文書）より。

なお、この船頭への為替金貸付については、「是迄ハ、船頭共ゟ荷主共江為替貸仕候仕振者、荷物積込出帆之上難船等仕、荷物相損候節ハ、右貸付御座候為替銀ハ、船頭共之損失ニ相成申候、右ニ付随分荷物大切ニ仕候由承り申候」とあり、[17]船頭はさらに荷主へ為替金を貸し付けて砂糖を集荷しており、こうして積み込んだ砂糖荷の全責任は船頭が取らねばならず、荷主へ為替金を貸し付けたとしてもその返済は船頭の責任であった。

その後四年経った天保元年十月に、砂糖の領外移出を大坂に限定した。そして天王寺屋への七歩金掛込をやめ、領内各地に砂糖引請人を置いて川口積出切手を出させ、大坂積登せの砂糖はすべてこの引請人を通さねばならないことにした。**表2**は寒川郡津田村の砂糖引請人の長町与左衛門が取り扱った、天保二年十月から翌三年四月までの砂糖の大坂積出高の内訳であるが、計三五九二挺の砂糖を積み送っており、白砂糖が圧倒的な量を占めている。

また同時に砂糖引請人に砂糖代前貸を行わせた。砂糖代前貸とは砂糖生産者が砂糖代金に相当する藩札を砂糖引請人から前借りし、その返済は大坂での砂糖売捌代金によって大坂の砂糖会所に納めるというものである。天保二年十二月に香川郡東の岡村の才蔵が、砂糖（焚込）一五挺を引当として藩札一貫目を前借りし、翌三年二月までに大坂へ積み送って元利とも納めることにしているが、その借用状には引当砂糖や期限内大坂への積送の岡村の庄屋・組頭の保証が記され、砂糖引請人木村達三郎宛となっている。(18)

また砂糖代前貸以外の貸付としては、阿野郡北の林田浦の百姓半右衛門が、麦粉で砂糖蜜を拵えて「船頭共ゟ為替銀を偽借り居申」(19)という事件が起きていることからもわかるように、船頭への為替金の貸付も行われていた。おそらく天保元年十月以降、砂糖代前貸とともに、船頭への為替金貸付も行われていたと思われるが、その貸付が砂糖引請人からであったかどうかは不明である。なお天保元年に砂糖積船の中から組船を決めている。組船は藩から公認された砂糖船であり、組船以外の船には砂糖を積み込むことは許されなかった。(20)

またこのとき砂糖生産者へ甘蔗植付のための肥料の貸付が行われている。砂糖引請人の要望もあって大坂の御用達築城弥左衛門より肥類を高松領内へ送らせ、希望するものに村役人を通して甘蔗植付時期の春先に貸し渡し、代銀は村役人が取り立てて砂糖引請人へ納めるというもので、村を単位とする貸付である。抵当は植え付けられた甘蔗とし、甘蔗作付一反歩につき銀一〇〇匁に相当する肥類を貸し付け、利足は一か月一分二厘とし、十一月迄に納めさせることにした。(21)

このように天保元年十月から、砂糖生産者への砂糖代前貸や肥料貸付、船頭への為替金の貸付が行われているが、これらは天保六年に始まる本格的な砂糖為替金貸付の原型をなすものであるといえる。天保四年に入ると、阿野郡北の青海村の渡辺五百之助は、鵜足郡川原村の宮井房吉とともに「砂糖為御替銀一件ニ付、大坂御用達町人築城弥左衛門江為掛合」て上坂しており、(22)天保六年の砂糖為替金の検討が始められていることがわかる。

二　天保六年の「船中為替」

天保三年から三年間高松藩では藩財政難のために江戸・大坂の商人などに対して借金返済を行わないことにしたが、その期限の切れる天保六年に、領内九か所に砂糖問屋（のち砂糖会所引請人という）を置いて領外移出砂糖の統制を行わせるとともに、砂糖為替金を砂糖問屋に貸し付けるという政策をとった。この砂糖為替金の貸付は借金返済資金としての正金を確保するためのものであり、藩の借金返済を担当する済方の正金などを引換財源として藩札を発行し、これを札会所から砂糖方へ渡し、砂糖方から砂糖問屋へ砂糖為替金として貸し付け、さらに砂糖問屋から船頭・荷主へ貸付を行い、その返済は大坂や堺での砂糖売払代金を大坂の蔵屋敷内の大坂砂糖会所へ納めるというものであった。このような砂糖為替金貸付のことを船中為替という。[23]

この天保六年の砂糖為替金の種類としては、これまで船中為替の外に春為替・別段為替・肥代貸付・振替為替・古為替などがあげられている。[24]このうち春為替は船中為替と同じ方法で翌年に貸し付けるものであり、船中為替に含めて考えてよい。振替為替は砂糖方への砂糖問屋からの未納為替金に関するもので、砂糖問屋が済方から借用して砂糖方へ納めて勘定を終えたことにし、済方への返済は砂糖方を通して三か月以内に行わせた。つまり「借用且ツ返納共双方紙面上ニテ年々振替ル慣行ニ付、初年ヨリ現金授受ハナク、自然ト振替為替ト一名義ヲ唱フ様」になったのである。[25]

また古為替は砂糖問屋から為替金を借りたものが、「絶家」・「極貧窮」により返済できないときに、借用に際しての抵当で決算するが、なお未納分については無利子永年賦とし、為替金とは別立にして決算をすませたことにするというものであった。無利息永年賦の資金としては、砂糖問屋から借用する際の利子一月九朱の中から二朱が問屋へ与えられたが、船中為替はこのうちの十分二か十分五、別段為替は一朱が充てられた[26]。

このように振替為替と古為替は砂糖為替金の未納に対する処置の方法であり、為替といっているが砂糖為替金とは性格が異なるものである。したがって船中為替・別段為替・肥代貸付が砂糖為替金であるといえる。以下この三つの為替金の具体的内容について検討していこう（なお、以下砂糖問屋を砂糖会所引請人、略して引請人と記すことにする）。

砂糖方からの引請人への船中為替の貸付は、「為替元銀時々其方共（引請人）へ相渡し置候間、相応之引当指出可申候」[27]と、田畑山林を抵当として砂糖の生産時期である十月から十二月にかけて行われるのが原則であったが、売れ残りについては翌年の四月頃にまで及ぶ場合もあった。利子は月一歩二朱でその決算は翌年の八月であった[28]。そして引請人からは「砂糖積登セニ際シ其積荷ノ多寡ニ応シ問屋（引請人）ヨリ荷主へ貸渡」された。荷主は大坂での砂糖代金を大坂砂糖会所へ納め、大坂砂糖会所の請取書を藩地へ持ち帰って領内砂糖会所へ提出し、砂糖会所はこれを砂糖方へ送付することによって、その返済を完了するのである。期限内に大坂に砂糖が送れず返済できないときは、引請人を通して砂糖方へ直接正金で納めることが認められていた[29]。なお大坂砂糖相場の関係で売り捌けないときには、大坂砂糖会所から砂糖代金の七、八割に相当する預り荷物為替金を貸すことにしている[30]。

引請人から為替金を貸し付けられる荷主は砂糖積船船頭と砂糖生産者である。船頭への貸付は天保九年に寒川郡小田村の船頭伊助が、親類の田地山林を抵当にして志度浦砂糖会所から為替金を借用している例をはじめとして[31]、多くの史料で確認できる。先述のように為替金は砂糖積荷の量によって貸し付けられるのであり、船頭のもとに集荷された白砂糖・白下地・焚込・蜜の種類と量に応じて砂糖相場によって貸し付けられた[32]。そして船頭はさらにこれを船頭へ積み送った砂糖生産者へ貸し付けるのである。阿野郡北の坂出村船頭松三郎が村内の百姓太平へ為替金の貸付を行っている事例がある。[33]

この船頭と砂糖生産との為替金貸付をめぐる関係を知ることができる史料として、時代は下って安政四年になるが、次の史料を提示しよう。[34]

砂糖荷主共
砂糖積組船船頭共

大坂積登砂糖江為替金貸方之儀者、相庭之高下又者歳色ニも寄候而増減有之事故、毎歳新製之時節ニ至候得者、白砂糖樽物夫々江貸方究之員数有之事ニ候処、荷主共之内ニ者右御定之為替ニ而者荷物難差出由ニ而、間銀と号右御定之上ハ場銀船頭共ゟ差出せ、荷積致せ候向有之由相聞、中ニ者荷主ゟ右様之掛合無之候得共、荷物余慶之積入致度手便ト相見、船頭共ゟ右之上ハ場銀差出方之儀、荷主共江掛合候而荷積致せ貰候者も有之、又者前為替と号船頭共ゟ前以為更金貸渡置、砂糖製法出来候上ニ而荷積致せ貰候者も有之哉相聞、双方共ニ御趣法相背候致方ニ付相糺候上、夫々咎方可申付筈ニ候得共、近来何となく仕来居申候向有之哉ニ相聞候間、是迄之所ハ何之取扱も不致候、已後屹度相慎、船頭共者荷物為見替ニ御定法之通増減無之様貸渡、前為替ハ勿論上ハ場銀等相足貸渡候義決而不相成候、（下略）

引用史料の最初に出てくる通達先の組船船頭は、先述のように天保元年に組船が決められている。その後天保三年には一時廃止されたが、天保六年から再び組船が決定されており、[35]為替金を貸し付けられる船頭とは、当史料から組船船頭であったことがわかる。組船船頭からの砂糖生産者への為替金貸付は、船頭のもとに集荷された砂糖に応じて行われるもので、それ以外の貸付などを行ってはならないことを確認しているのであるが、決められた為替金以外に間銀と称して上場銀を船頭から砂糖生産者へ渡し、また前為替といって砂糖生産者に前貸として為替金を渡したりして砂糖の集荷をはかろうとしている船頭がいたのである。

この前為替の例としては、嘉永六年に鵜足郡川原村の七蔵が買い付けた白下地二八挺・焚込二五挺を白砂糖に製法することを条件にして、林田浦組船船頭の乙四郎から為替金七貫六五〇匁を借り受けたが、白砂糖を三二挺しか乙四郎に渡さず、残りの焚込三九挺は同村の喜十郎に質入れしたというのがある。[36] このころ前為替は相当に広まっていたのではないかと思われる。

船中為替貸付金が船頭から砂糖生産者へ貸し付けられた場合も含めて、為替金返済の責任は船頭にあった。しかし船頭からの返済つまり大坂砂糖会所への代金の払い込みが滞るときがあった。船中為替は船頭が集荷した砂糖に貸し付けるのであるから、本来ならばその未納はありえないのであるが、おそらく先述の前為替によるためであろう。弘化二年に大内郡馬篠村の組船船頭彦八と恒吉は、馬宿浦砂糖会所から借用した為替金が未納となったが、その原因は「荷主共手元御為替切ニ相成、度々才足(ママ)仕候得共、荷主共払出呉不申」るためであるといっており、御為替切つまり為替金に相当する砂糖を所持せず、船頭へ差し出さない荷主がいるのがわかる。この荷主のうちとくに寒川郡鶴羽村新五郎は「累年不相更砂糖商売手広ニ仕」っていたが、最後まで砂糖を提出しなかったため、**表3**に示したものを封印され差し押えられている。新五郎は白下糖を白砂糖に精製する押船を一三艘所持していたことから、かれは絞屋であり、甘蔗を栽培し砂糖締車を有して白下糖を生産するいわゆる砂糖百姓とは異った性格をもつ生産者であった。船頭から為替金を貸し付けられた砂糖生産者の中には、白砂糖の製造を大規模に行う絞屋もいたのである。

なお、借用した為替金に相当する砂糖を船頭は大坂砂糖会所か大坂砂糖問屋へ積み登すわけであるが、この砂

表3　新五郎の封印内訳

白砂糖17挺，焚込凡37挺，白下地19挺半，密凡2挺	新五郎宅にて封印
押船13艘，ときはんぼう《（ママ）》3つ，大はつ《（ママ）》3つ，白明樽50挺，4斗樽100挺，釜5つ，合船1つ	新五郎宅にて封印
白下地150挺	鶴羽村松屋弥一郎方へ質置に相成分，同人宅にて封印
白下地257挺	津田村組屋伊助方へ質置に相成分，同人宅にて封印
白砂糖270挺	大坂預け分

前出「泉川健願望書附属書類」より。

糖のことを為替付登または為替付といった。

　船中為替が直接に引請人から砂糖生産者に貸し付けられたことについては、「砂糖製作人共ノ内、為替付之荷物端浦行ノ船江荷積致セ候義モ有之哉ニ相聞、御為替貸ノ義ハ船中荷物為見替ノ義ニ付、右様ノ義ハ在之間敷筈」とあるように、[37] 砂糖生産者に為替金は船中荷物為見替であるとし、為替付砂糖を大坂以外の端浦で売り捌くことを禁じていることからもわかる。

　砂糖生産者の砂糖会所への借用状の案文をみると、村役人が為替金借用者の田地の引当証文を預っており、為替金の未納分についてはこの借用状に加判した村役人が返納することになっている。[38] つまり砂糖生産者への為替金貸付は村役人の連帯保証のもとに行われたのである。

　砂糖生産者への為替金はさらにまた貸し付けられる場合があり、嘉永元年に阿野郡北の鴨村の助三郎は六貫目の為替金を同村の弥吉郎へ貸し付け、弥吉郎はさらに個々の砂糖生産者に貸し付けており、生産された砂糖は乃生村八蔵によって大坂へ積み送られている。[39] このような為替金の貸し付けは前為替によるものであることはいうまでもない。

　以上、船中為替の具体的なありかたを検討してきたが、この為替金を貸し付けられた砂糖は大坂への積送りが強制されていた。しかし為替付ではなくても「此元（藩地）ゟ送状ニ付登不申、船頭了簡ニ而荷主へ被相頼」て大坂で売り払い、その代金を大坂砂糖会所へ納めるときには、大坂への積送りは認められていた。このような場合を「先納」という[40]。先納には借用した為替金以上に納めることもあったらしい。為替付・先納以外の砂糖の大坂積送りは禁止されていた。

また船中為替の返済がすでに天保十三年（一八四二）には期限までに行われないことが多かったらしく、「兼而各心得居候通、砂糖為替貸之義ハ全船中切之御趣法ニ候所、荷主船頭之中ニハ身勝手之方ニ泥ミ、拝借之後出船延々ニ相成候得共、大任ニ致置候義共ハ無之哉、両三年以来勘定月ニ至、各手元ニ而過分之振替貸致候向も有之哉ニ相聞候」とあって、出船が遅れて未納となった為替金を振替為替に廻している状態が多くあらわれてきたらしく、藩は「基本ゟ御趣法ヲ乱候道理ニ相当り、自然百姓思惑之基ニも成行、身上滅却仕候者共も出来可申」と、その禁止の方針を強く打ち出している[41]。

三　「別段為替」と「肥代貸付」

別段為替は年貢納入時の貸付で、嘉永三年の史料に「為替金貸方ノ義ハ、兼テ御趣法ノ通船中為替ノ義ニハ候得共、八歩御年貢時分無拠指支ノ向モ有之節ハ、村々役人共手元ニテ在砂糖并引当田地ヲ見込、奥印ヲ以会所エ申出貸渡候義ニ在之候」とある[42]。ここにいう八歩年貢とは十一月中皆済の年貢のことであり、高松藩では年貢のうち八割は十一月中に、残りの二割は翌年の六月中に納めることになっていた。砂糖生産者が八歩年貢納入時に、砂糖や田地を抵当にして村役人の奥印によって引請人から貸し付けられる為替金が別段為替である。つまり米作に従事しない砂糖生産者は八歩年貢を米で納入できないため、砂糖代金によって正米を購入して年貢として納めていたのであるが、砂糖の売捌が八歩年貢納入時に間に合わない場合に、別段為替を貸し付けて期限内に八歩年貢を納めさせようとしたのである。

安政五年に阿野郡北の村々は八歩年貢納入のために藩へ米二〇〇〇石の借用を要望している。これはこの年が凶作であったため、藩がきびしく正米納を行わせようという方針を取ったためであるが、この時「是迄迚も八歩御年貢米者多分金納御願申上候様成行」とあるように[43]、この時以前に年貢米が石代納になったことがあるようである。なお砂糖生産者の年貢の石代納の問題は、商品生産の盛んな地域における年貢納入の形態として興味ある課題であるが、今後の研究成果を俟ちたい。

別段為替貸付の手続きは、庄屋が砂糖生産者の借用高を調べ、これを受けて大庄屋が砂糖方へ借用を願い出る。砂糖方はこの借用願高を引請人へ為替金として貸し付け、さらに庄屋へ貸し付けられる。そして引請人には貸付を受けた砂糖生産者の砂糖所持高を記入させた庄屋・組頭の奥印のある借用状を提出させ、これとは別に庄屋へは砂糖生産者から抵当として田畑を差し出しておくというものである[44]。つまり別段為替は砂糖生産者への貸付であるが、庄屋・組頭の保証のもとに貸し付けられるのであり、その返済は村役人の責任であった。

この別段為替については、天保九年には「砂糖指出候ハヽ、何程ニ而も拝借出来、八歩納指支ハ在之間敷処一統無其義、以前之通砂糖舟罷帰候義ヲ相待、八歩皆済可致様と御申出在之候義」とあり[45]、八歩年貢納入時に別段為替が貸し付けられたことをうかがわせるような内容は見当らない。したがって別段為替の貸付は天保六年当初からあったのではなく、現在のところ初見史料の嘉永三年から始まったと考えておきたい。

別段為替貸付の具体的理由は、「白下地所持仕製法後レ居申候者、又者直段下落等ニ而売捌出来兼候節」ということであり[46]、とくに大坂での砂糖相場に関連して、砂糖売捌を控えている砂糖生産者への貸付であることを考えると、単なる八歩年貢納入の資金貸付という点にとどまらず、大坂での砂糖売捌を有利にするための一つの方法でもあった。

また砂糖生産者への別段為替は白下糖を抵当として貸し付けられたため、その返済は白下糖を引請人へ差し出し、船中為替と同様な形で行われた[47]。しかし阿野郡北の鴨村の末包八郎は別段為替金六〇両のうち三〇両は大坂へ付登せで返済したが、残り三〇両は藩地での正金による返済を願っており[48]、「未タ砂糖付登セ以前ニシテ事故有之、返納難整分ニ於テハ其事ヲ以出願ノ上、本国砂糖方へ直納ヲナサシム」とあるように[49]、大坂への付登せによる以外に藩地の砂糖方への直納も行われていた。

なお、先述のように別段為替の貸付は村役人の保証たる奥印を必要としたため、「奥印為替」とよばれていることがあるが[50]、奥印が必要なのは別段為替に限らず、先述の砂糖生産者への船中為替や後述の肥代貸付も同様であり、別段為替のみを奥印為替とするのは正しくない。しかし別段為替を特に限定して奥印為替と呼んでいたのかもしれない。

肥代貸付は、甘蔗の栽培時である二月から四月にかけて、栽培に必要な肥料に関して行うものである。実施初年度の天保七年は甘蔗植付面積一反に対し、藩札を金に換算して金一両二歩ずつを一か月一歩の利子で、十一月を返納時期として村単位に貸し付け、甘蔗生産者からの返済が滞ったときには、村役人の責任で返済をするものであった[51]。また借用状の宛先は大庄屋であり[52]、このときには引請人ではなく大庄屋が肥代貸付の実務を担当していたと思われる。

しかし翌天保八年からは、正肥を引請人から貸し付けることにした。大坂での肥料購入資金として領内九名の引請人は連名で、正金六〇〇〇両を田地・山林を抵当として一か月一歩の利子で砂糖方より借用し、十一月中に元利共正金で納めることにした。この六〇〇〇両は**表4**のように各砂糖会所管轄下の甘蔗植付面積に応じて割り当てられた。大坂での肥料の購入は糠を加島屋幸七、取粕・干鰯を今増屋市郎兵衛・大和屋得右衛門・今津屋久四郎の計四名から行うことにし、肥料代金は船頭へ引請人より預けて置き、船頭より四人への肥料代金の支払いがすむまで、船頭は肥料を積んで出船できない取り決めであった。

　こうして各砂糖会所へ着いた肥料は、一村単位に引請人から貸し渡されるが、貸付を受ける甘蔗生産者の連名した砂糖会所宛の借用状に村役人が加判して引請人へ提出させることにした。利子は一歩二朱で、二朱は村役人に手数料として渡された。代金は村毎に集めて正金を引請人へ納めた。なお正肥の貸付を受けずに現金買を希望する甘蔗生産者は、村単位にかかわらず個人でこの正肥の購入ができた。

表4　肥代貸付の砂糖会所別割当

砂糖会所	仕入肥貸付割当金	甘蔗植付面積
	両分朱	町反畝歩
引田村	908.3.2	207.7.5.18
三本松浦	1053.3.3	240.9.1.27
津田浦	535.2.2	122.4.3.18
志度浦	862.3.0	197.2.0.18
檀浦	535.1.1	122.3.6.9
城下	771.1.1	176.2.6.18
林田浦	1051.2.2	240.3.8.12
原田村	280.2.1	64.1.3.12
計	6000.0.0	1371.4.6.12

前掲拙稿「史料紹介・天保八年『代勞』」より。

　また砂糖方から借用した金六〇〇〇両では、肥料購入が不足するときには、引請人の「才覚」によって「肥貸付方之儀ハ指支無之様取計可仕」といっており、引請人の資金によって購入した肥料の貸付も行われていた。[53]しかし砂糖会所が領内供給の肥料を独占していたわけではなく、阿野郡北の坂出村新開の干鰯仲買の八蔵が糠一五〇俵と取粕三三俵を林田浦に積み送った際に、運上物であるのに届けなかったということで「抜揚」の疑いをうけているが、[54]肥料の領内への積み込みは運上銀を納めれば認められていたことがわかる。

　砂糖方から貸し付けられた肥代貸付は以後も続けられ、その利子は砂糖方へ納められたが、元金については「仮令ハ前年借用ニナレハ、当年モ二月元ニテ借用ノ事ヲ砂糖方役所へ申出テ、則チ借券ヲ差出セハ大坂迄之封書被相渡候ニ付、之レヲ大坂砂糖方へ差出シ、該金可受取手順ニテ前年分へ直ニ返納シ、請取書ヲ本国砂糖方へ相納可申事ニテ、元金ノ授受ハ不致全ク紙面ノ運ヒ」とあるように[55]、大坂砂糖会所からの借金で前年分の返済をしたことにしているのであって、実際に正金による返済が行われたわけではなかった。

肥代貸付は天保八年では九か所の引請人へ計六〇〇〇両が貸し付けられていたが、表4によるとこのとき津田浦砂糖会所へは五三五両余、林田浦砂糖会所へは一〇五一両余であった。しかし安政四年（一八五七）には津田浦砂糖会所には一〇〇〇両[56]、文久二年の林田浦砂糖会所には一八〇〇両[57]の割当が行われており、肥代貸付金高は増加していったと思われる。明治四年の肥代貸付の合計は一万二一二〇両と、天保八年の倍になっている[58]。

この肥代貸付の外に、引請人によっては「例年外ノ金額借用ナシ度事」があるときは、砂糖方から借用することもあり、この「国元拝借分」は元利ともに砂糖方へ納めた[59]。どれ程の金高を実際借用したのか明らかでないが、肥代貸付が肥料購入資金の殆んどを占めていたのではないかと思われる。また肥代貸付による肥料の甘蔗生産者への肥料貸付は、先述のように一村単位に村役人によって実施されていたため、砂糖方は村役人に対して不正な肥料貸付の禁止、肥料代金の期限内取立などをきびしく命じている[60]。

肥代貸付による砂糖方への正金収入はその利子だけであり、大した額ではなかったが、甘蔗生産者にとっては肥料の入手が容易であったことはいうまでもなく、甘蔗生産の確保という点に肥代貸付の目的があったといえる。

以上、砂糖為替金としての船中為替・別段為替・肥代貸付について検討してきたが、藩財政難克服のための正金の確保という点から考えると、別段為替は八歩年貢納入に関する貸付であり、船中為替よりもその比重は小さかった。明治三年から四年にかけてと思われる林田浦砂糖会所の取り扱った砂糖為替金は二万四三二五両余で、このうち船中為替が一万九五五五両余、別段為替が二七六〇両、肥代貸付が二〇〇〇両であり[61]、船中為替が全為替金に対して八〇%と圧倒的な比重を占めている。このように天保六年にはじまる高松藩の砂糖為替金の中心は船中為替の貸付にあったといえるのである。

四　林田浦砂糖会所の砂糖為替金

林田浦は高松藩領西部の阿野郡北に属する林田村にあり、砂糖会所引請人は青海村の庄屋で阿野郡北の大庄屋をも勤める渡辺家であった。林田浦砂糖会所は阿野郡北一三か村の砂糖に関する業務をつかさどっており、元治元年ごろには大薮浦・江尻浦・坂出浦に配下出会所があった。天保八年の林田浦砂糖会所管轄地の甘蔗植付面積が三本松浦と並んで最高を示していること（**表4**参照）、文久三年製砂糖の翌年積出砂糖樽数が各会所の中で最高であることから考えると、(62) 阿野郡北は高松藩領内での砂糖生産の重要な地域であったといえよう。

さて、砂糖方から林田浦砂糖会所引請人渡辺家が拝借した砂糖為替金は**表5**の通りである（各帳簿は「銀札」高とこれを金に換算した金高で記されているが、便宜上金で整理した。以下同様である）。弘化末から嘉永初め

表5　林田浦砂糖会所の為替金拝借高

年	拝借高
天保　6年	金　4,454両
〃　10年	17,096
〃　11年	12,800
〃　13年	18,000
〃　14年	20,600
弘化　元年	21,850
〃　4年	32,470
嘉永　2年	32,258
〃　5年	29,470
〃　6年	25,990
安政　元年	24,218
〃　2年	26,250
〃　3年	28,530
〃　4年	38,500
〃　5年	36,800
〃　6年	28,420
万延　元年	29,650
文久　元年	26,370
〃　2年	31,485
〃　3年	30,290
元治　元年	43,100
慶応　元年	38,207
〃　2年	40,123
明治　3年	23,760

「為御替銀請払指引帳」・「為御替御勘定仕組指引帳」・「御為替金貸付人別帳」他より。

にかけて三万両を越え、その後安政四年には三万八〇〇〇両余、翌五年は三万六〇〇〇両余に増え、一時三万両を切るが、文久二年から三万両に復し、元治元年と慶応二年は四万両を越え、とくに元治元年は最高の四万三〇〇〇両余を示している。明治に入ると減少していったようである。この砂糖為替金拝借高の動きは、砂糖生産の実状と深く結びついていることはいうまでもなく、林田浦砂糖会所管内の砂糖生産の動向を示しているものであるとともに、高松藩内におけるそれをも示していると思われる。

この林田浦砂糖会所引請人に貸し付けられた為替金の船中為替・別段為替ごとの内訳は明らかでない。また引請人から船頭・砂糖生産者への貸付についても、渡辺家史料中の砂糖為替金関係の諸帳簿は殆んどが「為替銀」と表示されているだけで、船中為替・別段為替の区別はなされていない。嘉永二年十月より貸付の「為御替銀請払指引帳」によると、たとえば坂出浦平太郎・神谷村平五郎のように浦・村が記載されており、浦には「何番船付登」、村には「村役人加判一札入」が殆んどの貸付人に記されている。そして同年の「寅御為替金之内奥印人別書抜帳」にある村別の貸付人の人名と金額が、前出の「請払帳」の村記載貸付人とすべて一致しており、村記載貸付人が「奥印人別」として扱われていることがわかる。先述のように船中為替を砂糖生産者が借用するときには村役人の加判が、また別段為替もまた奥印が必要であった。したがって「請払指引帳」にある村記載貸付人には、船中為替と別段為替の貸付人の両方を含んでいると考えるのが妥当であろう。ただ慶応元年の別段為替貸付の内訳が判明するが、**表6**のように計五〇〇〇両が貸し付けられている。このように渡辺家の史料からは船中為替と別段為替の具体的

表6　慶応元年の阿野郡北別段為替貸付内訳

林田村	金1,300両
鴨村	840
西庄村	560
江尻村	560
氏部村	390
神谷村	380
高屋村	300
坂出村	220
青海村	170
福江村	170
乃生村	80
御供所村	30
計	金5,000両

「別段御為替金貸付人別帳」より。

内容については不明であるが、浦記載貸付は組船船頭貸付の船中為替であり、「奥印人別」＝村記載貸付は船頭以外の砂糖生産者への貸付の船中為替と別段為替であるといえる。なお以下村記載貸付のことを奥印貸付と称することにする。

安政三年の船中為替の船頭への貸付を示したのが**表7**である。乃生浦重兵衛と坂出浦加代次、乃生浦虎右衛門は安政二年の組船船頭に名がみえないが、安政四年にはその名をみることができ、**表7**中の船頭はいずれも組船船頭であることが確認できる[63]。

丸岡健次氏は林田浦砂糖会所からの慶応二年の一五〇〇両以上の為替金借用者一二名をあげ、かれらは「巨商的搾屋」であるとともに、みずから船を所有する「船持商人」として廻船業をも兼ねていたと指摘しているが[64]、丸岡氏のあげた高額の為替金借用者はいずれも組船船頭である。かれらが集荷した大量の砂糖に対して船中為替が貸し付けられているのであって、貸し付けられた為替金が多いことによって「巨商的」な搾（絞）屋であると断定するのは早計であろう。丸岡氏の見解を説得性あるものにするには、組船船頭が絞屋であることを論証する必要がある。船中為替を借用した船頭を砂糖生産者であるとしたために、このような理解がなされたと思われる。しかし船頭が砂糖生産に従事しておらず絞屋ではないという根拠も現在のところなく、場合によっては船頭のうち絞屋として砂糖生産に従事しているものが

表7　安政3年の船頭貸付内訳

		両 歩
坂出浦	安兵衛	金3,050
乃生浦	卯吉	2,382.30
乃生浦	伝蔵	2,305
坂出浦	富蔵	1,950
坂出浦	庄五郎	1,800
坂出浦	新兵衛	1,570
坂出浦	信吉	1,500
乃生浦	重兵衛	1,407.10
乃生浦	政吉	1,250
坂出浦	太郎兵衛	1,240
坂出浦	加代次	920
林田浦	巳助	830
乃生浦	加兵衛	371
乃生浦	虎右衛門	160
乃生浦	庄助	85
坂出浦	嘉兵衛	28
計		20,849

「御為替銀貸渡人別帳」より。

いたかもしれない。船頭と絞屋との関係については後考を俟ちたい。

また安政三年の奥印貸付を村別に集計したのが**表8**である。陶村は阿野郡南に属する村である。この貸付状況は阿野郡北の村々の砂糖生産の実態を示していると思われ、この年は林田村・坂出村・西庄村が砂糖生産高の多い地域であったといえよう。

この安政三年に船頭貸付よりも多い約三五〇〇両を借用している高橋恒吉は、**表9**にあるように天保十年から

表8　安政3年の奥印貸付村別内訳

林田村	金1,610両2歩
坂出村	1,403両2歩3朱と銀札136匁7分2厘
西庄村	1,260両3歩1朱と銀札2匁8分5厘
鴨　村	922両3歩2朱
神谷村	887両と銀札178匁7分2厘
福江村	880両と銀札1貫444匁1分3厘
高屋村	700両1歩
氏部村	670両2歩
青海村	390両3朱と銀札670匁2分2厘
江尻村	400両
乃生村	115両と銀札8貫404匁4分2厘
御供所村	162両1歩2朱と銀札2匁4分7厘
木沢村	43両
陶　村	273両1歩3朱と銀札3匁8分
高橋恒吉	3,430両

「辰御為替金之内奥印人別書抜帳」より。

表9　高橋恒吉借用為替金高

		両 歩
天保	10年	金3,910
弘化	2年	2,130
嘉永	2年	5,520
安政	元年	2,221
〃	2年	592.2
〃	3年	3,430
〃	4年	4,867.1

「為御替銀請払指引帳」・「御為替金之内奥印人別書抜帳」・「御為替銀貸渡人別帳」他より。

表10　安政4年の高橋恒吉借用為替金内訳

計	両 歩 金4,867.1
丹蔵分	975
松五郎分	1,490
市助分	672
辰蔵分	610
無記名	1,120.1

「巳御為替金之奥印人別書抜帳」より。

安政四年にかけて為替金の貸付を受けている。安政四年にかかれが借用した為替金の多くが船頭の丹蔵・松五郎・市助・辰蔵らに渡されており（**表10**参照）、船頭らはこれに見合う砂糖を大坂へ積出している。つまり高橋恒吉は引請人から為替金を借用し、これを再び船頭に貸付けているのである。また**表10**中の船頭名の記載のない一一二〇両余はおそらくかれの砂糖生産の資金として使用されたと思われる。安政四年の阿野郡北の砂糖生産者でもっとも多い為替金を借用しているのは、高屋村の松之助の三七〇両であり[65]、高橋恒吉がいかに大規模に砂糖生産を行っていたかがわかるであろう。多分この地域最大の絞屋ではなかったかと思われるが、詳細は明らかでない。

先述の安政三年のうち二〇〇両以上の借用者をみると、最高は西庄村の与左衛門の三五〇両、ついで高屋村の松之助の二九〇両であり、奥印貸付の殆んどが二〇〇両以下となっている[66]。船頭貸付にくらべると借用高は相当に低額である。

次に船頭貸付と奥印貸付の変遷をみると（**表11**参照）、弘化二年以降安政にかけては

表11　船頭貸付・奥印貸付の変遷（但、高橋恒吉分を除く）

	船頭貸付	奥印貸付
天保　6年	金4,454両	——
〃　10年	13,720　1朱 銀札653匁3分3厘	2,577両
弘化　2年	13,308　2朱	7,357
嘉永　2年	19,048　2歩	10,639
安政　元年	16,152	9,920　2歩
〃　2年	21,346	11,540　1歩
〃　3年	20,849	9,446　3朱 銀札10貫839匁5分3厘
〃　4年	（不明）	10,123　2歩 銀札3匁7分1厘
文久　元年	25,135	（不明）
慶応　2年	20,801　2歩	（不明）
〃　3年	（不明）	16,261
明治　3年	14,917	12,046　2歩

「為御替銀請払指引帳」・「御為替銀貸渡人別帳」・「御為替金之内奥印人別書抜帳」・「砂糖為御替銀人別貸付日払帳」他より。

表12　船頭貸付の為替金高別人数

	1,500両以　上	1,499～1,000	999～600	599～200	199両以　下	計
天保　6年	−	−	1	7	8	16
〃　10年	−	3	9	7	8	27
弘化　2年	−	4	6	8	6	24
嘉永　2年	5	5	2	3	−	15
安政　3年	7	3	2	1	5	18
文久　元年	2	14	4	2	1	23
慶応　2年	5	3	4	−	3	15
明治　3年	3	1	4	5	1	14

表11の出典史料より。

安政元年を除き奥印貸付が船頭貸付のほぼ二分一の額であるが、慶応三年の奥印貸付が安政期より大幅に増え、明治三年には船頭貸付に対する奥印貸付の率がそれまでよりかなり高くなっているのがわかる。**表11**の両貸付の合計を**表5**の為替金拝借高とくらべてみると、安政元・二・三年と明治三年が為替金拝借高を上廻っている。大幅に上廻っている安政二年をみると、「役所（砂糖方）請取」のほかに、渡辺慎之助と時次からも資金が出され、役所請取と同じように貸し付けられている。[67] 役所請取為替金とかれらの差出金との関係は明らかでないが、正式の砂糖方からの為替金以外にも砂糖為替金の資金があったようである。

表12は船頭貸付の各為替金を借用高別に整理したものであるが、嘉永二年以降慶応にかけてはそれ以前より一〇〇〇両以上の貸付を受けるものが増えている。藩の正金確保策たる砂糖為替金貸付と結びついて、大規模に砂糖の大坂積登を行う組船船頭があらわれてきていることを示すものであろう。嘉永六年に坂出浦大福丸の庄右衛門以下一二名の組船船頭が、「旧冬ハ稀成ル甘蔗豊作ニ而出来砂糖莫大之儀ニ而、例年ゟ者荷物沢山ニ而為運賃之儲ヶ多御座候」と、白砂糖八〇斤の献上を願い出ているのは、[68] このような藩と組船船頭との関係を如実に物語るものであろう。

しかしながら、明治三年に一〇〇〇両以上の借用者が減っていることや、表11で指摘したように慶応から明治にかけて奥印貸付の率が増えていることは、このような組船船頭の役割が小さくなっていったことを示しているのではあるまいか。

また奥印貸付の借用高内訳をみると（表13参照）、二〇〇両以上借用した砂糖生産者の率が増えていく傾向にあるが、一〇〇両未満の小額借用者が圧倒的に多く、零細な砂糖生産者に対する貸付が主流を占めていたといえよう。明治三年には奥印貸付人が激減しているが、二〇〇両以上の貸付者がそれまでの年よりも率が高くなっている。そしてその中には騮吉二〇八三両余、辻紋次郎と柳次郎の一五〇〇両、立太郎の七〇〇両など、これまでにみられない高額の借用者があらわれてきており、かれらはまた「村役人加判一札入」つまり村役人の保証を必要とせずに貸付を受けているのであって[69]、従来の奥印貸付とは明らかに異なった形態をみせてきている。

砂糖為替金の返済状況を示したのが表14である。殆んどが大坂砂糖会所へ納めその請取書を引請人へ提出する、つまり砂糖付登による大坂での返済であり、また先述した済方の正金納も年によって違いはあるが、行われているのがわかる。安政四年には三万三千両余の正金が確保されている。

最後になるが、仕入肥の代銀（肥代）の取り納め状況は表15の通りである。安政六年と慶応元年は史料では銀札高で書かれ、さらに金に換算して示されており、あるいはこのころ藩札で肥代を納めていたのかもしれない。慶応元年には肥代取納高が少なくなっているが、その理由は明らかでない。肥代は本来、村単位に貸し付けられるものであり、現金買の場合に村単位にかかわらず仕入肥を購入できたことは先述したが、弘化二年には九二％と殆んどを占めていた村単位の肥代貸付が、安政六年には三四％、さらに慶応元年には二八％に減少している。このことは村単位に貸し付けて甘蔗生産のための肥料を確保するという、肥代貸付の本来の機能が弱まり、現金によって肥料を購入する甘蔗生産者が多くなってきていることを示しているのであろうか。

表13　奥印貸付の為替金高別人数

	200両 以　上	199～100	99～60	59～20	19両以下	計
天保　10年	3	4	6	22	7	42
弘化　2年	2	26	18	65	21	132
嘉永　2年	8	30	31	51	25	145
安政　元年	13	17	30	67	35	162
〃　2年	11	25	25	58	25	144
〃　3年	15	17	23	62	31	148
〃　4年	11	29	24	69	21	154
慶応　3年	21	55	28	62	6	172
明治　3年	17	19	7	20	1	64

表11の出典史料より。

表14　砂糖為替金の返済状況

	大坂請取書納済	済方正金納	大坂付登居申分	未　納　分
	両 分 朱	両 分 朱		両 分 朱
弘化　4	金29,150	2,634.1.2	－	3,495.2.2
嘉永　5	24,566	3,135	250	1,519
安政　2	22,893.1.2	993	210	2,153.2.2
〃　4	32,219	958.3	566	4,656.1
〃　6	21,933	4,190	230	2,120.3
文久　2	24,258.3	4,508.1	－	2,151

「御為替御勘定仕組指引帳」より。

表15　仕入肥代銀の取納高

	取　納　高	内　訳	
		村	個　人
弘化　2	銀89貫838匁	82貫565匁（92）	7貫273匁
安政　6	金2,117両3歩2朱	730両　（34）	1,387両3歩2朱
慶応　元	金1,263両	360両　（28）	903両

「御仕入肥代銀元利取納帳」より。（　）はパーセント（少数点以下切捨）

おわりに

以上の検討を通して、高松藩における砂糖為替金の具体的内容について、史料的制約はあるが、ある程度明らかにしえたと思う。そして砂糖為替金は文政二年以降施行されているが、その本格的な実施は天保六年からであり、これまでいわれてきた各種為替金のなかでも、船中為替が藩財政難解決のための重要な役割を果していたことは間違いのないところである。

この天保六年に始まる砂糖為替金の成否は、藩札通用の問題に大きくかかわっていたことはいうまでもない。高松藩では文政十一年から藩札の通用価値の回復をはかっていたが、負債の返済猶予を断行した天保三年に、返済財源たる大坂登米を領内で売り払い、その代金を藩札で行わせることによって領内通用の藩札を減少させ、その価値も回復してきた天保四年正月に、それまでの宝暦藩札を引き上げて新たに天保藩札を発行した[70]。かかる藩札通用政策の上に立って砂糖為替金の貸付が始まっているのである。したがってこれを成功させるためには、藩札の通用価値を安定させておくことが必要であり、藩は甘蔗植付田畑の年貢や砂糖に関する諸上納銀の納入などを藩札で行わせるなどして、藩札の円滑な流通をはかっている[71]。

砂糖為替金によって高松藩では、一説には一八八三万両余の正金を獲得したと推算されており[72]、また廃藩置県時には現金数十万両と各種貸付金約一〇二万円を県庁に引き継いだという[73]。

しかしながらこの砂糖為替金に関してはまだ検討さるべき多くの課題を残している。砂糖為替金の貸付において重要な役割を果した砂糖会所引請人は、高松藩における砂糖生産とその統制のなかでどのように位置づけられるのか。船中為替によって多額の為替金の貸付を受ける組船船頭は、藩及び砂糖生産者との関係においていかなる性格を有するのか。また高松藩の砂糖生産の先頭に立ち、マニュ的経営を営みながらあらゆる部面で白下糖生産者を支配し、[74]嘉永末ごろから藩の統制の枠を破っていくと[75]いわれる白砂糖生産者である絞屋は、この為替金貸付とどのような関係をもっているのか。このような点について、高松藩の砂糖流通統制や為替金の実態を踏まえた上で、今後より一層研究を進展させていかねばならないであろう。

注

（1）土岐道憲氏「高松藩文政年間の糖業―渡辺家大庄屋日記を中心に―」（『香川史学』創刊号、一九八二年）。
（2）吉永昭氏「流通統制からみた東北と西日本諸藩の動向―寛政期以降〜安政開港までを中心に―」（『愛知教育大学研究報告』第一部第二一輯、一九七二年）。
（3）本書第一章「高松藩の砂糖流通統制」参照。
（4）濱村正三郎氏「幕末における高松大阪間の砂糖取引」（『経済史研究』第二四号、一九三一年）、樋口弘氏「讃岐高松藩領産出糖と大阪市場」（『本邦糖業史』味燈書屋、一九四三年）。
（5）前田正名氏「讃岐ノ砂糖」（『明治前期財政経済史料集成』第十八巻、原書房、一九七九年）。
（6）本書第一章参照。
（7）「御法度被仰出留」（『香川県史9・近世史料Ⅰ』一九八七年）。
（8）『増補高松藩記』（永年会、一九三二年）三一六ページ。
（9）室津屋弥八郎は、津田村庄屋や寒川郡大庄屋を勤めた上野家が弥八郎を称しており（『讃岐国松平讃岐守領内諸家文書目録』〈一九七九年〉二一六ページ）、おそらく上野弥八郎であろう。
（10）文政三年「御用日記」（渡辺家文書、瀬戸内海歴史民俗資料館蔵）。以下、注記のない史料はすべて渡辺家文書である。
（11）表1出典の「指引帳」。

(12)本書第一章参照。
(13)文政三年「御用日記」。
(14)以上、文政四年「御用日記」。
(15)本書第一章参照。
(16)文政九年「御法度御触事留帳」(丸岡家文書、瀬戸内海歴史民俗資料館蔵)。
(17)「諸控」(右同)。
(18)「存念書入割扱一札并万事済口書付控」(右同)。
(19)天保元年「御用日記」。
(20)天保三年「御用日記」。
(21)天保元年「御法度御触事留帳」(前出丸岡家文書)。
(22)拙稿「史料紹介・天保八年『代笏』の高松藩砂糖関係史料」(『香川史学』第三三号、二〇〇六年)。
(23)本書第一章参照。
(24)井上甚太郎氏『讃岐糖業之沿革』(東京国文社、一九〇二年)三八~四二ページ。なお肥代貸付については岡田唯吉氏(『讃岐製糖史』鎌田共済会、一九四〇年)、児玉洋一氏(「高松藩に於ける砂糖為替の研究」『高松高商論叢』第一七巻第二・三号、一九四二年)は「奥印拝借」と呼んだとしているが、管見のところではそのような例は見当らない。また児玉氏は「船中荷為替」があったとしているが、これは船中為替の別の呼びかたであったと思われる。
(25)「旧高松藩砂糖為替金裁判関係書類」(仮)所収「旧高松藩砂糖為換金之義ニ付上申書　明治十四年八月三十日」(前出上野家文書)。以下「上申書」と記す。
(26)右同。
(27)天保六年「御法度御触事留帳」(前出丸岡家文書)。
(28)前出「上申書」。ただし利子は天保八年に月一歩(前掲拙稿「史料紹介・天保八年『代笏』」)、のち月九朱となった(「上申書」)。
(29)右同。
(30)「雑綴」所収「砂糖取締一件ニ付安政四巳三月十日砂糖方於役所ニ被仰渡書」(前出上野家文書)。

(31) 『志度町史』(一九七〇年)二二二・二二三ページ。
(32) 「泉川健願望書附属書類写」(前出「雑綴」所収)。
(33) 弘化三年「御用日記」。
(34) 「砂糖方被仰渡箇条書写」(『香川県史9・近世史料Ⅰ』一九八七年)。
(35) 本書第一章参照。
(36) 「癸丑坐右日記」。
(37) 以上、前出「泉川健願望書附属書類写」。
(38) 「高松藩諸達留」(前出『香川県史9・近世史料Ⅰ』)。
(39) 嘉永元年「御用日記」。
(40) 天保十三年「大坂積砂糖御為替附登帳」。
(41) 「天保十三年十月達」(三浦家文書、瀬戸内海歴史民俗資料館蔵)。
(42) 田中正保氏編「砂糖資料」(草稿)。
(43) 安政五年「御用日記」。
(44) 前出「上申書」。
(45) 天保九年「御用日記」。
(46) 安政元年「御用日記」。
(47) 前出「上申書」。
(48) 安政元年「寅御為替金之内奥印人別書抜帳」。
(49) 前出「上申書」。
(50) 拙稿「史料紹介・『旧高松藩砂糖為替金始末』」(『香川史学』第八号、一九七九年)。
(51) 前出「存念書入割扱一札并万事済口書付控」。
(52) 『大川町史』三六七ページ。
(53) 以上、前掲拙稿「史料紹介・天保八年『代笏』」。
(54) 天保十四年「御用日記」。

(55) 前出「上申書」。
(56) 「砂糖方御役所ヨリ借用証文類集」(写)(鎌田共済会郷土博物館蔵)。
(57) 「砂糖方御用日記」(児玉洋一氏前掲論文)。
(58) 右同。
(59) 前出「上申書」。
(60) 拙稿「史料紹介・『砂糖方御趣法留』」(『香川史学』第二一号、一九九二年)、嘉永二年「砂糖方御用日記」(児玉洋一氏前掲論文)。
(61) 「覚」。史料には年は記されていないが、「弐千両也　未御肥代」とある。先述のように文久二年の林田浦砂糖会所の肥代貸付が一八〇〇両であり、その貸付高が増加していっていることから、文久二年の後にくる「未」年は明治四年ということになる。肥代貸付の決済は十一月であるので、当「覚」にある「御為替銀勘定」・「別段御為替」は前年の三年十月から翌四年はじめにかけての貸付であろう。
(62) 本書第一章表4参照。
(63) 安政二・四年「組船積出諸掛物取立帳」。
(64) 「幕末讃岐糖業における搾屋資本の動向について」(『農林業問題研究』第一〇号、一九六七年)。
(65) 「御為替金之内奥印人別書抜帳」。
(66) 右同。
(67) 「卯製為替銀貸渡人別帳」。
(68) 「癸丑坐右日記」。
(69) 「午御為替金貸附人別帳」。
(70) 前出『増補高松藩記』三七四ページ。
(71) 右同、三八四ページ。
(72) 児玉洋一氏前掲論文。
(73) 前掲拙稿「史料紹介・『旧高松藩砂糖為替金始末』」。
(74) 信夫清三郎氏『近代日本産業史序説』(日本評論社、一九四二年)二一四ページ。
(75) 鎌田久明氏『近代日本産業の成立』(ミネルヴァ書房、一九六三年)一四五ページ。

第三章　高松藩の藩札と流通

はじめに

高松藩では文政十年から藩政の責任者たる年寄の筧速水を中心として天保改革が開始された。これは藩財政の再建を直接の目的としていたが、坂出塩田の築造や御用金（米）の賦課、家中借米、借銀の三か年間支払猶予などの財政策のみならず、農村支配の再編、藩札の回収、新藩札の発行、砂糖為替金趣法など、広い範囲にわたる内容を含んだ、高松藩政史上重要な改革であった(1)。

とくに天保六年に始まった砂糖為替金の実施は、藩財政難を好転させたのみならず、以後の高松藩における砂糖の生産や流通に大きな影響を与えた。その要点を箇条書にすると次のとおりである(2)。

一、領内の沿岸地に九か所の砂糖会所を設けて砂糖会所引請人を置き、かれらに砂糖方から砂糖為替金を貸与する。

一、砂糖会所引請人はさらにこれを砂糖組船の船頭や荷主、砂糖生産者に貸し付け、その返済は船頭や荷主ら大坂での砂糖売払代金によって、大坂藩邸に設けられた大坂砂糖会所へ行わせる。

一、この砂糖為替金として貸し付けられたのは藩札であり、藩払を貸し付けてその返済は正貨によって行わせた。この砂糖為替金趣法によって高松藩は、借銀返済資金を確保することができたといわれ、藩財政再建と深く結びついた国産統制の方法として成功した、全国的にも数少ない例であろう。しかし成功した背景には文政初年以来の砂糖統制をめぐる試行錯誤的な変遷があった。それは大坂を初めとする他領での砂糖の売払代金としての正貨をいかにして藩札を使って藩へ吸収するかということであった。この藩札による正貨獲得は砂糖に限らず、その他の国産の領外移出に関してもいえた。

高松藩の藩札については藩札発行をめぐる問題が城福勇氏によって論究されており、また享和元年に始まる積極的な藩札の貸付、インフレ鎮静のための文政末の藩札回収などが触れられてきた(3)。しかし、藩札の流通の状況やその役割、国産の流通統制との関係などに注目して、高松藩の藩札について検討したものは見当らない。したがって本章では、宝暦七年の藩札発行から砂糖為替金趣法の実施の前提となった、天保四年の新藩札発行までの時期における、藩札をめぐる具体的状況について考察してみることにする。

一　藩札発行と流通

高松藩の藩札は他藩にくらべて遅く、宝暦七年に発行された。高松藩では享保中頃から藩財政が悪化し始め、寛保二年には倹約政治を実施する方針を出したが、十二年後の宝暦四年には「打続米下直之処、度々凶作有之、御収納米相減し、其上不意之御物入相重り、御勝手向大ニ指支、他借銀も最早相整不申」という状態になっていた(4)。

このため藩財政難の抜本的解決のためにとられたのが、屋島西潟元の亥浜塩田の築造、藩札の発行、緊縮財政の実施であった(5)。藩札の発行は「打続勝手向逼迫ニ付重々倹約申付、無理なる繰合せをも致候得共、何分其効無之、追々他借銀相増当座之凌方ニも行当、必死之困難ニ御座候処、（中略）、近国領々ニも年来銀札相行ハれ居申候間、甚相好ミ不申義ニ者候得共、右趣法相立候ハ、必定一時之急を凌可申、尤仕方宜候ハ、永年勝手向融通之都合ニも相成候義」と、二、三年前から勘定奉行平尾弥一郎の下で検討されており、「引換元金銀丈夫ニ相備、決して取欠候義不相成、并少分之義ニても空札出し候義不相成仕方相立」て、藩札の通用を始めた。つまり通用藩札の三分の一の「引換元金銀」を常時備えておき、藩札の信用を維持するための引換元金銀を備えていない「空札」は通用させないという方針であった[6]。なお、高松藩の藩札は正貨との混用であった。

城下兵庫町の判屋大和屋（佐々木清助）の隣りの武田家の屋敷を買い上げて札会所を新たに建て[7]、大和屋を掛屋職（札元）として札会所へ詰めさせ、正銀と藩札との引替にあたらせることにして、十月から通用を開始した。藩札ははじめ一五〇匁札・一〇〇匁札・一匁五分札・一匁札・五分札・三分札・二分札の七種類であったが、三〇匁札と二〇匁札が加わって発行され、翌年四月に一〇匁札が追加された。しかしこの時一五〇匁札と一匁五分札の通用を停止したため、以後八種類の藩札が通用した[8]。はじめ正銀と藩札との引き替えは正銀一〇〇匁持参したものに藩札一〇一匁、藩札一〇二匁持参したものに正銀一〇〇匁の基準で行われたが[9]、翌八年には正銀一〇〇匁との引き替えも持参藩札一〇一匁となった。これらを「一歩延」・「二歩延」といった[10]。

そして藩札の円滑な流通をはかるため、年貢米の銀納分や諸雑税、町・郷への貸銀返納など、領民から藩庁へ上納する正銀はすべて藩札で納めさせることにした。こうして高松藩札は発行されたが、「銀札仕立分金銀出入者一々目付之者立会、見届を受諸事厳重ニ取扱、引換分聊指支無之候」という状態であったため、通用の始めから「人心帰向致、年々通用高相増、大ニ勝手向融通之助け」となり、「近傍四五ヶ国ニても高松札者無滞通用」したという[11]。

しかしながら藩札発行から間もない半年後頃までに書かれたと思われる「宝暦七丑年銀札出来之節戯評判」に

は、藩財政難を克服するための藩札発行は家臣を初めとする領民の犠牲の上に行われたものであり、家臣や領民は迷惑しているという憤懣が述べられている。藩札は通用を強制された領民にとっては必ずしも歓迎すべきものではなかったのである。[12]

宝暦八年五月には伊丹の町人加勢屋が城下丸亀町の網干屋のもとにきて、藩庁へ御用金を上納し正銀と藩札との引替にあたることになった。[13]この加勢屋出店では五貫匁以下の藩札の引替を行ったが、この時城下以外の領内に「小引替所」が置かれ、東部は志度の木屋清太夫出店、南部は仏生山の川崎屋吉兵衛出店、西部は宇足津の品川屋庄太夫出店が充てられた。つまり引替所は城下の札会所と加勢屋出店を合わせて五か所であった。[14]

藩領東端の引田村の「惣百姓共商人共」から小引替所設置の要望が出されている。[15]

一此度銀札引替之儀所々ニ被仰付候由奉承知候、引田村之儀者先達而も御願申上候通、銀札請込取引仕候者於所々被仰付無御座候而ハ、商向キ取引指支多、村方之者共殊之外難儀仕儀ニ御座候、平生諸商取引阿州淡州表取組、相互ニ商仕候儀ニ御座候、右之所々ゟ引田へ入津之船々売買等相済せ、下之筋へ罷通船者無御座候、何れ共売買済次第上之口へ戻申事故、譬引田表近浦ニ而銀札引更之場所御座候而も、引田村ニ而売買相済せ銀札引更計ニ外浦々乗り候様ニ相成候而者、売買相済せ候已後、其儀計ニ付一日又ハ汐ニ被込候得者、二日も日数掛り候様相成候ニ付、商船以之外不勝手之筋ニ成候故、入船自然と無御座候様成行、所不繁昌可仕哉と奉存候、勿論陸ニ而荷イ(ママ)売買仕候者も右同前ニ難儀仕候、御存知被遊候通、近年村柄も衰微仕候、恐多奉存候得共、引田村之内ニ而万事商等ニ至迄、取引指支無御座候様願上仕度奉存候、右銀札引更所儀ハ引田村ニ御詮儀之上、請込候者被仰付被下候者難有、村柄も繁昌可仕と奉存候当時引田村には阿波や淡路方面から商船がきていたが、取引後藩札を引き替えるためにわざわざ引替所のある湊まで出かけねばならず、このような状態では商船が引田の湊に入ってこなくなるとして、引田村に引替所を置くことを願い出ている。おそらくこれは認められたと思われる。

その後安永八年に「増印」と「引札」が行われている。増印は「世上通用銀札之小札之分者損多ク相聞候間、此度相調新札ニ取替せ候、依之相改三拾目札壱匁札三分札弐分札者、増印并札形をも直し以来通用致せ候」と、三〇匁札・一匁札・三分札・二分札の四種類の古くなった藩札を新札と取替えるための措置で、新札と交換する必要のない藩札に増印したと思われる。引札になったのは二〇匁札と五分札であった。[16] 時期は明らかでないがのちに、この他に三〇匁札・三分札・二分札が引札になった。[17] 翌安永九年に引田村の米屋惣三郎と三本松村のはりまや（ママ）与九郎に小引替所が命じられている。[18] 宝暦八年に引田村に引替所が置かれたのではないかと先に述べておいたが、三本松村にもその後置かれている。

藩札の貸付に関する要望は発行直後の宝暦八年に引田村の市郎兵衛から出されている。[19]

去秋頃ゟ世上一統ニ銀不自由、一円取遣無御座候、少々之質取遣も惣而相止候様申候、依之此節ニ至り別而中分以下之者共、殊之外困窮仕候様ニ相聞候、只今之通ニ而者諸事上納物之儀及難渋候儀者勿論、春之内痛人多出来甚難儀可仕と奉存候、依之乍恐何とぞ御銀札拾貫目、拾年済拝借被為仰付被下候ハヽ、難有奉存候、御預りヲ以質取遣も仕候得者、少々世上潤ニも相成可申と奉存候

引田村の農民の困窮状態に対して、「質取遣」つまり質による貸付を行うために、藩札一〇貫匁を一〇年賦で貸してほしいというのである。この藩札貸付が札会所から行われたのかどうか確認できないが、札会所からの貸付

を確認できるのは、明和四年に出てくる、「札会所御借付銀、向後田地質物入せ御借付被仰付」るとの記事である。[20]

高松藩の藩札は天明頃には「追々出銀札相増、夥敷通用高」となったが、藩札の信用を落すこともなく「近国ニても富国と称せられ候義」という状況であったという。しかし寛政に入ると世帯引受年寄の小笠原三助ら藩政担当者は、藩札の増加にともなう弊害を恐れて流通高を減らす方針を取り、札会所へ大量の藩札が回収された。[21]

寛政十二年に藩財政担当家老となった玉井三郎右衛門は、[22]札会所へ貯えられた藩札の積極的運用を図ることにし、困窮家臣への藩札貸付を行った。つまり「相対貸之振合」[23]で家臣へ掛屋の大和屋清助から藩札を貸し、その返済は家臣の知行米によって行わせた。大和屋はこの知行米を売り払って元利を札会所へ納めることになっていた。また家臣貸付のほかに町郷貸付として、富裕な町人や農民、金融業者に田地山林や質物などを抵当にして札会所から貸し付けられた。しかし家臣貸付や町郷貸付はいずれも空札で引替正銀を用意していなかった。のちには札会所で藩札と正銀の引替が円滑に行われなくなっていくが、その原因はこれらの貸付にあった。[24]

この時城下東浜の北を埋め立て、新たに湊町をつくって問屋を移住させ、他国の商船との取引を盛んにしようとし、このため領内でこれまで生産されていなかった鍋釜・陶器・紙・墨・筆・絹織物・木綿織物・薬種・茶・箪笥・長持・傘類・漆・蠟・石炭・畳表などの多種類にわたる商品の生産奨励を行った。[25]

そしてこれらの国産の「元手銀」＝生産資金として、藩札を貸し付けることにした。これは「只今迄上方他国之産製を仰き候品ニ付、今之を止め国産ニて用弁候様相成候ハヽ、領中之金銀他へ出候義相減し、且又札会所ニ貯置候銀札を以、元手銀を貸付候得者、下々大ニ融通ニ相成り、上ニも貸銀之利益も有之」とあるように、正銀の領外流出防止、生産者の生産資金確保、貸付藩札による利益などを狙ったものであった。しかしこの国産奨励は思ったように効果を上げることができず、四、五年目から貸付も徐々に縮少していき、文化四年には廃止された。この元手銀貸付は勝手方が札会所から藩札を借りて貸し出した空札であったので、札会所での正銀引替が困難となると勝手方の貯え金を札会所へ廻して引替にあてたため、のちには勝手方の正銀が不足し藩財政難の原因の一つになったという(26)。

元手銀貸付の具体的な例として、阿野郡北の青海村紙漉染次郎が享和三年に借用している場合が史料的に確認できる。

寛政年中漉紙繁栄為仕候様ニとの御趣意ニ而諸方植方被仰出、楮苗等迄も被為下候砌ゟ、私義漉紙仕居申候所、其後追々漉しにせ（ママ）手広ニ仕度奉存候所、仕入銀多分之義ニ而指支出来不仕、享和三亥年右元立銀拝借奉願候所、早束（速）御聞届被為下難有拝借仕、漉手間之者数多召抱、御拝借銀割符貸付仕入仕漉立届申候、（下略）

染次郎は借用した「元立銀」を多くの「漉手間之者」にさらに貸し付けており、かれは相当大規模に紙の生産に従事していたようである。この時染次郎は藩札（引用史料には銀とあるが、実際は銀札であったと思われる）七貫匁を借りている。その返済は文化九年までとなっていたが期限までに返済できず、二貫匁は一〇か年賦、五貫匁は文政六年に返済することになった。しかし、文政六年には五貫匁をさらに三〇か年賦で返済したいと再び願い出ているが認められず、結局一五か年賦返済となっている(27)。

なお元手銀貸付は「松平家記」では勝手方の貸付とされているが、前出「御用日記」によると染次郎が返済を終えた天保六年の史料には「私義元大納戸紙漉元立銀拝借年賦被仰付」とある。勝手方と元大納戸とがどういう関係にあるのか明らかでない。

享和三年に札会所や小引替所以外のところで、正銀と藩札の「売買」が行われていたことが次の史料からわかる(28)。

銀札正銀自分々々了簡ニ而、札会所之振合ヲ以売買仕候義堅御停止ニ付、宝暦七丑年安永三午年其段申渡候通ニ候所、年久敷相成心得違之者も有之候哉、歩合相対ヲ以専売買致候様相成、如何成事ニ候、郷中浦々共小引更所相立有之義ニ候得者、指支ハ無之事ニ候間、此後右様内証相対を以売買致候義相聞候ハヽ、不軽事ニ候間屹度吟味之上科可申付候

つまり藩札発行時の宝暦七年とさらに安永三年に、「自分々々了簡」で藩札と正銀を「売買」することを禁止していたが、「歩合相対」によって「売買」が行われているというのである。これは札会所や小引替所での藩の決めた藩札と正銀との交換率に従わず、私的な交換率によって「売買」が行われていたことを示している。

二　商品の流通と藩札

讃岐三白といわれるように、近世の讃岐の商品生産の中で塩・綿・砂糖が特産品としてよく知られている。そのうち綿は隣領丸亀藩領では元禄頃に盛んになっていたが[29]、高松藩での綿の生産状況を最初に述べているのは、管見のところ享保十八年の次の史料である[30]。

一近年打続宇(鵜)足郡那加(珂)郡ハ、別而木綿作大分仕候儀毎年不相更、木綿能候へハ尤之義ニ候へとも、数年打続不出来候、依之此両郡別而大痛罷成候、全躰田方ニ稲を作候義本方ニ候間、当年ゟ綿作過半相止候様ニと、折々右之両郡へ内意を□(可カ)申聞候、□□木綿作付候時分ニ候間、過半相止可申候、（中略）、右両郡之外古来綿作余

慶之村々も有之候、（下略）

鵜足郡・那珂郡で「別而木綿作大分仕」るとあるように、当時藩領西部で綿作が盛んであったのがわかるが、この両郡以外の村々でも綿作が行われていた。

享和三年になると、領外積出の繰綿・実綿・延綿・篠巻・綿実については、「川口津出并陸路付出之義共、都而運上銀御免被成」と運上銀が免除されており、かわって「綿商ひ之義ハ他所売之義ニ付、正銀ニ而相調候筋ニ付、川口津出陸路付出候義共、摺合正銀納ニ申付」、つまり綿類の他領での売払代金は「摺合正銀納」として、札会所へ納めさせることにしている(31)。

当時綿類の領外積出については、**表1**に示したように宇足津綿会所座本を初め、東西各地の浦々の問屋などから積出切手を出していた。そして綿類を積み出す時に、「積出候船戻候之節、初代銀積立札会所へ相納可申」、「相庭を以代銀何程之積立、壱歩之摺合銀高百目ニ付壱匁つゝ積指出せ、切手指出候問屋座本之方ニ預置」とあるように(32)、積出の時の見積売払代銀に相当する正銀を札会所へ納めさせておき、また積出切手を出した問屋・会所座本へ積出綿類の代銀の「壱歩之摺合銀」を納めておき、いずれも綿類を売り払って帰船した時に精算するという。「摺合銀」の内容が十分明らかでないが、運上銀

表1　享和３年の綿会所座本・問屋ほか

宇足津綿会所座本	丹後屋秀蔵
引田浦問屋	川股村小宇衛門 多島屋善六
津田浦問屋	板屋幸四郎 川口屋栄蔵
志度浦問屋	正木屋義兵衛
香西浦引請人	植松彦太夫 岩佐屋伝三郎
阿野郡北五ケ浦切手出し入	坂出村勘太郎
仏生山問屋	三谷屋千之助 池田屋清右衛門
寒川郡長尾村	森屋甚作 戎屋弁蔵

享和３年「御用留」（大山家文書）より。

徴収にかえて綿類の売払代銀を札会所へ納めさせて、正銀の獲得を行っているのがわかる。

このような方法は綿類に限られたものではなかったらしく、砂糖についても享和二年十月に、寛政六年に始まっていた領外積出砂糖への運上銀を止め、[33]「作人共ゟ他所直売勝手次第」としているが、[34]この時に札会所へ売払代銀を納めさせたのではないかと思われる。「他所直売」が行われていたと考えられる文化六年に、大内郡松原村の森本伝吉が大坂での砂糖売払代金の一部として同郡中筋村の武八郎から金八〇両を藩札五貫三四八匁余で受け取っているのは、[35]このことを裏づけるものでないかと思われる。

前後するが、高松藩の砂糖は寛政元年冬に始めて製造された。この時の砂糖は黒砂糖ではないかといわれているが、のち白砂糖の製法が開発され、寛政後半から文化にかけて生産を増大させていった。次の史料は文化六年に高松城下の町年寄へ出されたものである。[36]当時他領から高松城下に取引にきた船は、売払代金の藩札を札会所で正銀に引き替えていたのがわかるが、盛んになってきた砂糖取引の状況を知ることができる。

> 新湊町問屋共并其外問屋共方江旅船参荷物売払、右代銀札会所ニ而引替罷戻候義多相聞候、近年御国製砂糖宜出来候ニ付、多上方表江積登之事ニ候得共、下筋向路其外所々ゟ大坂江申遣取寄候、此元ニ而相調候得者掛り事之差別も在之、下直ニも相当可申ニ付、他所商人共江申聞、望之者江者砂糖交易之義取計せ候、右ニ付一件御用向新湊町鳥屋仁左衛門江引受申付候、右ニ付他所江積出し切手之義も、右仁左衛門江指出せ申候

「他所商人」が高松城下へ砂糖の買入れにくることを認め、新湊町の鳥屋仁左衛門をその「御用向」にしたのである。これは高松城下での砂糖取引を盛んにすることによって、正銀の流入をもたらそうとしたのであった。

文化末頃の高松藩の財政は、「彼是出方夥く勝手向不都合ニ相成、兼而相備置候軍国用意之貯金も疾く払底致、

江戸上方領中ニて之借金銀頻ニ相増候ニ付、追々倹約申付候得共相届不申、弥指支甚く月々定法ニて高松より江戸表へ相廻候諸入用、江戸家中渡し方等之金銀繰出し方ニも行当り、公務ニも拘り候ニ至申候」とあるように、財政困窮に陥っていた。このため「無余義大坂表出入之町人共へ相頼、毎月かなり之金高振替繰出し貰ひ、冬分収納米積登し返済致」すという状態であった(37)。

また藩札についても、「兼々領中通用銀札相増、正金銀取換多く相成、勝手方貯金迄も多分右ニ出払候義ニ御座候処、猶も忽之逼迫を凌候為、領中之産物を銀札を以買入置、他国へ積廻し売捌せ正金銀持帰之義を専取扱せ候ニ付、弥通用銀札相増必至と引換方指支」えると、藩財政難の中で藩札と正銀との交換に支障が出てきていた。そのため引替金確保として、「大坂町人之内へ相頼引受、日々際限相立少々つゝ引換貰ひ、領中新規之運上品々申付、是を以返済致候事ニ相成」ったが、「全聊つゝ之引換ニ而諸人難渋」し、「銀札之位を落し諸物価騰貴致、一同之困窮」をもたらしていった(38)。したがって藩札の通用を円滑にするためには、領内の国産を積極的に領外へ売り出して、正銀の領内への流入をはかる必要があった。

砂糖については後述するがそれ以外の国産で、文政に入って領外積出の売払代金を藩札と交換させることによって正銀を獲得しようとした例として、文政三年五月に通用米・綿類・雑穀類を宇多津浦・香西浦・檀ノ浦から積み出すことを許可している場合がある。

宇足津浦并香西浦檀ノ浦ゟ、通用米并綿雑穀共川口積出御免被成候間、其段可被申渡候

但、右切手出人別者当三月以前之通相心得可申候、并他所ニ而売払候ハ、夫々仕切状取戻、右売払代金共最初積出切手仕渡候問屋共江指出、出相庭弐歩判延代銀札請取可申旨可被申渡候

右之趣相心得、宇多津浦丹後屋秀蔵香西浦岩佐屋伝三郎檀ノ浦茂登屋茂三郎江申渡候

一右浦之外是迄之通出入とも不相成義ニ候間、心得違無之様可被申渡候

積出切手を出す問屋は宇多津浦は丹後屋秀蔵、香西浦は岩佐屋伝三郎、檀ノ浦は茂登屋茂三郎と思われ、かれらのもとに通用米・綿・雑穀の売払代金を納めさせ、代わりに積出時の相場代金より二分五厘増やした藩札を渡すことにしている。

この時菜種についても、「菜種子是迄百姓町人共ゟ大坂表江積廻、売払代金銀銘々取戻来候得共、以来者大坂ニ而売払候ハヽ、夫々仕切状取戻り、売払代金銀共津国屋伝十郎江指出、米相場弐歩五朱延ニ而代り銀札請取可申」と、同じように売払代金を城下の商人津国屋伝十郎へ納めさせ、「弐歩五朱延」の藩札を渡すことにしている。当時菜種の積出は大坂に限られており、津国屋伝十郎が積出切手を出していた[39]。

しかし翌六月に通用米・綿類・雑穀類・菜種の二歩半延代銀札は中止され、代って運上銀を課すことにしており、「已来ハ売払代金銀問屋方へ取納方不及候間、勝手次第取扱可申候、右様相成候ハヽ、金銀融通も可致候間、成丈札会所へ引更ニ出不申様可致」と、札会所での正銀との引替を抑えようとしている[40]。当時「正金銀引更多指支ニ付、他所ゟ諸品買取候義当年中指留」めており、正銀との引替を制限するために、他領からの買入を禁止していた。文政三年からは買入を認めることにしたが、その場合でも「金銀引更方之義成丈指控、如何様共自分々々ニ相働、交易等を以買取候様可致候、依之奢ヶ間敷品ハ勿論高料費たる品ハ弥以売買不相成」と、奢侈品や高価な品物の買入を禁じている[41]。

三　砂糖統制と藩札

次に、高松藩領における特産品たる砂糖と藩札との関係を検討していこう。文化年間の砂糖統制の具体的内容は不明であるが、先述のように享和二年秋に始まった運上銀の廃止、領外積出の自由、砂糖代金の藩札引替の方針が引き継がれていたと思われる。文政二年に入って領内各地に砂糖会所を置くことにし、この会所から積出切手を出し、「為替銀」を貸し付け、また運上銀・問屋口銭を徴収しようとしたが中止した。そして代って「大坂表江積登之砂糖代銀彼地江相納、地元ニ而代銀札請取候義勝手ニも可相成候ニ付、同所町人加島屋一郎兵衛引請人申付候間、右市（ママ）郎兵衛方江夫々問屋共ゟ代銀持込、預り書取荷主共江相渡せ候間請取戻、夫々座本へ持出候得ハ、時之相場ニ而代銀札相渡可申」と、大坂での砂糖代金を加島屋へ納めさせ、代金に相当する藩札を藩地の砂糖会所座本から渡すことにしている。文政二年当時の砂糖会所座本は高松城下は川崎屋吉兵衛・平福屋喜代蔵、寒川郡志度村は宇治屋伝左衛門、寒川郡津田村は室津屋弥八郎、大内郡松原村は寺井屋星之助であった[42]。

加島屋一郎兵衛は「当時御世帯向必止と御難渋ニ而、最早御取続も難相成御模様ニ成行、銀札引更方指支候ニ付、加島屋一郎兵衛繰出銀ヲ以可也引更候」とあるように、藩札の引替金を高松藩へ調達しており、その返済金に大坂での砂糖売払代金が充てられたのである。この加島屋へ砂糖代金を持ち込むことを「加島屋掛込」といった[43]。

しかしこの砂糖代金の加島屋掛込は翌三年になって、「世上金銀不融通ニ而困窮之趣相聞候ニ付」と中止され、砂糖運上銀を徴収することにしている[44]。そして砂糖代金の藩札との引替も必要なくなったため砂糖会所は廃止された。ところがこの砂糖運上銀に対して、同年十月に「大内郡ノ農民二千四百人城下ニ至リ、本年ノ砂糖ノ税ヲ免セムト請フ」という騒動が起こり、[45]「一統難渋之趣、依願先当分取立方御用捨ニ相成」ということになり、[46] 実際には徴収されなかった。

このため加島屋への返済資金を確保できず、文政四年には加島屋掛込を復活することにしたが、文政二年の時と違って、「右正金銀（砂糖代金のこと）之内三歩通者為肥代薪代と正金銀相渡、残七歩通者兼而一郎兵衛方江預ヶ銀札も在之候間、於同所代り銀札相渡せ可申」と、砂糖代金の全額ではなく七割を加島屋へ掛け込ませ、代りの藩札も加島屋から渡すことにした。また大坂に積み送らずに「下筋」で売り払った場合には、その砂糖代金の七割を高松城下にいる加島屋手代の下で藩札と引き替えることにした。大坂の加島屋七歩金掛込についても代りの藩札を城下の加島屋手代から受け取ることも認められた。[47] このように文政四年からの加島屋掛込は、砂糖代金と藩札との引替に札会所に代って加島屋が直接に関わってきていることを示している。これがどのような理由からなのか現在のところ明らかでない。のち文政七年には砂糖代七歩金の代り藩札はすべて札会所で渡すことにしている。[48]

この砂糖代七歩金の加島への掛込は文政七年暮には大眉（天王寺屋）五兵衛へと代っている。加島屋から天王寺屋へ代ったのは加島屋への借銀返済の目途がつき、別に新たに天王寺屋から借銀したためではないかと思われるが、詳細は明らかでない。「万々同様ノ取扱ニテ」とあるように、掛込方法は加島屋の場合と同じであった。[49]

翌八年になると、天王寺屋への砂糖代掛込は中止された。その理由は「相場之義ニ付製作人共迷惑之次第も有之候而、願出向も有之」とあるが、正銀と藩札との引替の相場が砂糖生産者にとって不利になったのであろうか。そして代って「砂糖車元江調達方申付」ることにした。これは砂糖車を所持して締小屋で甘蔗（さとうきび）を締めて砂糖（白下地）を生産しているものに対し、大内郡では砂糖車一挺につき金二五両、その他の郡では金二〇両の割合で正銀を納めさせ、代りに藩札を渡すというのである。これを「砂糖車元割当金」という。この割当金と藩札との引替のために、領内に小引替所が置かれた[50]（表2参照）。この時文政二年より以前のように江戸その他への積送りは「勝手次第」とされ、売払代金の藩札との引替は中止された。ただし砂糖代金を大坂の天王寺屋へ納めることを希望するものはこれを許可し、小引替所で藩札を渡すことにした[51]。

しかし実際にはこの砂糖車元割当金は実施されず、翌年には天王寺屋への七歩金掛込を再びとることにした。そしてこの時代り藩札は大坂の天王寺屋から「加印札」を渡すことにし、その加印札は城下の天王寺屋出店で「金銀銭何ニ而も任好ニ、聊無遅滞引更」えさせた[52]。この天王寺屋の加印札は、後述のように藩札の価値低下にともなう、藩札の信用を維持するための方策であったと思われる。また前年に藩札との引替が中止されていた大坂以外への積出砂糖については、代金の半額を納めさせることにした[53]。

この文政九年の天王寺屋掛込は砂糖車元割当金と全く無関係であったのではなく、「砂糖車株之義者弥先達而申渡候通厳重ニ相改、猶又調達金之義も追而者又々申付候義も可有之候間、夫迄之内ハ去年申付候夫々員数之通、五兵衛方江無相違七歩金ニ籠メ、掛込可申趣之一札相渡候、仲買船頭等ゟ車元之者江取納指出可申」とあるように[54]、いずれまた砂糖車元割当金を命ずるが、それまでは割当金に相当する額のものを天王寺屋へ掛け込むようにというのである。

その後文政十年暮には七歩金掛込を五歩金掛込に変更しており、翌十一年に入ると、「在砂糖改済之分」、「積出シ未帰船無之分」の砂糖については、三月までに代金の五歩を小引替所へ納めるよう命じている。しかし十一年秋からは七歩金掛込に戻しており、天王寺屋で受け取った加印札はこれまで

表2　小引替所の内訳

町方小引替所
柏野屋市兵衛
住屋四郎右衛門
小川屋市兵衛
坂本屋才次郎
郷中小引替所
宇足津村・大和屋慶次
志度村・宇治屋伝左衛門
津田村・室津屋貞助
三本松村・網屋与惣兵衛
引田村・米屋久次郎
南野村・百姓五郎兵衛

「諸仕出控覚帳」(丸岡家文書)より。

の城下の天王寺屋出店だけでなく、小引替所でも正銀に引き替えてよいことになった。この時砂糖車元割当金に相当する「砂糖車株調達金」が採用されている。砂糖車一挺について金二〇両の調達とし、十一月から翌年三月までの間に一月に四両ずつ小引替所へ納めさせている。金相場は「其土地并金毘羅相場相記、十日目十日目ニ申出相究、抨相場掛札致置可申」とされた(55)。

このように文政十一年秋からは、天王寺屋七歩金掛込と砂糖車株調達金が併用されていたのである。そして大坂以外の地で売り払う砂糖については、二年前の文政九年に砂糖代金の半額を納めることになっていたが、この十一年秋には「是迄之通納方ニ不及」とあって、従来のとおり藩札との引替は行わないとしており、代金半額の藩札との引替はその後中止されている(56)。

以上、文政期における砂糖と藩札との関係を検討してきたが、加島屋・天王寺屋ら大坂商人へ砂糖代金を掛け込ませ、代りに藩札を渡すということが中心となっている。藩財政難克服との関係で、藩札の利用による領外からの正銀の確保がその目的であったといえよう。

砂糖のほかに藩札との引替による正銀確保の国産として注目されたものとして木綿がある。享和三年に綿類の売払代金が札会所へ納められていたことは先述したが、文政十年正月に藩庁から城下の町年寄へ次の通達が出された(57)。

御領分中出来之木綿古手并ニ木綿類取扱方之義ニ付、左之趣申渡候間其町切不洩様入念可申渡候

木幡屋

藤十郎

津国屋

七右衛門
木田屋　伊兵衛
小川屋　卯八郎
綿屋　佐助
升屋　佐助

御領分ニ而出来候木綿古手并ニ木綿類、仲買共手元江買集候分、右之者店江買取諸国江売捌、代正金銀之分不残勘定所江相納、代り銀札時相場ヲ以相渡候間、引請実意ヲ以取計候様、且運上銀等指出候ニ付、右之者共以来者問屋株ニ申付候間、新規ニ商ひ不相成候、若猥ニ扱候者在之候ハヽ、友（ママ）吟味ニ致せ候間、心得違無之様可仕候

　但、町郷中古手中（仲）買共以来人数相究、本人限ニ合札相渡置株銀取立可申候、依而株札所持之外中（仲）買不相成候間、若猥ニ商ひ候者者勿論、他領等ゟ入込者并他領へ取組候者共、友（ママ）ニ見改可申出候

つまり領内生産の木綿や古手・木綿類については、城下の木幡屋藤十郎ら六名を問屋に指定し、かれらから領外へ売り出させることにしたのである。そして売払代金は勘定所へ納めさせ、代りに藩札を渡すというもので、これにともなって領内の木綿類仲買が決められた。また翌十一年には「生（木）綿」一本について金二歩二朱の調達が命

じられ、翌年三月までに小川屋市兵衛へ納めさせているが、これは砂糖車元割当金と同じように、木綿への割当金が藩札と引き替えられたのである。なお別の史料には綿代金のうち「五分通相納候様」ともある。(58)

四　藩札の回収

1　年貢米の「永年売」

文政終り頃の高松藩では「兼々之物入続ニて、年ニ増逼迫ニ及取続難相成、全当座凌之為江戸大坂京堺大津之商家、或者江戸京奈良ニて種々之名目金等、追々ニ借入候金高五拾万両余ニ相成」るとあるように、藩財政難に陥っていた。このため「公務并家族賄方家中渡物を初、総して之人用方手当更ニ無之」という状態となり、止むなく札会所で藩札を製造し、勝手方がこれを借用して「高松表家中渡物以下之諸入用」に充てた。また「米穀砂糖綿を初諸産物を買上け、上方他国へ積廻し売捌、其代金を江戸へ相廻し彼地之遣用」にしたという。(59)ただし藩札で買い上げたというのは、おそらく砂糖代金の大坂掛込にみられるような諸国産の代金上納のことをいっていると思われる。

こうして札会所から借用して使用した藩札は数十万両に上ったという。当時の藩札の流通状況については次のようにある。(60)

（前略）、正金銀入用有之、引換願出候者多く御座候得共、可引換金銀無之、時々札会所之門を閉候て引換不致義も御座候間、自然町方ニて金銀売買致候者数多出来、金壱両銀札ニ而何程と申私之価を立、世上在金銀

之多少ニより時々高下有之、始ハ壱両七八拾目より壱弐百目、後ニ者六七百目より壱貫目ニ至候義も御座候、
今様之勢ニ相成候而ハたとひ札会所ニ少々之金銀有之候而も、法之通壱両六拾目之引換者相成不申候故、無余
義金壱両銀札六七百目ニ相極申候

金一両が藩札六、七〇〇匁まで上って、藩札の価値は十分の一に下り、高松藩内はインフレの状態になっていたのがわかる。

このため藩札を引き上げて流通している藩札量を減らす方法をとらねばならなかった。文政十一年八月に、「不得止誠ニ不体裁至極之事ながら、全く一時之権道を以領中農商富有之者共、持高田地之定貢を永年買受、無税作り取ニ仕度志願之者ハ、永年之貢米銀札を以一時上納之振合ニて売渡可遣」として行われたのが、年貢米永年売払の方法であった(61)。これは「不体裁至極」とあるように、幕藩領主の存立基盤たる農民支配と深くかかわっていたのであるが、かかる政策をとらざるを得なかったところに、当時の高松藩の非常事態の深刻さをうかがうことができよう。

その具体的方針が郡奉行・町年寄へ通達されたが、それは次のとおりである(62)。長文であるが重要なので引用しておく。

御世帯御指支之御時節ニ而金銀引更等無之故、追々銀札及下落、上之御指支者勿論下々難渋ニも及候間、是迄
種々御趣法相立候へとも、何分諸品追々高直ニ相成、此節之様子ニ而者弥銀札下落致候外無之、左候時者別而
難渋可仕、依而此度銀札指上候者江者於郷中御蔵所御米可被下筈ニ而、委細之仕方別紙之通相究候間、銘々可
成尺致才覚銀札指上候様可仕候

八月廿五日

一銀札百目指上候者代り現米壱升五合走り(ママ)宛毎歳可被下候

一此度被下候御現米頂戴仕候者者帳面ニ名前ヲ記印形可仕候、尤御銀札差上方者当十一月切と相心得可申候、其節証文と引更可申候

但、右限月ゟ内指上候得者猶以御都合宜候間、手廻シ宜者者勝手次等ニ指上可申候

一右被下候現米毎歳十一月八歩目録立ニ可仕事

一右現米ニ限郡村諸入目并諸公事課役等一切掛ケ申間敷事

一向後右現米売買弐拾石以下之分者勝手次第、弐拾石以上之分者容易ニ承届申間敷事

一公私質物ニ指入候義右同断之事

但、質物ニ指入候節者右証文ニ大庄屋村役人連判之証文可致候、若年限相満請返不申候ハヽ、新証文ニ仕更銀主江相渡可申候

一右添証文無之本証文計投入、質物ニ而入割等ニ相成候而も御取上無之義者勿論、右本証文取上可申候

一証文紛失焼失被盗取候類者其時々子細可申出候、猶吟味之上相違も無之候得ハ新証文ニ仕更相渡可申候

但、等閑ニ致置紛失等致候類者過怠申付候義も可在之候

一間人ニ而も此度現米頂戴仕候得ハ自今百姓と相唱可申候

一現米拾石以上頂戴仕候者者小間者たりとも長分之部ニ相加江可申候

一他領者江売渡質物等も一切不相成候

一指上方者御銀札ニ限り可申事

一右銀札請取方者聊会所ニ而郡奉行代官出席役人とも請取証文と引更可申事

但、右御銀札大和屋包ニ而指上可申事

一現米壱斗以上被下候事

一此度頂戴仕候現米八歩目録立ニ相成候ニ付而者、村方所蔵納米之内ニ而御蔵詰相減候義ニ付、右之分者下ケ駄賃

表3　百相村・出作村・三名村の現米頂戴高と人数

	現米頂戴高	人数	計
百相村	米　2斗	17人	3石4斗
	2斗3升	1	3斗3升
	3斗	1	3斗
	5斗	3	1石5斗
	1石5斗	2	3石
	2石	1	2石
	2石4斗	1	2石4斗
	8石	1	8石
	計	27人	21石0斗3升
出作村	米　2斗	4人	8斗
	2斗3升	1	2斗3升
	3斗	6	1石8斗
	4斗	2	8斗
	5斗	7	3石5斗
	6斗	2	1石2斗
	7斗5升	1	7斗5升
	1石	1	1石
	1石5斗	1	1石5斗
	1石8斗	2	3石6斗
	計	27人	15石1斗8升
三名村	米　1斗5升2合	1	1斗5升2合
	2斗	6	1石2斗
	2斗5升	2	5斗
	3斗	5	1石5斗
	4斗	1	4斗
	5斗	5	2石5斗
	6斗	1	6斗
	8斗	1	8斗
	計	22人	7石6斗5升2合
合計		76人	43石6斗6升2合

文政11年10月「香川郡東百相出作三名村御現米頂戴人別帳」（前出別所家文書）より。

仲背賃御蔵入目とも村役人手元ニ預置可申候

細かな点は省くが、要点は藩札一〇〇匁に対して「代り現米」（「蔵所御米」ともある）一升五合を以後毎年与える、藩札は十一月中に郷会所へ納める、与えられる現米は一斗以上からで郡村入目・諸公事などの課役は一切課さない、現米は二〇石以下であれば売買したり質物とすることを認める、間人（水呑のこと）で現米を買い入れたものは以後百姓と称することを許す、現米を一〇石以上買い入れたものは長百姓に加えるなどである。これらの方法は「本文之趣郷分江相当り候御趣法」とあるように、農村を対象としたものであったが、城下町のものに対しても、「町方分者銀札指上方御証文請取方等之義、ケ様之御仕法ニより気付も在之《（カ）》候ハヽ、申合之上申出候様可致候」と、年貢米売払は行われることになっている。[63]

表4　富田東村の現米頂戴高と人別

現米頂戴高	人　　名
米　　1斗5升	留蔵・直右衛門・勘五郎・与左右衛門・佐右衛門・勘吉
2斗	弥三郎
3斗	長三郎・伊八郎
4斗	紋内
5斗	粂八・角之丞
1石	武助・庄蔵・元助・安五郎・平八
計　8石1斗（藩札54貫匁）	17人

文政11年「御用留」（前出田中家文書）より。

この年貢米永年売払は香川郡東の百相村・出作村・三名村では**表3**のようになっていた。三か村で合計七六人で四三石六斗六升二合の売払であった。個人の最低は三名村の一斗五升二合で、最高は百相村の八石である。因みに八石の買入をしたのは三か村兼帯庄屋別所家の一族の別所八郎兵衛である。また寒川郡富田東村の内訳は**表4**のとおりである。計現米八石一斗が六段階に分かれ、一七名で藩札五四貫匁を郷会所へ納めることにしている。**表5**はその納入の内訳であるが、十一月中に納められなかったものが四名おり、計一一貫二八九匁三分二厘が未

表5　富田東村の年貢米永年売払代納入状況

	現　米	代　銀	包 賃	計	11月中納	残
		貫　匁分厘	匁分厘	貫　匁分厘	貫　匁分厘	貫　匁分厘
武　助	1石	6,666.6.6.	26.6.7.	6,693.3.3.	2,008.　・2日納 2,500.　・14日納 2,185.3.3.・25日納	
庄　蔵	1石	6,666.6.6.	26.6.7.	6,693.3.3.	1,200.　・9日納 3,050.　・23日納 100.　・24日納	2,343.3.3
元　助	1石	6,666.6.6.	26.6.7.	6,693.3.3.	3,400.　・2日納 3,293.3.3.・14日納	
安五郎	1石	6,666.6.6.	26.6.7.	6,693.3.3.	1,000.　・14日納	5,693.3.3
平　八	1石	6,666.6.6.	26.6.7.	6,693.3.3.	1,000.　・2日納 5,700.　・12日納	(6匁6分7厘過)
粂　八	5斗	3,333.3.3	13.3.3.	3,346.6.6.	502.　・2日納 1,000.　・14日納	1,844.6.6
角之丞	5斗	3,333.3.3.	13.3.3.	3,346.6.6.	1,000.　・21日納 2,346.6.6.・25日納	
紋　内	4斗	2,666.6.6.	10.6.7.	2,677.3.3.	800.　・8日納 1,350.　・15日納 530.　・23日納	
長三郎	3斗	2,000.0.0.	8.0.0.	2,008.0.0.	600.　・2日納	1,408.0.0.
伊八郎	3斗	2,000.0.0.	8.0.0.	2,008.0.0.	2,008.　・25日納	
弥三郎	2斗	1,333.3.3.	5.3.3.	1,338.6.6.	500.　・13日納 840.　・24日納	(1匁3分4厘過)
留　蔵	1斗5升	1,000.0.0.	4.0.0.	1,004.0.0.	1,004.　・14日納	
直右衛門	1斗5升	1,000.0.0.	4.0.0.	1,004.0.0.	1,004.　・7日納	
勘五郎	1斗5升	1,000.0.0.	4.0.0.	1,004.0.0.	900.　・21日納 104.　・22日納	
与三右衛門	1斗5升	1,000.0.0.	4.0.0.	1,004.0.0.	1,004.　・19日納	
佐右衛門	1斗5升	1,000.0.0.	4.0.0.	1,004.0.0.	1,004.　・13日納	
勘　吉	1斗5升	1,000.0.0.	4.0.0.	1,004.0.0.	1,004.　・25日納	
計	8石1斗・代53貫999匁9分5厘（外216匁包賃）					11貫289匁3分2厘

文政11年「御用留」（前出田中家文書）より。

納であった。とくに一石を買い入れた安五郎が包賃を加えて五貫六九三匁余と多額である。期限の切れる十一月晦日に寒川郡大庄屋は、藩札未納者に対してその「指引書」を提出するよう各村へ督促しており[64]、年貢米の永年売払が円滑に実施されたとはいえないようである。

高松藩領全体では年貢米四三〇〇石余を売り払い、藩札二万九四〇〇貫目余を回収しており、藩札もやや価値を取り戻したが、引替正銀の準備が十分でないため、正常な状態に戻ることはできなかった。のちこの売り払われた年貢米は再び買い戻すことにしたが、「買受候貢米猶又永年上納仕度旨」の願いが農民から出され、三、四年後には以前のように年貢米として納められるようになったという[65]。前出の「香川郡東百相出作三名村御現米頂戴人別帳」によると、出作村に「未年ゟ指上」、「天保六未年御銀拝借致指上」と注記されたものがあり、「松平家記」にいうように三、四年後ではないが、天保六年に一部上納されているのを確認できる。

2 「御林」・「御用地作徳米」の売払

さらに流通藩札を回収するために、「御林」（藩有林）八〇か所と「御用地作徳米」二四三石余を売り払った[66]。御林は「松平家記」には文政十一年から三年間としているが、文政十年二月に「海辺并御境目之外、東西所々御林并上八木共、御払ニ可相成」とあって、希望者は三月三日までに申し出るよう大内郡大庄屋に達しており[67]、この頃から藩有林の売払が行われ始めている。現在具体的に確認できるのは文政十二年三月から天保元年七月までの一六件であるが（内訳は**表6**に示した）、林のみならず林守の居宅跡や荒地、林守扶持地なども対象とされていた[68]。

御用地とは藩庁の直轄地にあたるもので、大内郡落合村の喜三次が寛政元年に、銀一四貫匁を勘定所から田地（高三四石余）を抵当に借用したが返済できずに、寛政六年に「田地御取上御用地」とされている例がある[69]。文政十年に香川郡東の吉光村の御用地一一町余の作徳米八一石余、香川郡西の御厩村の一町余の作徳米一二石余、同

表6　藩有林の売払状況

年　月	売　払　林	面　　積　　他	備　　考
文政12年3月	峠御林（田面村）	林守居宅跡土居木荒地，生木共	当月初
5月	森行御林（田面村）	本善より北の分41町	小松下苅境松200本手掛無用
11月	峠御林（田面村）	中林3町1反2畝2歩，土地生木共	初歩銀当12月20日，皆済銀来寅2月切
11月	王田御林（石田西村）	此畝23町2反4畝14歩	
11月	峠御林（田面村）	此畝9町2反6畝24歩	
天保元年1月	北山御林（小磯村・馬篠村）	中林75町1反	初歩銀当寅3月切，中歩銀同6月切，皆済銀同8月切
2月	打伏御林（鶴羽村）	下林4町4反4畝，土地生木共	初歩銀当3月切，皆済銀同5月切
2月	南川御林（南川村）	中林4町5反9畝，土地生木林守扶持地家床共	初歩銀当3月切，皆済銀同5月切
2月	南川御林（南川村）	林守扶持地家床共，年貢米1石5斗相納候様	
2月	北山御林（小磯村）	竜王尾筋切下は大畑西の尾鼻切夫より東の分，土地生木共	半銀当閏3月切，半銀同6月切
閏3月	王田御林（長尾東村）	中林7反4畝，土地生木共	半銀当4月切，半銀同6月切
閏3月	宗延御林（田面村）	蛇滝共，中林3町8反2畝，土地生木共	同上
閏3月	外ヶ原御林（田面村）	下林4反3畝，土地生木共	同上
閏3月	外ヶ原御林（田面村）	林守扶持地，年貢2斗4升6合毎年相納候様	同上
4月	石捨御林（田面村）	下林17町6反，土地生木共	初歩銀当6月切，皆済銀同8月切
7月	八幡御林（田面村）	下林8町1反8畝，土地生木共	半銀当7月切，半銀同10月切

文政12・天保元年「御用留」（前出田中家文書）より。

郡の鶴市村の約八町の作徳米三六石余（詳細は表7参照）の入札売りが高松城下へ達せられ、「銀札百目ニ付徳米何升」という基準で入札することになっている。(70)「松平家記」によると、この御用地作徳米の売払も文政十一年から三年間であったという。御用地の実態や経営などについての詳細は不明である。

　この藩有林と御用地の売払によって、藩札一万六八二貫五〇〇匁余を回収したという。なお売り払った藩有林は天保の終り頃に買い戻したとされている。(71)

表7　作徳米入札売の御用地

	香川郡東吉光村	香川郡西御厩村	香川郡西鶴市村
有畝 下し米	11町2反0畝3歩 135石0斗7升6合	1町3反8畝25歩 16石6斗6升1合	7町8反4畝15歩 56石3斗1升0合
検地畝 高	8町0反2畝0歩 88石8斗9升9合	1町1反7畝21歩 9石3斗5升1合	4町6反5畝6歩 36石1斗3升0合
年貢米諸役	53石2斗2升4合	4石1斗7升5合	16石3斗9升9合
納米（作徳米）	81石3斗4升9合	12石4斗8升6合	36石5斗5升6合
	春免米引5斗3合		春免米引6斗8升 夏成大麦5歩掛り 米に直し2石6斗 7升5合

文政9―同11年「御用留」（高松市歴史資料館蔵）より。

五　天保札の発行

天保元年閏三月に「砂糖代於大坂天王寺屋江掛込」とあり、天王寺屋掛込が続いているのがわかるが、同年十月に各浦の船持へ対し、砂糖はすべて大坂へ積み出すことを命じた(72)。そして大内郡の大庄屋日下佐左衛門・渡瀬七郎左衛門、同じく三本松村庄屋津本甚右衛門、寒川郡の大庄屋長町与左衛門、同じく志度村庄屋岡田猪左衛門が「砂糖引請人」となり、川口積出切手・送り書や砂糖代前貸を業務とした。砂糖代前貸とは砂糖生産者が砂糖引請人から前借りし、その支払いは大坂での砂糖売払代金によって大坂の砂糖会所へ行い、その指引書を砂糖引請人に提出して清算するというものであった。ここに天王寺屋掛込は中止された。この砂糖代前貸に使われたのが藩札であり、砂糖代金に相当する額を藩札で前貸し、砂糖売払代金でその返済を行わせることによって、正銀を確保しようとしたのである(73)。

砂糖代前貸の天保二年十二月の実例をみると、「加印札」を貸し付けている(74)。先に文政九年に天王寺屋への砂糖代金の七歩金掛込を再び行った時に、代りの藩札は天王寺屋から加印札を渡すことにしたと述べたが、天保二年の加印札もこの天王寺屋の加印札と思われる。おそらく大坂の砂糖会所へ納められる砂糖代金が天王寺屋と何らかの関係があったために、天王寺屋の加印札が貸し付けられたのであろう。天保三年正月の札会所の金相場は金一両につき正銀六三匁三分で、藩札を金一両と引き替えるには六三三匁を必要としており、藩札は十分の一の価値に落ちている。しかし天王寺屋の加印と思われる「大坂加印札」は金一両につき六三匁五分の引替となっており、大坂加印札はほぼ正銀と同等の相場であった[75]。

高松藩の藩札は天保元年七月に二分札と三分札が「引札」となっている[76]。そして天保三年九月に通用藩札に「増印」することにしており、増印藩札はこれまでのとおり一〇〇匁が正銀一〇匁とされた[77]。城下・庄内（城下周辺の西浜村・宮脇村・上ノ村・中ノ村・東浜村の五か村）は札会所、郷分は各郡毎に一人の大庄屋のもとで行われた。翌十月には大坂加印札が引き替えられることになり、以後「大坂加印在之候銀札者通用不致」と、加印札の通用は禁止された。そして加印札の郷分の引替所は、大内郡・寒川郡が長町与左衛門、三木郡・山田郡が熊甚助、香川郡東・香川郡西は植松彦太夫、阿野郡南・那阿郡は奥村宇右衛門、阿野郡北・鵜足郡は渡辺卯八郎とされた[78]。

大坂加印札がなぜ通用を禁止されたのか明らかでないが、次に述べる新藩札発行のために増印札に統一したのではないかと思われる。

天保四年に入ると、年貢米や御林・御用地作徳米の売払いによって藩札を回収したこと、また新規の運上銀を始め上納金はすべて藩札で行わせたこと、一方札会所からは藩札を新たに流通させないなどの方針をとったこと、また天保三年からの借銀返済三か年間猶予によって中止された大坂上米を領内で売り払って代金を藩札で納めさせたことなどによって、「追々世上之銀札相減し、自然其位も立直り可申勢ニ付、今年正月中一応通用銀札不残指出せ、朱之増印致相渡、銀札壱文（匁）目ニ付銭拾文遣ひニ致候様申付候処、其後無滞通用致候、右ニ而銀札之員数も治定致、随分引換手当も相整可申哉」という状態になったため、三月に新藩札を発行することにした(79)。なお引用史料中にある天保四年正月に朱の増印を押したというのは、先述した天保三年九月の増印のことをいっているのであろう。

　新藩札の発行に関しては次の史料がある(80)。

　此度新銀札出来、増印札通用無用被仰付候間、来ル十日ゟ十八日迄之間ニ、銘々所持之増印銀札右新札ニ引替可申候、新札通用之義ハ以前之通正銀同様相心得通用可致候

　　但、右新銀札弐分三分札も出来被仰付有之候ニ付、取交引更可相渡候

一右之新銀札ヲ以、是迄も諸拝借銀返済之義ハ増印札百目相納来候所へ、此度之新札拾目返納之割ヲ以上納可致候、尤世上貸借も右ニ准シ取引可致候

増印札の通用を禁止して新藩札と引き替えさせ、新藩札は「正銀同様相心得通用可致」とあるように、正銀と同じ価値で通用させるようにしており、したがってこれまで増印札一〇〇匁納めてきたものは新藩札一〇匁でよいことになった。つまり増印札が十分の一の価値に落ちていたのを改め、新藩札は正銀と同様に通用することにしたのである。なお先に引札となった二分札・三分札も通用させている。

　この新藩札の発行によって藩札の信用低下によるインフレ状態という、藩内経済の混乱を鎮めることに成功した。そして天保札は「此後二、三年之程者時々正金銀引換ニ指支、及苦辛候義」もあったけれども、「再銀札之位を落し候ニ者至不申、其内砂糖為替貸之法相立候而より、銀札夥く出増ニ相成候得共、正金銀引換少しも相滞不申

候ニ付、銀札之位復活致、益盛大ニ相行れ申候」とあるように、[81]天保六年に始まった砂糖為替金趣法と相まって、大量に発行された藩札も円滑に通用したという。

天保札の発行時には、領内各地に藩札と正銀との引替を行う「金銀札小引替所」が置かれたと思われるが、天保五年十一月に領内東端の大内郡引田村の佐野五郎左衛門は、札会所へ次の要望を出して小引替所になることを願っている。[82]

一当郡之義者御存知被為下候通、御国製砂糖多諸国江積出方等も有之、別而引田馬宿両浦江者阿州表者勿論、津々浦々ゟ廻船数艘入津も在之、諸商人も多御座候場所之義御座候、先達而松原村竹内利八江小引替所被仰付御座候得共、引田郷之義ハ砂糖作多在之、尚又御国境義ニ而御銀札別而不自由ニ御座候間、小引替所今一ケ所被仰付被為下候得ハ、一統甘ニも相成融通仕候義と奉存候間、右願之通小引更所御用向私江被仰付被為下候得ハ、難在仕合ニ奉存候

大内郡は砂糖生産が盛んな地であるため、引田浦・馬宿浦へ領外から廻船もやってきており、藩札が不足しているとして、先頃小引更所となった松原村の竹内利八の外に、もう一か所引田村に小引替所を置き、その仕事を担当させてほしいというのである。これは認められ、引替用のため正銀二〇〇両と藩札二〇貫匁が札会所から貸し渡されたが、佐野五郎左衛門は寒川郡の野間田村・神崎村・石田西村にある所有地合計五町五反二畝余をその抵当としている。[83]

おわりに

一般的に、藩札は藩財政の悪化を契機として発行されることが多いのであるが、宝暦七年の高松藩での藩札発行も宝暦期の財政改革の一環として行われたものであった。のち享和元年に家臣や富裕な町人・農民へ藩札が貸し付けられたが、この時期になぜ積極的な藩札貸付が行われねばならなかったのかは明らかではない。しかしこの時期に実施された国産の生産資金としての藩札の貸付は、高松藩における国産生産と藩札とが緊密な関係をもってきたことを示すものである(84)。そして享和三年に領外積出の綿類の売払代金と藩札を引き替えることにしているが、ここに藩札を使って正銀を確保しようとする方針をとり始めたのがわかる。

文化末頃になると藩財政難が深刻化する中で、藩札の通用を円滑にするためには不可欠の引替正銀を準備することができなくなり、藩札と正銀との引替に支障をきたすことになった。このため高松藩の綿類以外の国産についても、領外売払代金と藩札との引替をより一層進めることにしたが、その中でもっとも注目されたのが特産品となっていた砂糖であった。文政二年に、大坂での砂糖の売払代金を大坂商人加島屋へ納める加島屋掛込が始まった。翌年一時中止されたが、四年からは再び加島屋へ代銀の七割に相当する額を納める七歩金掛込がとられた。この加島屋掛込は藩札の引替金を加島屋が高松藩へ調達しており、その返済金として納められたのであった。文政七年の暮にはこの砂糖代七歩金は天王寺屋へ納められることになったが、十一年からは天王寺屋七歩金掛込と、砂糖生産者へ正銀と藩札との交換を強制した砂糖車株調達金が併用された。

こうして砂糖売払代金から正銀を確保する方針をとったにもかかわらず、文政後期には藩札はほぼ十分の一の価値に下落しており、その信用回復のために、文政十年から藩有林の売払、翌十一年には年貢米の永年売払、御用地作徳米売払などによって、藩札を回収して通用量を減らすことにした。とくに年貢米の永年売払は幕藩領主の農民支配の根幹にかかわる重要な問題を孕んでいたことに注意しなければならない。そしてこの藩札回収の上で天保四年から新藩札として天保札を発行し、藩札の信用回復に成功した。天保六年に始まる高松藩の藩札貸付による砂糖の生産や流通の統制たる「砂糖為替金趣法」はこの藩札の信用回復を前提として可能であった。

以上のような高松藩における藩札の流通状況をみると、享和頃から藩札が国産統制と結びついて正銀確保のために注目されており、のち文政以降には大坂での砂糖売払代銀と藩札との交換が重視され、一層その結びつきを強めているのがわかる。この藩札と国産統制との関係はすでに指摘されているところであるが(85)、高松藩の藩札の信用回復策にみられるように、国産統制に藩札が有効に作用するためには、藩札の円滑な流通が行われていなければならなかった。藩札の円滑な流通の維持をはかる諸政策を明らかにすることは、藩札史はいうまでもなく国産統制の研究にとっても重要な課題であると思われる。また高松藩の財政難の結果として藩札の価値下落が起ってきているように、藩財政の構造と藩札との具体的関係についても検討することが必要であろう。

注

(1)『香川県史4・近世Ⅱ』(一九九九年)一八五—二一八ページ参照。
(2)本書第一章「高松藩の砂糖流通統制」参照。
(3)城福勇氏「宝暦七年発行の讃岐高松藩銀札について」(『日本歴史』第二五四号、一九六九年)。『増補高松藩記』(永年会、一九三二年)三一四—三一八・三四九—三五一・三六一・三六三ページ。
(4)「松平家記」鎌田共済会郷土博物館蔵。なお前出『増補高松藩記』にある「何公事蹟に曰」というのは、「松平家記」とほぼ同文のものが引用されているので、本章では「松平家記」に拠って引用することにした。

(5) この宝暦の財政改革の詳細については、『香川県史3・近世I』(一九九九年)二六五—二八〇ページ参照。
(6) 前出「松平家記」。
(7) 「高松御入部以来聞書」(鎌田共済会郷土博物館蔵、尾崎卯一史料「讃岐史料」所収)。
(8) 「高松松平氏歴世年譜」(香川県立ミュージアム蔵)。
(9) 前出「松平家記」。
(10) 宝暦八年「御用留」(別所家文書、香川県立文書館蔵)。
(11) 前出「松平家記」。
(12) 城福勇氏前掲論文。
(13) 前出「高松御入部以来聞書」。
(14) 宝暦八年「御用留」(日下家文書、瀬戸内海歴史民俗資料館蔵)。
(15) 右同。
(16) 安永八年「地方御用留之帳」(前出日下家文書)。
(17) 前出「松平家記」。
(18) 安永九年「御用留」(前出日下家文書)。
(19) 宝暦八年「御用留」(右同)。
(20) 明和四年「村方御用留」(右同)。
(21) 前出「松平家記」。
(22) 前出『増補高松藩記』三一四ページ。
(23) 前出「松平家記」。
(24) 家臣貸付や町郷貸付の詳細は、前出「松平家記」参照。
(25) 前出「松平家記」。
(26) 右同。
(27) 以上、文政六年「御用日記」(渡辺家文書、瀬戸内海歴史民俗資料館蔵)。
(28) 享和三年「地方御用留」(前出日下家文書)。

(29)「古法便覧」(『新編香川業書・史料篇(一)』、一九七九年)。
(30)享保十八年「諸事御用留之帳」(前出日下家文書)。
(31)享和三年「御用留」(大山家文書、瀬戸内海歴史民俗資料館蔵)。
(32)右同。
(33)文政三年「御用日記」(前出渡辺家文書)。
(34)享和二年「地方御用留」(前出日下家文書)。
(35)文化六年「御用留」(前出大山家文書)。
(36)文化六年—同十年「御用留」(高松市歴史資料館蔵)。
(37)前出「松平家記」。
(38)右同。ただし引用史料に領内の産物を藩札で買い上げ、他領へ運んで売り払ったとあるが、かかる事実は現在のところ確認できない。
(39)以上、文政三年「御用日記」(前出渡辺家文書)。
(40)右同。なおこの時の史料には「御蔵米」も二歩半延代銀札の対象となっているが、御蔵米の流通や売払いなどの詳細は明らかでない。
(41)右同。
(42)「御法度被仰出留」(『香川県史9・近世史料I』、一九八七年)。
(43)文政四年「御用日記」(前出渡辺家文書)。
(44)文政三年「御用日記」(右同)。
(45)前出「高松松平氏歴世年譜」。
(46)文政四年「御用日記」(前出渡辺家文書)。
(47)右同。なお文政二年に始まった「加島屋掛込」の詳細については、本書第一章参照。
(48)文政七年「御用日記」(前出渡辺家文書)。
(49)田中正保氏編「砂糖史料」(草稿)。
(50)「諸仕出控覚帳」(丸岡家文書、瀬戸内海歴史民俗資料館蔵)。

(51) 文政八年「御触帳」（草薙文庫、瀬戸内海歴史民俗資料館蔵）。
(52) 文政九—同十一年「御用留」（高松市歴史資料館蔵）。
(53) 文政九年「御法度御触事留帳」（前出丸岡家文書）。なお「砂糖車元割当金」や「天王寺屋掛込」の詳細については、本書第一章参照。
(54) 文政九—同十一年「御用留」（高松市歴史資料館蔵）。
(55) 文政十一年「御用留」（山崎進氏蔵）。
(56) 右同。
(57) 文政九—同十一年「御用留」（高松市歴史資料館蔵）。
(58) 右同。
(59) 前出「松平家記」。
(60) 右同。
(61) 右同。なおこの「年貢米永年売払」については植村正治氏が農地価格の観点から論究している（「高松藩の年貢永年販売について」香川史学第一三号、一九八四年。のち同氏著『近世農村における市場経済の展開』〈国文館出版株式会社、一九八六年〉に所収）。
(62) 文政十一年十月「香川郡東百相出作三名村御現米頂戴人別帳」（前出別所家文書）、文政九—同十一年「御用留」（高松市歴史資料館蔵）。
(63) 前出文政九—同十一年「御用留」。
(64) 文政十一年「御用留」（田中浩一氏蔵）。なお売払証文の雛形を参考までに示しておく（前出「香川郡東百相出作三名村御現米頂戴人別帳」）。

被下置候現米手形之事

一米何拾石何斗何升　　郡奉行
　　　　　　　　　　　代官

右者此度御銀札何貫目指上候ニ付、自今豊凶ニ不拘、右之石数郷蔵御残米之内ニ而被下候間、十一月限り無相違正米ニ而相渡可申候、尤御年貢米ニ致立用候ハヽ、下賃仲背賃御蔵入目等者其方ニ而可被相勤候、為後日仍連判如件

年号月　　何郡何村組頭
何右衛門
……
……
……
蔵組頭
何右衛門
大庄屋
何野何右衛門
同
何野何右衛門
御収納方元〆手代
何野何右衛門
何村
何野何右衛門殿
表書之通相違無之者也
藤村好兵衛
栗原理兵衛
荒川茂兵衛

(65) 前出「松平家記」。
(66) 右同。
(67) 文政十年「御用留」(前出山崎家文書)。

（68）藩有林売払の例として天保元年正月のものを提示しておく（前出田中家文書）。

覚

　　　　　　小磯
一北山御林　　　両村
　　　　　　馬篠

但、中林七拾五町壱反歩之検地ニ相成申候

　　　　　　　　　　初歩当寅三月切
右御林土地生木共御払　中歩銀同六月
　　　　　　　　　　皆済銀同八月

右之通入札ヲ以御払被仰付候間、其村望人在之候ハ、夫々罷越、篤と見分之上、二月三日迄ニ山方役所へ入札指出可申候、尤入札人在之候ハヽ、庄屋印形付之請合書付相添指出可申候

一入札人無之候而も右日限迄ニ其段与頭ヲ以可被申出候

右之通村内端々迄不洩様入念相触可申候、若触落有之追而相知候ハヽ、屹度吟味可申候

正月廿二日出　廿三日夜五つ出

安富弥左衛門
宮脇成一郎

（69）寛政六年「御用留」（前出大山家文書）。
（70）前出文政九―同十一年「御用留」。
（71）前出「松平家記」。
（72）文政七―天保十一年「浦方御用留」（前出日下家文書）。
（73）天保元年「御法度御触事留帳」（前出丸岡家文書）。なお天保元年の砂糖代前貸の詳細については本書第一章参照。
（74）「在念書入割一札并万事済口書付控」（右同）。
（75）天保三年「御用留」（前出山崎家文書）。
（76）天保元年「御用日記」（前出渡辺家文書）。

(77) 天保三年「御用留」(前出田中家文書)。
(78) 天保三年「御用日記」(前出渡辺家文書)。
(79) 前出「松平家記」。
(80) 天保四年「御用留」(前出田中家文書)。
(81) 前出「松平家記」。
(82) 「金銀札小引更一件御用留」(佐野家文書、香川県立文書館蔵)。
(83) 右同。
(84) これらの享和元年の積極的な藩札運用による貸付は「享和新法」(『増補高松藩記』)、「享和新政」(『高松松平氏歴世年譜』)と呼ばれているが、この時期には永引改めや諸木植付の奨励なども行われており(寛政十一年「月番帳」・享和二年「地方御用留」〈前出日下文書〉)、藩札貸付のみでなく藩政全般にわたる政策が実施されたのではないかと思われる。なお詳細については拙著『藩政にみる讃岐の近世』(美巧社、二〇〇七年)一二八—一三八ページを参照していただきたい。
(85) 堀江保蔵氏『国産奨励と国産専売』(塙書房、一九六三年)。

第四章　高松藩砂糖統制と久米栄左衛門

はじめに

久米栄左衛門（通賢）は高松藩の天文観測や測量技術を会得した科学技術者として名を知られているが、他方高松藩領坂出村で文政十二年に新たに大規模な塩田が築造されたのは、久米栄左衛門が高松藩家老木村亘へ塩田築造を「申立」てたことが契機であったという(1)。この久米栄左衛門の「申立」というのは、現在写真版が鎌田共済会郷土博物館に展示されている、文政七年十月の「乍恐奉願上内存之損益心積之口上」（以下「口上書」と記す）と題のあるものと思われる(2)。この「口上書」で坂出塩田築造のことが述べられているが、それは後半の部分であり、前半では当時高松藩内で生産が盛んになっていた砂糖から収益を得ることを主張している。なおこの「口上書」の下書が鎌田共済会郷土博物館蔵の久米栄左衛門関係史料（以下「久米史料」と記す）の中にある(3)。

「口上書」によると、新しく築造した坂出塩田からの収益は一年間で「塩方御口銀」一四〇貫目とされているが、「久米史料」中の「心覚控」(4)によると、新塩田で生産された塩は江戸へ運んで売り払い、その代金を江戸藩邸へ納めることにしており、坂出塩の代金が江戸藩邸の財政をまかなう「廻金」の財源とされていた。このように当時の藩財政で重要な課題であった江戸藩邸の財源確保にまで考えを及ぼしており、久米栄左衛門は高松藩の藩財政全般にわたって、関心をもっていたといえよう。事実、当時の高松藩の財政関係や年貢収納高を記した史料などが「久米史料」中に散見される。

　これらのほかに「久米史料」の中に砂糖に関係した史料が相当数残されている。それらには「口上書」で述べられていることに関係した史料とともに、その外にも久米栄左衛門が高松藩に提案した砂糖に対する統制の内容をうかがうことができる史料がある。それらの史料に拠りながら、高松藩の文政後期から天保はじめにかけての砂糖統制と、久米栄左衛門の砂糖に対する統制の方法が、どのように関係していたのかについて検討することにしたい。

一　文政期藩財政と砂糖統制

　高松藩では第五代藩主松平頼恭の十八世紀中頃の宝暦期に財政改革を行っている。その政策の内容は宝暦五年の屋島西潟元の亥浜塩田の築造、宝暦七年の藩札発行、宝暦九年の倹約政治の徹底が中心であったが、とくに亥浜塩田の築造は高松藩における最初の本格的な国産奨励の実施として注目される。そしてこの財政改革の結果約三十年後の天明四年には「蓄金」を備えることができたという(5)。

　十九世紀に入ると文化三年に幕府への七万両の献納、同十一年には屋島に東照宮の造営、同十四年に幕府に派遣されて京都への使者、そして帰府直後の上屋敷の焼失と出費が嵩み、文政にはいったころには財政難に陥ることになった(6)。文政二年に家臣へ質素倹約を命じた中に次のようにある(7)。


　近年打続大荘之御物入指湊、御勝手向必至と及御指支、上方筋江府ニ而も、御借銀莫大ニ相成、御領分郷町江も御用銀被仰付候得共、時節悪敷急ニ御用ニも相立不申、去年御国表弐つ成之渡方ニ被仰付、定府之面々ニも御借米被仰付候得共、何分御配方相立不申候ニ付、猶又上方筋御借銀調増も在之候所、是以容易ニ難相調趣ニ付、御上ニも御賢慮被遊候所、公儀向御勤者格別、其外之義者御義理合之事も、御欠被遊候而者難成義ニ被思召候ニ付、御勝手向之義、年寄中江御任せ被遊候間、如何様共仕御取続相成候様、取扱可申旨被仰出候、（下略）

上方・江戸での借銀が莫大であること、領内の郷・町へ御用銀を課したこと、家臣の知行米の一部借り上げである「借米」を実施したこと、もはや上方からの借銀の調達は望めないことなどを述べ、これからは財政再建を年寄（家老にあたる）に任せることにしている。

さらにこれから八年後の文政十年には、「近来不一ト通御不勝手之中、莫大之御物入指湊、御世帯之御配り更に相立不申候、（中略）、一体当今之御逼迫は古来無之程の義故、格段之効も相見不申、此儘にては無程御取続難相成に至可申候間」とあるように[8]、当時も一層財政難が進んでおり、近年の財政難は「古来無之程」ものであり、このままでは藩財政の維持もできないという非常事態となっていた。

こうした文政にはいっての財政難に対して藩では当時領内での生産が盛んになってきていた砂糖に注目し、その流通に対して本格的に統制を行い、そこからの収入を財政難の解決の財源にしようとした。高松藩では五代藩主松平頼恭の奨励によって砂糖生産に取り組んでいたが、寛政元年の冬に向山周慶によって砂糖生産に成功した。この時生産されたのは黒砂糖と思われるが、寛政の末には高松藩の特産となっていく白砂糖を生産している。藩では寛政六年から領外積み出し砂糖に運上銀を課してその統制に乗り出したが、享和二年には中止した。そして文化はじめには白砂糖の生産が盛んになってきていた[9]。

文政二年九月に砂糖会所を設置する次の通知が出された[10]。

大内郡松原村
川崎屋吉兵衛　寺井屋星之助
寒川郡津田村
平福屋喜代蔵　室津屋弥八郎
同　郡志度村
宇治屋伝左衛門

（前略）、砂糖売捌方是迄ハ不締之義ハ無之哉、其上近国出来砂糖ヲ御領分砂糖之由申成、上方ニ而売買致候趣も相聞候間、已後為〆り方砂糖会所取立、当分其方共座本ニ申付、極印相渡置候間、諸国江積出候分樽毎ニ押、積出切手ヲも指出可申候、此度座本申付候義ハ、全御国産砂糖繁栄、百姓共為成義□第一候間、自分之利欲而已ニ不拘、作人共之不為ニ不相成候様、精々心掛ケ相働可申候

一右取扱全仮趣法立ニ付追々相改、浦々ニ而座本相増可申候、且又極印村役人共ゟ取扱候義可在之候、兼而其旨相心得可申候

砂糖の売り捌きの統制強化のために、以後砂糖の積み出しは砂糖会所の座本を通さねばならないことにし、高松城下の二名と藩領東部の沿岸部の三名を座本にしたが、この座本は増やすことを予定していた。こうして高松藩では砂糖会所を中心とする砂糖の領外への流通統制が行われることになった。

この砂糖会所座本の設置は大坂での砂糖の売り払いのありかたと深く関わっていた。つまり「大坂表江積登之

砂糖代銀彼地江相納、此元ニ而代り銀札請取候義、勝手ニも可相成候ニ付、同所町人加島屋一郎兵衛、引請人中付候間、右一郎兵衛方江夫々問屋共ゟ代り銀持込、預り書取荷主共江相渡せ候間、請取罷戻り夫々座本へ指出候得ハ、時之相場ニ而代り銀札相渡し可申候」とあるように[11]、大坂での砂糖代銀は大坂の砂糖問屋から大坂町人の加島屋一郎兵衛へ納め、砂糖荷主には「預り書取」を請け取って帰らせ、藩地の砂糖会所座本から、「預り書取」にある砂糖代銀に相当する「銀（藩）札」を渡すというのである。

引用史料に出てくる大坂の町人加島屋一郎兵衛については、「当時御世帯向、必至与御難渋ニ而、最早御取続も難相成御模様ニ成行、銀札引更方指支候ニ付、加島屋一郎兵衛繰出銀ヲ以、可也引更候所、右繰出銀ニ而者、度々指支而已、其上右出銀返済方之義ニ付、右一郎兵衛方ゟ達々申出候次第も在之」と[12]、高松藩が当時加島屋一郎兵衛から藩札引替銀を借用していた事情があり、その返済を迫られていたのである。つまり大坂での砂糖代金を砂糖問屋から加島屋一郎兵衛へ納めさせることによって、この返済資金に充てようとしたのであり、高松藩産の砂糖が当時高松藩の財政難解決との関係を強めているのが確認できる。

その後の砂糖統制の経過であるが、この砂糖代銀の加島屋納は翌三年七月に中止となり、代わって他領積出への砂糖に運上銀を課すことにした。しかし十月にはこの運上銀の賦課も中止された。これらは何れも砂糖生産者農民の反対の意向があったためと思われる。そして翌四年五月に加島屋納を若干修正する形で、大坂での砂糖代金の七割を加島屋へ納めさせることにした。これを「七歩金掛込」という。当時砂糖会所は廃止されているため、「七歩金掛込」にともなう藩札との引替は加島屋が行うことになった。その後文政七年十二月に「七歩金掛込」は加島屋から天王寺屋五兵衛に代わっている。おそらく高松藩が天王寺屋から新たに借銀をしたためであろう[13]。

二　「口上書」と「砂糖仕込銀」・「冥加」引替

文政二年から大坂商人の加島屋一郎兵衛との関係を強め、大坂での砂糖売り払い代金を重視する方針をとっており、この頃には砂糖は高松藩の代表的な国産として注目されていたことは先述したところである。

この文政二年より五年後の七年十月に提出された久米栄左衛門の「口上書」のうち、砂糖に関する部分は次の通りである(14)。

一御領分中砂糖車方千五百挺有トシテ、右車五挺ヲ壱組トシテ組数三百組、其壱組へ御銀札七貫五百目宛、砂糖仕込銀トシテ御貸渡被成、猶又砂糖売捌之義者、百姓勝手次第ニ為致、尤此売捌方者、乍恐唯今之御仕法ニ而者、色々混雑之義多御座候而、右拾貫目又ハ左拾五貫目、或弐拾貫目等入銀ヲ減、其上金相場高直、金銀不融通、諸色高直ニ相成、下モ困窮之者多、色々指支之次第御座候得共、右様之義者、御上様ニ者御存知無御座次第モ有之候哉、此儀者筆紙難尽、売捌之義ハ百姓勝手ニ致、此為冥加(ママ)トシテ、車壱挺分正金三拾(両脱カ)つ、、小引替所へ為指出、右金之寄四万五千両相納り、其上金銀融通仕、追々金相場并諸色も下直ニ相成、金ハ八拾匁ゟ外へ者出申間敷、左候得者御上様ニ者、出銀札も憂ナク相成、猶又裏家借家郷中貧民之者共、大ニ相悦可申哉と奉存候、且又右貸付御銀札高弐千弐百五拾貫目、是ヲ月五朱之利銀と相定貸付候得者、此利銀壱ケ年分百三拾五貫目宛相納可申候つまり、砂糖からの収益の方法として二つのことが指摘されている。一つは「砂糖仕込銀」の貸付である。高松藩領内の砂糖車[15]を一五〇〇挺とし、五挺を一組にして三〇〇組に対して、一組に藩札七貫五〇〇目、計二二五〇貫目を「砂糖仕込銀」として貸し付け、月五朱として一年に六分の利子にあたる一三五貫目を納めさせることにするというものである。引用史料にははっきりと書いてないが、おそらくこの「砂糖仕込銀」と利子は藩札で返済されたのであろう。

もう一つは砂糖車一挺につき金三〇両を「冥加」として納めさせ、藩札と引き替えさせるというのであり、砂糖車数が一五〇〇挺であるので、計金四万五〇〇〇両が藩へ納められることになるという。

前節で述べたように、当時高松藩では売り払った砂糖の代金の七割は、大坂の商人加島屋一郎兵衛へ納めて藩札と引き替えさせていたが、久米栄左衛門は「砂糖売捌之義者、百姓勝手次第ニ為致、尤此売捌方者、乍恐唯今之御仕法ニ而者、色々混雑之義多御座候而」と引用史料にあるように、高松藩の方針である「七歩金掛込」に否定的であり、「砂糖売捌之義者、百姓勝手次第ニ為致」といい、砂糖生産者が自由に売り捌くことを主張している。それを前提として砂糖生産者から金三〇両を小引替所に納めさせ藩札と引替させることにするというのである。

「口上書」と同じ趣旨のことをメモ書きした次の史料がある。[16]

乍恐右砂糖御仕法ニヨリ損益算当左之通り

一只今ニ而砂糖仕切表七歩金、大坂表ニ於テ御取扱候而者、金相場甚々高直ニ相成、譬へハ御上様ニ右砂糖金五万両御取扱被成候内、此損銀と相見へ候処、七百五拾貫目（空白あり）、又下賤貧民日雇挊之者共、□□米穀諸色甚々高直ニ相成候、其故ハ被成方ニヨリ、金銀不融通ニ付金相場高直相成、当時ニ而者金壱両九拾六七匁、乍併被成方ニヨリ、自然之相場ヲ金七拾五六匁位申候、右故乍恐御上様御損、極貧民も難渋と相成候間、何

卒御仕法内存左之通り

一砂糖車数五挺ヲ壱組ト号し、右壱組之内ニ入用銀□銀札貸渡置、但し朱歩年中五朱ニ被成毎歳御済之処、五月切り元利共皆済ニ為致、六月元ト直ニ右銀札貸渡置、左候得者砂糖百姓も、高歩之為替銀之銀子ヲ借受不申、大ニ融通仕砂糖売払方も勝手ニ相成、猶又正金銀を右出金之外者、たくはひ候ニ及不申、猶又御上様ニも朱歩銀札ハ御益とも相成、且又砂糖百姓も高歩之為替銀ヲ借受不申、其上勝手ニ売払大ニ難有出情可仕

右朱歩銀之積左之通

一車数千五百挺

　但し、壱挺ニ付銀札壱貫五百つゝとシテ貸渡ス

　此銀札貸渡弐千弐百五拾貫目

　　右朱ト《ママ》毎歳壱ケ年分

　　百拾弐貫五百目宛御益

一砂糖車元ヨリ納金四万五千両納方左之通

但、車壱挺分ヨリ正金三拾両宛為納、尤モ砂糖新製ヨリ翌年五月迄、時之相場ヲ用テ相納せ、譬ハ十一月拾両納候得ば《ママ》、其時之相場ヲ以て直ニ銀札相渡、（以下記載なし）

大坂での「七歩金掛込」によって藩地の金相場が高値になっており、藩への損出のみならず、領内の貧民を一層困窮化させているとしている。そのため「七歩金掛込」に代わって、先述した「仕込銀貸付」と「冥加」引替を提案している。

「砂糖仕込銀」貸付は直接的にこの方法が取り上げられることはなかったが、のち天保元年に実施される「砂

糖代前貸」に影響を与えたと思われる（詳細は四で述べる）。これより前の文政三年と思われる史料に(17)は、五挺を一組にして二八〇組の各組に対して、年二回に分けて正月と八月に藩札を四貫目ずつ貸し付け、月五朱の利子を付けて正月貸付分は十二月に元利とも四貫二四〇目、八月分は翌年二月までの七か月分を元利とも四貫一四〇目を銀で納めさせると、計元利八貫三八〇目が正銀で納められることになる。納められたときには直ちに藩札四貫目を渡すことにする。五挺一組で二八〇組であるので、一か年に藩札二二四〇貫目を砂糖方へ渡さねばならないが、正金として計銀二三四六貫四〇〇目が納められ、これは一か年の砂糖方の入金となり、一〇六貫四〇〇目の利益があるという案を記している。「口上書」で述べるより前から、「砂糖仕込銀」の貸付やその返済元利について、正銀による納入を久米栄左衛門が検討をしていたのがわかる。

三　「砂糖車元割当金」

「口上書」にいう砂糖車一挺につき金三〇両の「冥加」引替は、他史料では「砂糖車元割当金」といっており、以後「砂糖車元割当金」と称することにする。久米栄左衛門が提案した「砂糖車元割当金」に関しては次の史料がある(18)。

一金御上納之義ハ惣金高四万五千両
但し、車壱挺分ニ正金三拾両つゝ、尤此納金東西ニ而新製砂糖入金、翌年五月切ニ相定、右五挺組夫々ニ銀子出入通帳を拵渡し置、時之相場ヲ用テ相納サセ、譬ハ十一月ニ拾両納候得ば（ママ、以下同）、拾両納候受取ヲ致、其時之相場ニ銀札相渡し、追々五月迄ニ相納可申、尤モ切（ママ）五月ニ者御上ゟ金相場相定、相残りヲ受取相済、右様も相調候得ば百姓共ニ者、糞代木代ノ外ニ而、格別ニ正金銀タクバ（ママ）ヒ候而、入用無御座候得ば、金銀相納ヒタシ相場も追々下直ニ相成、大躰右様儀（カ）ニ者相成可申候、若亦右之内御上ニ臨時ニ金子御入用も御座候者、右東西車者へ金壱両つゝ、納（カ）金為致被為仰付候哉、然ば右金千五百両寄候事も五日迄ハ掛り不申、右様も相調候得者、砂糖売方も自由ニ相成、自然と売候様、元来砂糖と申ハ、甚々斤数之者ニ御座候得者、少しニ而も相場宜敷売払御座候得者、甚々入金多ク相成候、譬ハ白砂糖壱斤ニ付直段弐分つゝ高直ニ売上ケ相成候得ば、右白砂糖之分入銀四百六拾三貫八百目、又蜜壱斤ニ付壱分つゝ高直ニ相成候得ば、入銀弐百三拾五貫五百目、合六百九拾九貫三百目、此入金壱万千六百両、御国益相増候程之義ニ御座候、猶又只今之御仕法ニ而ハ、大坂加島屋金相場、御城下相場、郷中相場等、色々三段之相場違ニ相成候間、其差□ヲ除候故、金銀不融通之元と（ママ）等可相成哉と奉存候、何卒御仕方ニヨリ、金相場七拾五、六匁ニも相成候得ば、右砂糖金五万両も御取扱之内も、壱万両モ出銀札之憂ナク御益相成候、且又貧民日雇挊之者、金違三割方（カ）も利益ニ相成候得共、家業渡世も致能相成候間、損益推算用ヲ先トして、余ハ後ノコトカト奉存候、猶又其余色々損益ノ推算申モ御座候得共、私愚存之及処無御座候、指当り見及候処之砂糖方出入勘定之愚存、申上候義奉恐入候、以上

前半部では、砂糖車五挺の一組ごとに「出入通帳」を渡しておき、翌年の五月までに数回にわたって金三〇両を納めさせ、その時の金相場でそれに相当する藩札を渡すことにする。そうすると金四万五〇〇〇両が収納されるという。この場合砂糖車数は領内全体で一五〇〇挺として計算している。そして大坂加島屋、城下相場、郷中相場と金相場が相違していることが、「金銀不融通」の原因となっているが、「砂糖車元割当金」の実施により金相場は金一両が藩札七五、六匁になって安定するという。後半部では、砂糖取引が藩にとって多くの利益をもたら

すことを指摘している。

藩札は紙幣であるので正貨との引替が保証されていなければ、額面どおりに通用しなかった。藩では藩札との引替金を藩財政へ廻していたため引替金が不足し、正貨との引替が十分に行なえず、引替金を加島屋から借用していたことは先に述べたところである。藩札と正貨との引替が円滑に行われないと、藩札の信用が落ちてインフレ状態となって金相場が上がり、藩内の経済が混乱することになる。したがって藩としては藩札との引替の正貨を、また藩財政の財源としての正貨をも確保しなければならなかった。高松藩はその正貨を大坂の商人から確保しようとしたが、久米栄左衛門はそうではなく領内の砂糖生産者への割当金から確保しようとしていたのである。

久米栄左衛門は先述のように「砂糖車元割当金」は車一挺について金三〇両としていたが、それを変更しているのが、「小引替所へ被仰渡之心積り」にある次の史料によって分かる。(19)

一近年砂糖代七歩金之処、大坂表ニ而振込ミ御仕法ニ相成候処、砂糖百姓色々指支之趣、内願之者モ有是由、右ニ付当年ゟ相改、先年寅之年已前之通り、江戸積者勿論何国へ成り共、売捌勝手次第ト砂糖百姓共へ申渡し候間、爰一両年之間金子御入用有之候ニ付、砂糖車壱挺ニ付大内郡ハ金弐拾五両宛平(押)し、其余郡者同壱挺ニ付弐拾両宛平(押)し申付候間、其小引替所ヲ其方共へ申付度、尤右車方肥代者過(火)急ニ入用有之候節ハ、其時之相場ニ出金弐歩上ケニ而替戻可遣候、随分相成尺ハ知力ヲ尽し、車方之指支ニ不被相成様金銀為致融通、追々金相場モ下直と相成候得者、下モ貧民ヲ救ヒ猶又上江之勤公(カ)ニ候間、随分東西小引替所相談之上、同腹ニ而出情可被致候、以上

一車挺数同村数并砂糖方指出金之通、其外之義者追而仕渡し可申候

砂糖代金の七歩金の大坂振込は砂糖百姓の「指支」となっているので、「売捌勝手次第」にさせることにし、砂糖車一挺に付大内郡は金二五両、その他の郡は二〇両を小引替所へ納めさせるといい、割当金を下げて地域的な差をつけるようにしている。そしてこの割当金が「車方之指支」、つまり砂糖生産の妨げにならないようにといっている。

そして「砂糖車方へ御触書之心積」として次の史料を記している。(20)

一近年砂糖代七歩金、大坂表ニ而振込ミ御仕法ニ相成候処、砂糖百姓色々指支之趣、内願之者モ有是、右ニ付当年ゟ相改、先年寅之年以前之通り、江戸積ハ勿論何国江成共、勝手売捌可申候、猶又川口積出之義も寅年已前之通ニ而、村方役人之送切手ニも及不申候間、右様可被相心得候、尤爰一両年之間金子御入用有之候付、車壱挺ニ付大内郡ハ金弐拾五両宛平(抨)し、其余郡ハ同壱挺ニ付弐拾両宛平(抨)し、(中略)、猶又引替銀者役所相場ヲ不用、町方相場又ハ所々通用之相場ニ、小引替所ニ而引替可申候、且又先年之通勝手之筋有是候節ハ、大坂表ニ而天王寺屋五兵衛方へ振込手形取帰り、其最寄之小引替(所脱カ)ニ指出候バ(ママ)、時之相場ヲ以引替可申候、若又小引替(所脱カ)相場町金相場と差□モ有是候様ニ相心得、村方ニ而名々(ママ)車数ヲ減し仕出候得ば(ママ)、勝手ニ相成候義と、心得違之者モ有之候而ハ不宜候間、随分吟味之上ニ而近々之内、当年相立候車数ヲ急々仕出し可申候、(中略)、猶又小引替所名前、同引替指出金通之前書を、別紙之通急々可被渡申(ママ)候、以上

前半は「小引替所へ被仰出之心積り」と同様であるが、後半には大坂の天王寺屋五兵衛へ掛け込んだ場合には小引替所で藩札に引き替えること、また車数を減らして申し出ないようにすることなどが述べられている。

引用史料の終わりに「別紙之通」とあるように、小引替所は鵜足郡宇多津村の大和屋慶次、高松丸亀町の柏野

屋市兵衛、寒川郡志度村の宇治屋伝左衛門、同郡津田村の室津屋貞助、大内郡三本松村の網屋与三兵衛、同郡引田村の米屋久次郎、同郡南野村の五郎兵衛とされた[21]。すでに文政二年九月に領外への砂糖の積み出しを統制するために、五か所に砂糖会所を設置しており、高松城下の川崎屋吉兵衛・平福屋喜代蔵、大内郡松原村の寺井屋星之助、寒川郡津田村の室津屋弥八郎、同郡志度村の宇治屋伝左衛門をその座本としていたことは一節で述べたが、これが小引替所に引き継がれたといえる。

高松藩が宝暦七年に藩札を発行したことは先に述べた。この時藩札の引替所として高松城下に札会所（兵庫町）と伊丹の町人加勢屋出店（丸亀町）が置かれ、志度の木屋清大夫出店、仏生山の川崎屋吉兵衛出店、宇足津の品川屋庄太郎出店が当てられたが[22]、この藩札との引替所が小引替所の始まりであったと思われる。

そして領内の車総数と割当金惣寄高は、「小引替所へ金子引替指出し勝手之村別之心積左之通」によると[23]表**1**のとおりであり、車総数は二六二一挺、金寄総高は五万六三三五両であった。各小引替所の引受車数の内訳は、南野村が一五八挺、引田村が一七九挺、三本松村が四二〇挺、津田村が三二四挺、志度村が四〇〇挺、高松城下が六八九挺、宇足津村が四五一挺であった。なお、時期は明らかでないが、領内の郡毎に村別の砂糖車数を書き出した「砂糖車数調」がある。表題は後からつけたものであるが、郡別に整理したのが**表2**である。これによると砂糖車数は高松藩領全体で二六三一挺となっている。但し、**表1**の車数より一〇挺多くなっている。大内郡・寒川郡が圧倒的に砂糖生産が盛んであったのがわかる。これらの車数は同時期の「口上書」の砂糖車数一五〇〇挺とは相違している。なぜ千挺余も差があるのか明らかでない。

翌文政八年九月に高松藩は「郡々大庄屋」・「砂糖車株之者共」へ通達を出したが、その内容は先述した「久米史料」にある「小引替所へ被仰渡之心積り」・「砂糖車方へ御触書之心積」とほぼ同じである。つまりこの藩の通達は久米栄左衛門の認めた小引替所・砂糖車方への「心積」を元にして書かれていることは明らかである。

表１　各小引替所管下の村数・砂糖車数・割当金・寄金高

小　引　替　所	村　数	砂糖車数	割当金	寄金高
大内郡南野村（五郎兵衛）	5	158挺	25両	3,950両
大内郡引田村（米屋久次郎）	4	179.	25.	4,475.
大内郡三本松村（網屋与三兵衛）	24	420.	25.	10,500.
寒川郡津田村（室津屋貞助）	10	324.（内大内郡26）	20.	6,610.
寒川郡志度村（宇治屋伝左衛門）	19	400.	20.	8,000.
城下（柏野屋市兵衛）	92（山田郡28・三木郡12・香川郡東西47・阿野郡南５）	689.	20.	13,780.
鵜足郡宇足津村（大和屋慶次）	78（阿野郡南18・阿野郡北13・鵜足郡29・那珂郡18）	451.	20.	9,020.
	東西車惣寄2,621挺　金寄惣56,335両			

「砂糖車元割当金仕組」（資料番号B－104－2）より。

表２　郡別の砂糖車数

郡　名	車　　数
大内郡	783挺（内休車42挺）
寒川郡	775.（内休車15挺）
三木郡	187.
山田郡	258.
香川郡東	110.
香川郡西	36.
阿野郡北	354.（外取調中２挺）
阿野郡南	62.
鵜足郡	43.（外取調中６挺）
那珂郡	23.（内休車阿野郡北・鵜足郡計20挺）
計	2,631挺（内休車77挺）（外取調中８挺）

「砂糖車数調」（資料番号B－93）

なお「久米史料」の中に藩の通達と同じ内容の「達」があるが、栄左衛門の高松藩への提出書の控なのか、藩の通達を写したものなのかは、今のところ明らかでない。[24]

高松藩の通達の一部を示すと次のとおりである。

砂糖車株之者共

砂糖代金之内七歩通り、是迄大眉五兵衛方江掛込候様、被仰付在之候処、相場之義ニ付迷惑之次第も在之候由、願出候向も在之、無拠相聞候ニ付、右願之趣当分御聞届被下候、尤今暫引更金子入用有之候ニ付、別紙之通小引替所相立、時々町金相場ヲ以御引更被下候間、大内郡ハ車壱挺ニ付金弐拾五両、其余郡々者弐拾両拝、当月ゟ来戌四月迄ニ、勝手之小引替所ニ而引更可申候、（下略）

但、勝手ニ付大坂表江相納申度者者、大眉五兵衛方江掛込受取書取帰、此元小引替所江持出候得ハ、其月相場ヲ以代銀札相渡申候

文政八年には「七歩金掛込」は加島屋から大眉（天王寺屋）五兵衛へ代わっていたが、大坂の砂糖代金の「七歩金掛込」に変えて久米栄左衛門の意見書にあったように、小引替所で九月から翌年の四月までに引き替えることにしている。但し天王寺屋五兵衛方へ掛込を希望する者はそれを許可し、小引替所でそれに相当する藩札を渡すとしており、「七歩金掛込」が中止されたわけではなかった。そして引用史料に続いて先に紹介した七か所の小引替所が書き上げられている。また前出の「諸仕出控覚帳」に小引替所への納金通帳の「通之前書」も記されているが、この下書きも久米史料の中にある。[25] こうして栄左衛門が提案した、砂糖生産者らに直接金納させて正貨を確保する方法を高松藩は採用したのである。

この「砂糖車元割当金」は、久米栄左衛門が「口上書」で指摘していたが、高松藩の通達の中に、「砂糖積出之節切手差出来候得共、以来無用可致」、「江戸表積廻之義、指留ニ相成居申候得共、勝手次第積廻可申」、「砂糖百姓共色々指支之趣、願出候向も有之、右願之趣御聞届被下、去ル卯年以前之通、江戸積者勿論勝手次第、売捌候様砂糖百姓共江申渡」すなどとあるように、[26]これまでの大坂での「七歩金掛込」にみられた、大坂への砂糖積送の重視を修正するものであった。

「卯」つまり文政二年以前のように自由な売り捌きによって正貨を砂糖百姓のもとに集め、そこから割当金によって藩への吸収を図ろうとしている。これは従来と違って砂糖百姓の元に正貨が直接入ることを認める方向であった。つまり砂糖百姓の利益としての正貨の確保を認め、それによって領内の金相場を安定させようとしていた。そしてこれは久米栄左衛門が主張していたことであったのはいうまでもない。

しかし、翌文政九年十月に次の史料にあるように、「砂糖車元割当金」は中止された。[27]

砂糖方調達金、当分車元之者江申し付候処、右納方色々混雑在之、迷惑之向も相聞候間、先右納方被指免候、依之当十月廿五日以後、大坂表江積出候分者、以前之通り高松者平福屋安兵衛、浦々ハ村方庄屋共切手ヲ以積出、大眉五兵衛方江申送り書付等相添遣し、彼地ニ而売捌等之上、仕切帳面ヲ以代金之七歩通り、五兵衛方へ掛込可申候、尚又、大坂之外他所積之分者、高松浦々共去年申付候小引替所共ゟ、模寄々々切手指出せ、歩安之為替貸も致遣候段、（下略）

中止の理由は引用史料には、「納方色々混雑在之、迷惑之向も相聞」くとあり、割当金の納入が円滑に行われなかったようである。そして大坂積の砂糖は以前のように、天王寺屋五兵衛方への「七歩金掛込」を実施することになった。また大坂以外の地へ積み出した場合には、砂糖代金の五割を金納し藩札と引き替えさせることにした。[28]
こうして久米栄左衛門が提案した「砂糖車元割当金」は、一旦中止された。

四 「砂糖車株調達金」と「砂糖代前貸」

「砂糖車元割当金」が中止になってから一年半後の文政十一年五月に大庄屋へ、「砂糖代金調達之義者、毎々申渡候次第も在之候所、何分趣法通難相整、依而当秋ゟ別紙之通被仰付候」と達せられた。そしてこの年秋から実施される方法は「砂糖車株調達金」と呼ばれる。次の史料がその内容を示している。[29]

砂糖車株之者へ

砂糖車壱丁《ママ》ニ付金弐拾両つゝ、月々小引替所へ土地枰相場ヲ以調達申付候間、毎年十一月ゟ翌三月迄壱月四両つゝ之積、模寄小引替所へ相納、通ひ記貰可申候、取越皆納之義者可為勝手、月延之義ハ難聞届、兼而左様相心得、此度趣法屹度相守可申、（中略）

一端浦売代金ハ是迄之通納方ニ不及、大坂売之分ハ大眉五兵衛へ七歩金掛込、加印札請取戻候得者、是迄之通大眉出店ニ而引替候歟、又ハ前件模寄小引替所ニ而引替候義も勝手次第ニ候、（下略）

「砂糖車株調達金」とは砂糖車一挺について金二拾両を、この秋の十一月から翌年の三月までの五か月間に、一か月につき四両ずつを小引替所へ納めさせるというものである。「砂糖車元割当金」は九月から翌年四月迄の間に大内郡は車一挺につき二五両、それ以外は二〇両であった。大坂以外での「端浦売代金」はこれまでとおり金納は免除され、「大坂売之分」の大眉（天王寺屋）五兵衛への「七歩金掛込」も同様に認められ、高松の天王寺屋出店、または小引替所での正金引替を行わせた。「砂糖車元割当金」と比べると、引替期間や「端浦売」については相違は見られるが、「車株調達金」ないし「七歩金掛込」にするかどうかは「割当金」の時と同様に、砂糖生産者の意向に任すという方針をとっている。

　同年九月には「此度車株之者へ一車ニ付金弐拾両、十一月ゟ翌三月迄、壱ヶ月四両つゝ調達可仕」と再確認をしており、(30)予定どおり実施されたと思われる。この「砂糖車株調達金」については「久米史料」の中には関係する史料は見当たらないが、「砂糖車元割当金」の復活されたのがこの「砂糖車株調達金」であるのはいうまでもなかろう。しかし二年後の文政十三年（天保元）十月には「砂糖車株調達金」・「七歩金掛込」は中止された。代わって行われたのが「砂糖代前貸」である。

　天保元年十月に、「砂糖取扱之義者、先達而ゟ度々被仰出在之候所、此度砂糖積登り之義、大坂表ニ限、他所売一統差留」るという方針が出されて、砂糖の積み出しは大坂に限定され、(31)大内郡大庄屋日下佐左衛門（引田村）・渡瀬七郎左衛門（福栄村）、寒川郡大庄屋長町与左衛門（津田村）、寒川郡志度村庄屋岡田猪三右衛門、大内郡三本松村庄屋津本甚右衛門の五人が「砂糖引請人」となって「砂糖一件引請」を命じられ、「川口積出切手・送り書并砂糖代前貸等之義」を取り扱うことになった。(32)

　ここでいう「砂糖代前貸」とは「此元ニ而砂糖代之内致前借候分ハ、其趣此元ゟ送り書ニ致置（ママ）状指出候間、大坂表ニ而砂糖会所ニ指出可申候、同所ニ而売払候得者前貸指引可致候、指引書取戻り此元ニ而送り書指出候者方江指出可申候」とあるように、(33)砂糖車所持者への砂糖の生産資金としての前貸しである。これは先述した久米栄左衛門の「砂糖仕込銀」の貸付に相当するものである。但し先述のように栄左衛門の場合は「仕込銀」の貸付利子は藩札で徴収しようとしたと思われるが、砂糖代前貸はそうではなかった。
砂糖代前貸に関する事例を次に提示しよう。

拝借仕御銀之事

一加印札壱貫目也

此焚込拾五挺

右之通御前貸銀願上ケ、拝借仕候所実正ニ御座候、然ル上ハ右引当砂糖押立仕、来ル二月迄之内追々浜出し之上、送状願出大坂表ニ積登し、元利共上納可仕候、為後日如件

天保二卯年

香川郡東岡村百姓

十二月五日　才蔵印

庄屋

丸岡富三郎

「加印札」（藩札）一貫目を「焚込」（砂糖の一種）一五挺を抵当にして前借りし、その返済は元利ともに大坂での売り払い代金から、大坂で納めるというものである。この場合返済は正金で行われたのであろう。引用史料は天保二年の香川郡東の岡村の例で、宛名の岡村庄屋丸岡富三郎から山田郡潟元村庄屋の木村達三郎へ提出されていることから、[34]木村達三郎は砂糖引請人であり、初めの五人から引請人は増えているのがわかる。

しかし大坂への積み送りを限定したことには問題があったらしく、天保三年には他所売り（端浦積み）を認めているようである。[35]そして天保六年になると砂糖代前貸の趣旨を残しながら、新たな方法が行われることになっ

た。その砂糖統制の内容は、文政二年以来のこれまでの高松藩の砂糖に関する統制の集大成といえるもので、「砂糖為替金趣法」といわれる。

『増補高松藩記』に次のようにある。(36)

（前略）、甘蔗刈取候より沙糖（砂、以下同じ）に製し、大阪積登し売捌候迄費用大数相懸り、右振替に百姓共一同難義致候間、沙糖製造之上樽数に応じ、船中之為替金として、荷主之百姓又は積受候船頭共へ銀札を御貸付被下、其沙糖を大阪へ積登し売捌せ、右売代之正金を以、為替御貸付之元利を大阪御屋敷へ取納、（下略）

砂糖を製造して大坂へ送るまでに経費が懸かるということで、砂糖樽数に応じて、砂糖荷主と砂糖積船の船頭に「船中之為替金」（「船中為替」という）として藩札を貸し、その返済は大坂での砂糖売り払い代金を「大坂屋敷」（具体的には大坂蔵屋敷に置かれた大坂砂糖会所）に納めさせるというものであった。そして藩札の貸付等の業務を行うために領内九か所に砂糖問屋（天保八年からは砂糖会所引請人という）を置いた。(37)

砂糖代前貸は砂糖生産者への貸付であったが、「船中為替」は砂糖生産者も含んでいる荷主、および船頭であった。しかしかれらから貸し付けられた藩札は砂糖の生産のために使われるのであり、その意味では砂糖生産資金の性格をもつものであった。このように若干内容は変わっているが、久米栄左衛門の砂糖生産者への貸付という「砂糖仕込銀」の趣旨は、ここに生かされているといえよう。

天保六年の「砂糖為替金趣法」では砂糖の積み出しは大坂に限られたものではなく、砂糖荷主や船頭の判断で、瀬戸内各地の港へも積み送られた。その際、砂糖代金と藩札との引替は何ら義務づけられていなかった。砂糖代金を納めるのは「船中為替」で買い集められた砂糖についてであり、その砂糖は大坂へ積み送ることが義務づけられ（これを「付登」という）、その代金によって大坂砂糖会所へ返済することになっていた。つまり高松藩は「船中為替」からの正貨確保を図ったのであり、「船中為替」に関係ない砂糖は、大坂はじめ各地での売り払いが認められ、砂糖百姓は正貨を得ることができたのである。この意味で「砂糖為替金趣法」は、久米栄左衛門が主張していた砂糖百姓の正貨確保の方針に沿った側面をもっており、砂糖生産者へある程度の収益を保証するものであったといえよう。

おわりに

『讃地砂糖略史』によれば、文政年間に久米栄左衛門が甘蔗の搾汁具を木製であったものを石製転子を利用することに変えたことや、上製白糖を生産する押船を酒造家の用いる大型のものに倣って改良したことを述べている。これらの点については否定的な意見もあるが、石製砂糖車の量産体制の技術的側面での栄左衛門の果たした役割は評価されるといわれている(38)。こうした砂糖生産技術の改良に栄左衛門が関心をもっていたことにも注意しておかねばならない。

以上みてきたように「久米史料」の砂糖関係史料から、久米栄左衛門が高松藩の砂糖の統制に関心をもち、具体的な統制方法について検討していたことが明らかになった。とくに高松藩が文政八年九月に実施した「砂糖車元割当金」は、栄左衛門が考えていたことを採用したものであった。この「砂糖車元割当金」は砂糖代金の大坂商人への「七歩金掛込」という藩の方針とは異なって、正貨を砂糖百姓の元に収めさせそこから割当金によって藩札と引き替えさせるというものであって、藩内での正貨の確保を図ろうとしたものであった。こうした栄左衛門の見解が高松藩の砂糖流通統制に採用されたということは、同様な考えに立つ高松藩の財政担当の役人と栄左衛門とが何らかの関係をもっていたことをうかがわせる。

「久米史料」に直接に両者の関係を示す史料は見当たらないが、それをうかがわせるものが若干ある。吉本弥之助からの書状が三九点あるが、かれは天保前期頃の「高松藩役付」[39]（写）によると、「吟味人」の中に名があって、米九石・三人扶持となっており下層に属する役人である。吟味人の職掌については次のようにある。[40]

一吟味人者諸事吟味仕、人遣等之指引仕候、諸事奉行共之目代仕せ候

一京・大坂・江戸御借銀方引請、奉行共指図を請、取計申候

引用した史料の出典は、五代藩主松平頼恭が襲封したばかりである元文四年の十八世紀中頃の時期のことを記したものであるので、文政頃も同じような職掌であったかどうかは確かではないが、高松藩政で年寄に次ぐ重職の奉行のもとにあって、おそらく藩の財政関係の事柄に関与していたと思われる。

この吉本弥之助の十月十五日付の書状の一部に、「且、右御借入金調達致候へ者、此元江被取帰候御積ニ御座候、大荘之御金段申入難く、如何と奉存候、依之御借入出来候へ者、大坂御屋しき江持込せ、御留守居又ハ勘定奉行預書、請取帰候方可然哉と存候」とある。[41]「御借入金調達」、「大坂御屋しき」、「御留守居又ハ勘定奉行預書」などの言葉があり、大坂での借銀の様子を知らせる内容のものであると理解できる。同じ書状の中に「造酒殿ニも相達置」、また同人の九月二一日付の書状に「去ル十六日達々造酒殿へ申達、□□江も御同人ゟ御達ニ相成居申候処、昨日御借方御取計被成候様御通し可申旨、造酒殿御申聞」とあるが、[42]この「造酒殿」は堀造酒之助のことであり、先の「高松藩役付」によると年寄に次ぐ奉行に名がみえる。吉本弥之助が大坂での借銀について、藩の中

枢にいる奉行の堀造酒之助と密接に連絡をとっていることがうかがえる。

また北村左七郎からの書状が一三点ある。かれは前掲の「高松藩役付」には名が見当たらないが、『増補高松藩記』の天保六年条では「吟味役」としている(43)。久米栄左衛門宛に「御用御座候間、此書状到着次第、早々出掛在之候様可申進旨、奉行中ゟ御申聞在之候」との書状が彼の名で出されており(44)、左七郎が栄左衛門と奉行との中に立っていることが理解できる。さらに「指掛銀札三拾貫目、入用ニ御座候間、私仮手形ニ而御金蔵ゟ御出銀被下候様、達々右掛合、則チ請取指越申」すとあるように(45)、彼が藩財政問題に関与していたらしいことをうかがわせる。奉行から家臣への通達や横目からの御触なども栄左衛門へ伝えている。北村左七郎は札会所・済方取締役の日下儀左衛門、同役の松原新平らとともに「砂糖為替金趣法」実施の中心人物であり、のちかれらとともに勘定奉行になっている(46)。

「砂糖車元割当金」の高松城下の小引替所で、城下の有力商人の一人であった柏野屋市兵衛は、年不明であるが十二月十一日に住屋四郎右衛門と連名で久米栄左衛門へ、「町郡両奉行様、急々掛御目申度義御座候」との書状を送っているが(47)、のち二一日には単独で、「町奉行様ゟ急々御面談被成度義、出来申候間、明後廿三日午時迄ニ、此地へ御出浮被下候様、得御意可申旨被仰聞」ると(48)、町奉行が至急栄左衛門へ会いたいとのことを伝えている。

このように久米栄左衛門が高松藩の財政関係の職にある役人と関係をもち、また城下の有力商人と接触していたことが確認できる。坂出塩田の築造もこうした関係が背後にあって実現に至ったのではないかと思われる。現段階ではこれ以上のことは明らかにできないが、まだ「久米史料」には未解読の書状類が多く残されている。これらの検討をとおして今後、栄左衛門をとりまく経済的側面はいうまでもなく、さらに科学技術者としての人間関係も明らかにされることを期待したい。

注

（1）『増補高松藩記』（永年会、一九三二年）三五二ページ。
（2）原本は所在不明である。岡田唯吉氏『讃岐偉人・久米栄左衛門翁』（鎌田共済会郷土博物館、一九六四年増補三版）の口絵にも掲載されている。
（3）下書は松村雅文氏編『久米通賢に関する基礎的調査・研究成果報告書』（二〇〇六年）第4部「久米通賢資料目録」（以下「久米目録」と記す）中の「内存之口上」（資料番号D―一五〇）である。なお以下引用史料名は「久米目録」に拠っている。
（4）資料番号D―一四八。以下断らない限り引用史料は「久米史料」である。
（5）拙著『藩政にみる讃岐の近世』一一二―一一三ページ（美巧社、二〇〇七年）参照。
（6）右同、一四六ページ参照。
（7）文政二年「御用日記」（渡辺家文書、瀬戸内海歴史民俗資料館蔵）。
（8）『増補高松藩記』三四七ページ。
（9）前掲拙著、一四一―一四三ページ参照。
（10）「御法度被仰出留」（『香川県史9・近世史料Ⅰ』一九八七年）。
（11）右同。
（12）文政四年「御用日記」（前出渡辺家文書）。
（13）文政二年から七年にかけての高松藩の砂糖流通統制の変遷の詳細については、本書第一章「高松藩の砂糖流通統制」を参照していただきたい。
（14）但し前出下書「内存之口上」も参考にした。他に同文の下書の途中までのものがあるが（「内存之損益心積之口上」〈但し前欠の史料名である。資料番号B―七四〉）、これには×が記されており、抹消の意味であろう。
（15）砂糖黍を締めて粗製糖である白下糖を生産する道具である。
（16）「覚」（資料番号D―一五一）。
（17）「覚」（資料番号D―二六六―四一）。

(18)「砂糖勘定覚」（資料番号B―一〇四―一）。
(19)「砂糖車元割当金仕組」（資料番号B―一〇四―二）。
(20)右同。
(21)右同。但し別紙には「鵜足郡宇多津村ニ而小引替所　大和屋何兵衛方」・「香川郡御城下ニ而　小引替所」となっているが、「諸仕出控覚帳」（丸岡家文書、瀬戸内海歴史民俗資料館蔵）によって補った。
(22)前掲拙著、一一九・一二〇ページ。
(23)前出「砂糖車元割当金仕組」。
(24)前出「諸仕出控覚帳」、「達」（資料番号D―一〇八）。
(25)「砂糖金引替之通」（資料番号B―五九）。
(26)前出「諸仕出控覚帳」。
(27)文政九年「御法度御触事留帳」（前出丸岡家文書）。
(28)右同。
(29)「御用留」（山崎進氏蔵）。
(30)右同。
(31)「浦方御用留」（日下家文書、瀬戸内海歴史民俗資料館蔵）。
(32)天保元年「御法度御触事留帳」。
(33)右同。
(34)以上、「存念書入割一札并万事済口書付控」（前出丸岡家文書）。
(35)本書第一章を参照。
(36)三八二ページ。
(37)「船中為替」の詳細については本書第一章を参照していただきたい。
(38)北林雅洋氏他「久米通賢の『モノづくり』～主に製糖技術について～」（『近世科学技術のＤＮＡと現代ハイテクにおける我が国科学技術アイデンティーの確立』、二〇〇七年）。
(39)松浦文庫（瀬戸内海歴史民俗資料館蔵）。なお吉本弥之助については、川畑進・津山喜市氏共著「西光寺支坊と久

(40) 米通賢の墓」（坂出史談叢書・第壱輯、一九五二年）には、「普請方御目付役を勤め、久米翁坂出浦御普請の時、藩主より勘定吏仰付けられて坂出に来り、倹約を奨励した」と述べられている。
(41) 「穆公遺訓諸役書記」（前出『香川県史9・近世史料Ⅰ』）。
(42) 「吉本弥之助書状」（資料番号D—二六四—八）。
(43) 右同（資料番号D—一九四）。
(44) 三八一ページ。
(45) 「北村左七郎書状」（資料番号D—二六四—三九）。
(46) 右同（資料番号D—一六八）。
(47) 『増補高松藩記』三八一、三八四ページ。
(48) 「柏野屋市兵衛・住屋四郎右衛門書状」（資料番号D—一二三—二）。
「柏野屋市兵衛書状」（資料番号D—一二三—一）。

Ⅱ部　丸亀藩

第五章　丸亀藩の藩札と国産統制

はじめに

諸藩において藩財政難克服の方策の一つとして、藩札の発行を実施することが多かったのはよく知られているところであり、また藩札が領内の国産統制と強く結びついていたことも指摘されている。丸亀京極藩は西讃岐に位置しており、万治元年に成立した石高六万一五一二石余（内飛地として播磨に一万石、近江に一四四五石を領す。元禄七年に支藩多度津藩一万石が成立）の小藩である。宝永二年に藩札を発行したが、これは全国的にみて早い方に属する。しかし丸亀藩の藩政関係の史料が皆無であるため、藩札発行のいきさつは勿論のこと、その後の藩札と藩財政や国産統制との関係については、これまで殆んど明らかにされていないのが実情である。

藩政史料ではないが、丸亀領内の庄屋・大庄屋の御用日記たる「覚帳」に、幕末期の藩札に関する史料が散見される。それとても御用日記という性格上、藩札流通の実態を全体的に明らかにできるとはいえないが、幕末期の丸亀藩における藩札の状況や国産統制との関係について、ある程度のことが理解できるように思われる。しかしながら、讃岐三白といわれるように、丸亀領内では塩・綿・砂糖の生産が盛んであったが、これらの国産の具体的な状況やそれに対する藩の統制策などについても、今後明らかにしなければならない点は多く残されている。したがって本章はあくまでも限られた史料からみた、丸亀藩の幕末期の藩札の状況や国産との関係について、素描を試みたにすぎないものであることを最初に断わっておきたい。

一　藩札の発行と流通

丸亀藩で藩札が発行された当時の藩財政の状況は明らかでないが、これより六年前の元禄十二年に領内へ、丸亀城下は銀八〇貫匁、郷中は一七〇貫匁、播磨の網干領に一五〇貫匁の計四〇〇貫匁の御用銀が課されており[1]、藩財政は悪化しつつあったと思われる。

時代は下るが、明治四年に丸亀城下町人の能登屋与右衛門が藩へ差し出した「口上覚」に、藩札発行のいきさつを次のように記している[2]。

元禄之頃、御上様ゟ御為筋之義聞合可申様被為仰付、依之先祖与八郎向地へ渡り、上方諸方承り合候内、作州松平備前守様御用達ニ出会、何角咄合仕候処、備前守様御方ニも近頃銀札御仕立有之候、御国元ニ於テも銀札御取立被為成候ハヽ、御為筋ニも可相成様承候故、急罷帰り右之趣奉申上候処、御上様御満足ニ被為思召上、乍併御他国銀札有之国々、弥為筋宜候哉否之処、得と聞合可申様被為仰付、是又得と承合候処、何国ニ而も御為筋宜と申義ニ付、夫々村々端々迄御触示ニ相成候処、一統御銀札御取立ニ相成候ハヽ、難有仕合之段願出、依之元禄十四年江戸御表江御願立被為遊候ニ付、木村茂右衛門様御骨折被為下、先祖与八郎義度々往返仕候、其砌御老中酒井雅楽頭様江与八郎内願之趣、木村茂右衛門様ゟ御執成厚被為下候ニ付、初願ゟ五ケ年振宝永二酉御聞済被為仰付、難有御請奉上候、（下略）

この「口上覚」によると、丸亀藩の藩札発行には能登屋与八郎の尽力が大きかったようである。元禄十四年に幕府へ藩札発行の許可を願い出て、四年後の宝永二年に認められた。そして藩札は九月二十三日から通用が始まり、藩札に関する業務は一切能登屋与八郎が行うことになっており、「於宅表口家根之上、御紋付染入幟ヲ建置、銀札場と相記、専御銀札貸渡ニ相成、日ニ増御繁栄仕候」と、与八郎宅が銀札場となっていた。(3)

この宝永二年九月からの藩札の流通に関して藩から出されたのが次の「覚」である。(4)

覚

一当月廿三日より御領分中札つかひに被仰付候間、売買其外諸色金銀之取遣札にて通用可仕、金銀ニてハ一切取やり停止之事

一取遣仕候面々、右之日限前、札場江金銀持来、札場にて札替請取通用可仕候、尤面々遣用心当程宛員数ハ勝手次第、段々幾度ニ而も札ニ替請取可申事

一他国之者売買に参候節、其日帰にて参候共、金銀ニ而ハ一切取やり(不脱)可仕、但シ一日とも逗留仕候ものハ、札にかへつかわし金銀遣仕間敷事

一漁船他所之者と出合、沖あいにて魚商仕候共、札にて通用可仕事

一銀百目持来候ハヽ、札百壱匁相渡シ可申候、札百弐匁ニ銀百目替遣し可申事

一金子并銭相場に応し、銀同前ニ歩合ニて可相渡事

一内証にて札と金銀替候義堅禁制、金銀と札と取替候義ハ惣而札場にて替候義相極候事

一諸色銀納札にて上候分、百目ニ付弐匁歩相添可差出事

一米麦大豆代百目ニ付、弐匁宛歩相添渡可申事
一借銀返弁之義、只今借来之分、返納之時者百目ニ弐匁宛相添返納可仕候、此已後借銀之取やりハ歩合有之間敷事
一買物代諸職人等江つかわし候札、不及歩事
一江戸勤用意路銀・駄賃銀、又ハ他所へ之使者飛脚、他処へ之初尾之分、金銀にても可相渡
一金銀給被下候面々、只今迄取来之分者、札百目ニ弐匁之歩相添相渡可申候、新規之分も旅役ハ右同断、新規之御国役ハ歩不及事
一召仕之男女給銀、札にて可遣、但他所へ参候者ハ其旨聞届、歩あひ相添可遣、他所へ不参分者歩なしに可遣事
一勘定場にて御用ニ遣候札、惣並同前事
一札場包銀拾匁ゟ上ハ包ニ仕、拾匁之内ハ手包にても相対限見改、取替可仕事
一札包百枚ゟ上ハ包ニ仕、百枚ゟ内ハ、相対にて取やり可仕事
一銀包賃只今迄之通、百目ニ付弐分五厘宛、札包賃も右同前事
一弐分迄之札有之ニ付、壱分九厘ゟ以下銭遣用捨、但当分小札出来合不申間、九分九厘迄ハ用捨、出来揃候已後、右之通壱分九厘以下銭遣用捨事
一損シ札ハ札壱枚ニ付、弐匁宛持参り候ハヽ、札場にて新札ニ替可遣事、但シ札之判印共に、かひ〳〵き(し脱カ)わかり見へ不申分ハ替遣不申事
一似せ札仕候もの勿論可為重科、相知レ候ハヽ、急度可申訴事
一内証にて金銀取遣り仕、札を不用族有之におひてハ、曲事可申付事

一札通用之定法、札場江申付置候間、札場より裁判相背申間敷、歩あひ等其外にても尋申度儀、札場にて承可
請差図事
一札出来揃不申内、札不足有之候間、勘定場より仮り札にて通用可有之事
一札場江大勢差つとひ候節せりあひ、不意之無礼等可有之候、相互ニ堪（勘）忍仕、口論に及申間敷候、并札場門外ニ
大勢立とゝまり、出入之妨仕間鋪、奉公人たりといふとも理不尽の仕形仕間敷事
右ケ条之趣、御家中御領分、町・在・山分・浦々・島々迄相守可申者也

宝永弐乙酉年九月日

長文になったが、藩札流通の状況を知るために引用した。藩札の種類は明らかでないが、これ以後領内では正金銀の通用を禁止して藩札のみとしており、他領商人との売買や漁船の取引についても藩札使用を命じている。なお発行から二か月後の十二月に、「先頃銀札通用之触事に、当分者小札出来合不申候ニ付、九分九厘迄銭つかひ用捨、小札出来揃候以後、壱分五厘以下銭つかひ用捨と有之候、弐分迄之小札致出来、尤札場に有之候間、当月五日より者壱分九厘迄銭つかひ用捨、弐分以上者札にて通用可有之候」との通知が出されており[5]、小札の二分札まで発行され、一分九厘以下は銭での取引をすることになっている。

二年後の宝永四年十月に幕府は藩札通用を禁じたため、丸亀藩でも藩札通用を中断し、「先年銀札通用御停止以後、残り札致所持候者有之候ハヽ、銀子ニ引替可被遣旨」とあるように[6]、藩札は正銀に引き替えられた。能登屋与八郎の藩札通用二年間の整理によると、「御徳用」が銀三四七貫九二〇匁あり、これから「御銀札諸事入用」の藩札通用に要した諸経費を引いた残りの二三七貫九五二匁余が収益ということになっている[7]。

享保十五年に幕府は藩札発行の禁止を解いたため、八月に「来月四日より御領分中札つかひに被仰付候間、売

買其外諸色金銀取やり、札にて通用可仕、金銀にては一切取やり停止事」と、再び藩札を発行することにし、具体的方針は「取やりつかひ方之儀ハ宝永弐酉年御触之通り」とあるように、先の宝永二年の藩札発行の方法によることにした[8]。「札引替」は観音寺は升屋甚右衛門方、丸亀近在は能登屋与八郎方で行うことにし、かれらは「銀札場元〆」（または「銀札場請元」）と呼ばれた[9]。

翌十六年四月に、「金銀吹替之風説」が広まったため、「早速上方表聞合被仰付候、右虚実返答相聴候迄之内、於札場銀売札売共相止メ可申」、と藩札引替を中止することになり、その間は「御領分中札つかひ」でなく、「銀取交通用仕候義者御構無之」とあるように、正銀の通用も認めている。このような状況の中で、四月十三日頃に「銀札通用相止、是迄被差出候銀札捨り申義と心得候而、触をも不相待町中及騒動ニ、剰右混乱を幸ニ仕、商売之米穀等銀札ニ而者売不申由、又ハ銀札ニ而者俄ニ直段を上ケ申族、多ク有之由相聞候」と、丸亀城下で騒動が起こり、藩札に対する信用がなくなっている。この騒動の具体的内容は明らかでないが、四月末に藩庁は幕府の「金銀吹替」はないとの判断をし、再び札場で毎日藩札の引替を行うことになり、正銀通用は禁止された。

二年後の享保十八年になると、「当春以来銀札場銀売以ノ外夥敷有之、有銀払底申候、依之急ニ上方江銀才覚ニ差遣候、相調候迄之内ハ、暫引替之義延引可仕候、才覚相調次第引替通用可被仰付候、右引替被仰付候迄ハ、金銀銭通用可仕候」と、引替正銀不足により藩札引替を中止し、再び金・銀・銭通用も命じているが、三か月後には札場の正銀との引替に持参した藩札高の二割を渡し（但し一〇匁以下は全額引替）、残り八割は札場へ預けて置くことにし、金・銀・銭の通用は禁止している。残り八割の藩札は「先頃申付候日限定之通、二歩通宛引替相渡シ可申事」とあって、日を決めて順次二割ずつ引き替えられたらしい。このように享保十八年に藩札との引替正銀が不足しており、藩財政難が深刻化していたようである。

その後寛保二年四月に幕府から認められていた藩札通用期限を一年残し、「銀札場并諸方指支ニ罷成候段相聞、沙汰之限ニ候」として、藩札通用が中止され、「正金銀銭ヲ以通用」となった。しかし翌三年九月に新たに幕府から通用が許可されるや、藩札発行を復活して藩札引替を開始したが、新藩札ができるまで「三野為右衛門裏判ニ而仮札」を出すことにし、藩札通用は従来どおりの方法によるとの方針を出した。この時四分札・五分札の発行は中止された。

これから六年後の寛延二年は「銀札通用被仰付候以来、金銀取遣り之義停止之段、度々被仰出候処、近年猥ニ内証ニ而割合之高歩ヲ取、金銀通用仕族多、銀札場へハ年増ニ寄銀少ク」となっており、藩札通用が円滑に行われず、正金銀が通用しているという状態であった。そして「近来ハ内々ニ而猥ニ金銀取遣り仕候族有之趣ニ付、追々存寄申達被相触候処、剰悪説申触売買ニ至迄及混雑候趣令承知、重々不届之至ニ候」として、一日の引替高を正銀一〇貫匁に制限するように、「銀札引請之者」(この頃も丸亀城下と観音寺に置かれていたのであろう)に命じている。このように藩札の信用が薄らぎ、正金銀での取引が行われ始めてきているのがわかる。そしてこのすぐ後と思われるが、「加印札」との引替が実施されている。これは藩札の信用を維持しようとする一つの方法であったといえよう。

宝暦に入った頃と思われるが、丸亀城下および観音寺や「在中」で、藩札をめぐって騒ぎが起こっているのが次の史料からわかる。

備前福山銀札引替停止ニ相成候由之沙汰、昨晩申触候、御当地御城下町内相騒キ申候ニ付、早速御町奉行中ゟ急度被申付相鎮り候、右ニ付在中観音寺者猶更混乱いたし候趣相聞候、此元銀札場において御引替相滞候義者決而無之候、若悪説申触騒せ候者於有之ハ、吟味之上相知次第急度申付所有之候そしてこの翌年と思われる宝暦三年頃に「銀札場改め」が行われ、「銀札通用方不宜、世上難義之筋相聞、依之此度相改候而引替滞無之事ニ候」として、「昼夜之無構望次第引替有之」ることになっており、銀札場での引替を積極化する方針がとられている。以後正金銀の流通は認めず、藩札のみの通用によって領内での諸取引が行われていった[10]。

これ以後の藩札の流通状況や藩財政との関係などについては明らかでないが、砂糖について、文政八年に「以後積出并出入之節者、最寄番所江有躰ニ申出、銀売之分者早速札場江両替有之度」とあり[11]、国産たる砂糖代金の札場での藩札との引替が行われている。また「天保年中迄者金銀融通も好く有之候」、「乍去上下奢ゟ衰弱ニ及候事ニ候得とも、又打揃ひ不自由を辛抱倹約相続候ハヽ、終ニ復天保之度盛美之所江戻候儀も可有之[12]」、「御改正後文政天保之間一枚《ママ》質素之風行れ、且世上ニ異変之沙汰も無之、金銀潤沢融通能」くとあって[13]、天保頃には藩札の通用も円滑に行われていたようである。

幕末の安政二年から、藩札に関する政策が出されているのがある程度わかるので、以下それらについて述べていくことにする。なお領内における藩札のみの通用は、安政六年に「兼而札遣ひ申達有之候儀ニ付、御領分中融通高者都而銀札可令通用旨」とあって、その方針は幕末においても引き継がれている。

二　安政二年の「封札」

安政元年五月、ペリー来航後の混乱の中で、丸亀藩は「此度異国船御手当」として御用米を課した[14]。「異国船御手当」とはペリー来航に際して佐脇内匠が藩士二〇〇名を引き連れて出府し、江戸警備を行ったことをさしているのであろう。二年後の安政三年にも「御勝手向極御差支ニ被為致候、夫と申も臨時御入箇筋追々差湊《つどい》、其度毎自他御借銀相嵩、且又異国船渡来後者、諸国金銀不融通ニ而必至と御差支之上、去冬江戸表大地震ニ付又々夥敷御出方、其上尚又此度御大役被蒙仰候ニ付、少なからざる御上納金ニ而実ニ重々之御入箇」であると、以後三か年間にわたって銀七〇〇貫匁の御用金を課した。引用史料にある江戸大地震によって、丸亀藩は上屋敷・下屋敷が大破しており、また「此度御大役」とは安政二年十二月に炎上した京都御所の造営手伝普請のことである。⒂

このように安政の前半頃に丸亀藩は財政支出が増加しており、安政二年に以後五年間の倹約政治を命じているのは、⒃藩財政難への一つの対処であったが、この背景には、「追々相弛、衣食住制度不相立、上下分限を越候様成行、士民町人共懐を破り、御国内金銀不融通、他国江払抜ニ相成」というように正銀不足があり、藩札と正銀との引替も「成尺《なるだけ》遂省略日々都合見計候而引替」と、その額を制限されていた。そして正銀の流出防止のために、「入津物者飽迄令減少、十ニ八九迄も国産物ニ而為相済度」とあるように、領外産物の買入を抑えようとしている。⒄

また正銀との引替が制限されていたことから、「銀札之位悪敷、猶又不正之輩人気ヲ狂し、一己之利欲ニ立廻り候者も有之候、旁銀札尊重之意薄、米穀初メ諸品法外之高価相成」と、⒅藩札の信用低下にともなうインフレ状態となっていた。したがって安政期の丸亀藩の財政・金融政策としては、正銀の獲得と藩札の信用回復が大きな課題であったといえよう。

安政二年五月に、藩札の信用が落ち領内がインフレ状態となっていることに対して、次の封札の方針が出された。⒆

…当春相改格外大倹約被仰出、上御暮方ゟ御家中市郷末々迄厳敷取締之儀申達置候、右ニ付而者追々引替も致遣度、色々令手当候得共、前文之通諸国共不融通之中ニ付、急々調候物ニも無之、勿論永続別条無之銀札

ニ付相守、尽辛抱候儀者先達而も委曲申達置候得共、兎角ニ危ミ候段も無理と者不存候、全充分之両替無之故、自然与見落万品益高相庭《（場）》ニ成行候、依之今暫く之内於上ニも用意札拵処相休、且当用之外者片付置可申候、依之

一銀札余分ニ所持之者者当分御預り被成候、勿論決而上御遣ひ方ニ被成候訳ニ而者更ニ無之候間、員数之所可申出候、左候ハヽ、役人共立会改之上、持主々々江其儘相預ケ致封印置候、尤暫し之事ニ者候得共、居《（据）》置候処気之毒ニ存候之間、田地相求候心持ニ而、三朱五厘之利銀御下ケ被成候、且郷分者手遠之儀ニ付、右朱分御年貢正米歩当之内ニ而直く割配可致候、町方之処ハ銀札場ゟ右朱分御下ケ被成候、将又右札入用有之節者申出次第開封致遣可申候、其内ニも札之勢立直り候ハヽ、聊無相違御下ケ可被成候、畢竟狂ひも為立直候御趣意ニ有之候条、与得承伏可有之候、御領分之者共一致シテ衆力を合、尽精魂を候ハヽ、不日ニ取直可申哉、左候ハヽ、上者勿論下万民御他邦迄之迷惑筋相省キ、安穏之場へ可至与存候、（下略）

藩札を余分に所持しているものはそれを銀札場へ預けるかまたは封印して各自で保管すること、封札に対しては利銀として封札高の三分五厘を渡すこと、郷中については利銀を年貢米で決済すること、必要があれば申し出次第に開封すること、藩札の信用が回復すれば全額を返済することなどがその主な内容であった。

封札ははじめ強制ではなかったが、のち高掛り、人別顔割によって郷中に割り当てられた。安政二年十二月に封札三〇〇〇貫匁が決められたが、そのうち高掛りは実高六万三〇七三石余に対し、一石につき五匁として三一五貫三六五匁、人別顔割は残りの二六八九貫六三五匁であった。人別顔割とは「人別柄」への割当のことで、ある程度以上の生活水準にあるもののことをいっており、その資産に応じて割り付けられた。この封札の期限は翌三年の四月までであった。また安政三年四月にさらに人別顔割として九〇一貫八六〇匁の封札を秋に行うことが

表1　封札高の組別内訳

	高掛り（安政2年12月）	人別顔割（安政2年12月）	人別顔割（安政3年4月）
	貫 匁分	貫 匁	貫 匁
櫛無組	36.449.2.	380.600.	137.100.
弘田組	46.856.5.	466.000.	45.020.
上高瀬組	81.105.0.	723.200.	26.600.
比地組	37.985.5.	430.100.	17.000.
庄内組	2.765.3.	33.000.	6.500.
庄内三ケ浦組	2.179.5.	20.500.	4.390.
中洲組	46.899.3.	768.100.	294.750.
和田浜組	49.317.2.	663.200.	262.100.
大野原	6.947.2.	104.900.	108.400.
福田原	560.3.	6.500.	——
	315貫365匁	2689貫635匁	901貫860匁

安政3年「覚帳」より。

決まっている。この二回にわたる封札の組別の内訳は**表1**のとおりである（組には大庄屋が一人置かれた）。高掛り封札は銀札場へ預け、人別顔割封札は各自で保管することになっている。封札の利子は安政二年五月分の封札の場合は銀札場で利銀が支払われたが、同年十二月以後の強制封札分については、一石につき銀一〇〇匁の相場で年貢米銀納分で決済することにしている。

そして安政三年三月には封札の実施とともに藩札の信用回復のため、「相庭（場）之儀者大体諸国一様之物」であるにもかかわらず、丸亀領内のみ「法外之高直」で取引しているのは、「全銀札を令軽蔑」ているからであるとして、これからは「銀札を令尊重金相場ニ為突合致売買」すること、領内で藩札を使用せず正銀で取引するのは肥料などの他領からの交易品に限り、産物会所の許可を得て行う以外はすべて禁止することを命じている。[20]

安政四年にも「此度被仰出候封札之義」とあり、この年にも封札が命じられているが、実際の封印高は予定高の六、七割程度であり、中には「用捨延引等を歎出候者」もいた。[21] 同年十一月には「近来金銀不融通銀札不景気ニ相成候ニ付、市郷封札之義申付候処、一統相畏り追々封札ニ相成、銘々宅江御預ケ被成置候、右ニ付追々札勢も立直り其功験も相見へ候」とあり、[22] 封札実施の効果はある程度上ったようであるが、翌五年十一月には、「札勢引立兼而郷中顔柄之者共江相応封札申付候所、其砌者引立候之様相見江候得共、猶亦追々衰弱之姿ニ相成、如何候事哉と疑敷罷在候」と、また「衰弱之姿」になっており、翌六年に入ると封札の実態を確認する「郷中封札改」が行われている。この年四月以降になると、封札を献上するものが多くあらわれてきている。[23] さらに文久二年十一月には封札利子の三か年間献上の方針を藩は出している。[24] なお丸亀城下の総封札高は一六七四貫七一〇匁で、このうち八九八貫五七二匁が献上藩札であり、残り七七六貫一三八匁が各自所持の封札であった。[25]

次の史料は安政四年に多度郡大麻村の百姓武兵衛が藩へ差し出した口上書である。[26]

一昨辰年御封札壱貫目被仰付候処、有銀無之候ニ付、家宅売払相封置候処、又昨巳年四百目御封札被仰付候処、最早才覚も難調候間、御歎可奉申上と精々思慮仕候処、重御達之処相洩候段者奉恐入候間、無拠伝来之田地売払御封仕候義ニ有之候間、以後逼塞被為仰付被下度旨御願奉申上候処、却而御称美被下、御領分一枚（ママ）之手本共可相成様被仰下、其上御褒美被為下候段冥加至極難有仕合奉存候、尚以御国恩之程難忘レ奉存候ニ付、右御国恩奉報候と申程之義ニ者無之候得共、当年分御封札壱貫四百目尺此度上納仕度奉存候間、乍恐此段宜御執成被仰可被下候、以上

家屋敷や田地をも売払い、生活を困窮させてでも封札は割当どおり揃えなければならなかったし、またそれが藩から賞讃されているのである。

三　藩札と国産

讃岐では塩・綿・砂糖が讃岐三白といわれ、近世の国産として生産が盛んであった。丸亀藩では塩の生産が近世初期から行われていたが、高松藩にくらべると塩田の開発はそれほど大規模ではなかった。元禄頃から盛んであったのは綿の生産であり、元禄八年に城下での夜間の綿打を禁じ、また九年後の宝永元年には他国商人が綿を買入れに農村へ出かけることを禁じ、同七年には城下の繰綿問屋に唐津屋清治郎を指定している[27]。時代は下るが寛政五年には「当地毛綿大坂表へ前々ゟ積登、追々過分出候ニ付、彼地ニても出情取捌居候」といい[28]、これ以前から大量に木綿が大坂に送られていた。そして文化四年に「御当国御存知被為下候通、木綿売代ゟ外他国ゟ銀入候義者無御座候ニ付、近年困窮ニ付自然と木綿作余計仕付申候、（中略）、当年木綿不作ニ付、御当国江例年他国ゟ入銀減少之義者何千貫目と申程之義、積りも不相成候義ニ御座候而、百姓共一統十方ヲ失ひ申仕合ニ相違も無御座」くとあるように[29]、丸亀藩第一の国産となっている。のち文政三年には農村での他国商人への綿売渡し禁止、他国商人へは城下・観音寺・仁尾・和田浜の綿問屋からの売渡し、他国商人の積出し綿への運上銀賦課などが行われている[30]。

また綿と並んで近世後期に丸亀藩の特産品となった砂糖は、寛政頃に生産が始まったといわれる[31]。その後文化九年に藩は、「近年村々少々宛砂糖作有之趣相聞候間、夫々書付差出候様、尤村方ニ寄聊つゝ之植付而已ニ而製法者無之、其儘手寄之製法等江差送り候向も可有之、右様植付而已之村方者申出ニも不及候得共、大小ニかきらす製法之上売ニ出候程之村々者、仮令一村ニ壱軒有之候共不洩様御書出有之候様」と、砂糖製造の実状調査に乗り出しており、砂糖生産が広まり始めているのがわかる。そして大坂へ積み送る砂糖は大坂西横堀藤右衛門町の布屋伊右衛門へ送ることにし、もし取引が整わない場合には大坂以外の地で売り捌いてもよいとした[32]。

のち文政三年には「御領分制作（製）之砂糖、是迄者所々川口ゟ積出等之義、勝手次第に取扱来」っていたが、砂糖が「近来御国産之品ニ而不〆之趣相聞」くとして、詫間村の土佐屋常蔵を「御領中村々出来之砂糖取締之義御吟味方」に任ずるとともに、「向後川口江積出者勿論歩行荷之分共、運上者御用捨被成候間、於〆元車一輌ニ付一ケ年銀拾匁宛為差出、取立方之処も右常蔵江申付候様」と[33]、これまでの川口運上・歩行荷運上にかわって、砂糖車運上の取立を常蔵に行わせている。文政五年になると、「御領分制作（製）之砂糖売捌之儀、是迄勝手々々取扱来候之由、素ゟ売躰之義ニ付色々捌方之成行等も可有之、然ルに少々御含筋義有之、此度当町竹島屋万蔵右買取と申て、廻村之上銘々へ可及掛合儀も有之候間、相対之上相当之直段ヲ以売買可然」しと[34]、城下町の竹島屋万蔵の領内砂糖の買入を認めている。そして文政八年には砂糖代金の正銀を札場で藩札と引き替えさせようとしているのは先述したところである。

その後、弘化元年十月に「砂糖会所」を「産物会所」に改めたとの記事があるが[35]、両者がどのような役割を果すものであったのか明らかでない。安政二年十月になると、これまでの城下の産物会所のほかに、善通寺・観音寺・和田浜・仁尾浦にも産物会所が置かれ、これらの会所では「産物方ニ而御買上ニ相成候残諸品、銘々勝手ニ積出、米干鰯等交易又ハ売払共、勝手次第手広令売買、右金子相成候分者入用尺ケ引除、残金亦者当時入用無之分者、不残銀札場江相運ひ候ハ、、代り差下可申」しとあって[36]、産物方で産物を買い上げているが（産物方買上げの具体的内容は明らかでない）、「買上残之分」は領外への積出は認められており、その代金は必要分を除いて藩札と引き替えることになっていた。そして和田浜会所・観音寺会所へ領外積出砂糖が送られているように[37]、産物会所を通しての領外移出が許されており、産物会所を経由しない産物は抜荷として扱われた。

先述のように産物買上の対象となっていたものは、買上残りの領外売払代金は必要分を除いて銀札場に納めねばならなかったが、これ以外の「交易之品」についてもその代金の二割を正銀で納めることにしている。[38] このように安政二年十月の城下を初めとする五か所の産物会所の設置は、買上産物の取扱については不明であるが、領外積出産物の統制を行うことを狙っていたのであり、これを通して売払代金の銀札場への確保を図ろうとしたものであったと思われる。

また正銀の確保として安政三年六月に葉藍の売払代金の藩札との引替が行われている。丸亀藩内で葉藍の生産がいつ頃から始まったのか明らかではないが、木綿の生産が盛んであるため染料としての藍の需要が多かったのであり、幕末には領外に積み出すまでに生産が高まっていた。当時葉藍の積出は先述の五か所の産物会所を通すことになっていたが、葉藍の領外売払代金の二割五分を銀札場へ納めさせ、その代わりに藩札を渡すというもので、残りの七割五分は「他処交易当」として藩札との引替は強制されなかった。丸亀藩では「国中へ入金之分者古来より御定法通、悉皆於銀札場ニ銀札引替可申」と、領内に入ってくる正銀はすべて藩札と引き替えるという方針であったが、そのとおりにはなかなか実施できず、せめて葉藍は売払代金の二割五分にあたる正銀を納めさせようとしたのであろう。しかし翌月には「一番藍売買之砌ニ有之候処、一向金納せしめ候者無之由」とあって。二割五分金納も行われていないような状況であった。[39]

ところで丸亀藩における安政期の綿と砂糖の生産状況について述べておこう。安政三年頃の稲作、砂糖作（甘蔗＝さとうきびの植付）、綿作の面積は**表2**のようになっていた。寛政元年の丸亀藩の実高六万二〇八二石余（飛地分は除く）の面積は七四三八町七反六畝余であるから、[40] 表中の合計面積五三四〇町余は全耕作地

表2　丸亀藩内の稲作・砂糖作・綿作面積（安政3年）

	町反畝歩
稲　作	3,854.6.8.17.
砂糖作	335.7.9.21.
綿　作	1,149.6.0.17.
計	5,340町3反1畝19歩

「御趣法之儀ニ付御内密申上候口上控」（『香川県史・近世史料Ⅰ』）より。

を示すものではないといえる。それにしても寛政元年の総面積に対して綿作は一五パーセント、砂糖作は四・五パーセントに当たっており、とくに綿作が相当に盛んであったのがわかる。

三野郡上勝間村の安政三年の綿植付面積は一一町三畝余であるが、(41)綿生産者の植付状況をみると（**表3**参照）、一七四名のうち五畝未満が六一名、一反未満が一三七名となっており、零細な規模の植付が多かった。最も植付面積が広いもので二反一畝二〇歩であった。また同村の甘蔗植付面積をみると、安政元年の場合は三町八反三畝余であったが、(42)甘蔗生産者の植付面積をみると（**表4**参照）、八九名のうち五畝未満が六二名となっており、ここでも零細な甘蔗植付の状況を知ることができる。安政三年の砂糖車所持者は一〇名であった。(43)なお三野郡吉津村での天保二年の砂糖生産高は**表5**のとおりであったが、一万七三四三斤の生産高のうち、九千斤余が大坂へ積み送られていた。

安政三年九月になると、綿類売払代金の半高引替の方針が出された。

（前略）、近年御内証極御差支ニ被為至、甚以恐入候次第ニ有之候、夫と申も近年ニ而も御産物品者相応相熟候得共、札勢之意味ヲ以御産物無毎と出抜、其代金御手当ニ不相成候ニ付、昨今年之御繰出、且世上両替之御手当も無之候ニ付、無拠御手口ニ而御産物御買取被成候所、売方者不憚上、過分之高直を申立候得共、不拘其品ニ買取、此節迄御間(ママ)渡被成候所、右御損銀夥敷候事ニ有之候、然ル所早又当暮御繰出之御手当如何可有之哉と、偏ニ当惑心痛罷在候折柄、此節之綿作近年之豊熟ニ而、追々取入居候由ニ付而者、繰と成篠巻と成綛糸木綿共相成、又銘々着料も令用意候得共、先繰ニ古着不用ニ可相成、此品々追々盛ニ売買道行れ候得共、其代金夥敷事と存候間、綿一品ニ而も其代金不残買取候得者、御繰出且両替等十分ニ可相調候得共、金相場之銀札ニ□金令才覚候而者、札勢ヲ此上ニも持崩、又其御損失銀ニ而、此先キ々(ママ)益御差支ニも可相成候得者、右之品々代金之内半高五割尺つゝ、御札場ニ而銀札ニ引替申付候ハヽ、一時ニ者寄不申候得共、追々ニ者御繰出両替等之御手当ニ可相成候、（下略）

表3　上勝間村の綿作植付面積別人数（安政3年）

1畝未満	3
1畝以上～5畝未満	58
5畝～1反	76
1反～1反5畝	28
1反5畝～2反	8
2反以上	1
計	174

「綿作畝数改并金納取立帳」（安藤辰夫氏蔵）より。

表4　上勝間村の甘蔗植付面積別人数（安政元年）

1畝未満	1
1畝以上～5畝未満	61
5畝～1反	18
1反～1反5畝	7
1反5畝～2反	2
計	89

「砂糖御冥加銀割帳」（安藤辰夫氏蔵）より。

表5　吉津村の砂糖生産高（天保2年）

砂糖類製作高	1万7343斤
白砂糖	4683斤
	但，2600斤・摂州大坂表へ売捌申候 880斤・御領分最寄の村々へ売捌申候 1203斤・未売捌申さず候
白下地	9804斤
	但，5800斤・摂州大坂表へ売捌申候 690斤・御領分最寄の村々へ売捌申候 3314斤・未売捌申さず候
蜜	1560斤
	但，936斤・摂州大坂表へ売捌申候 624斤・未売捌申さず候

「甘蔗作高砂糖製作高書付」（前出藤村家文書）より。

「当暮御繰出之御手当如何可有之哉と、偏ニ当惑心痛罷在候」と、藩財政の支出を確保するために、繰綿・篠巻・綛糸・木綿の「代金之内半高五割尺つゝ、御札場ニ而銀札ニ引替」るというものである。これは「当年尺迷惑ヲ忍令辛抱呉度」とあるように、この年だけの予定であった。具体的には「当年之処積出物代金之内、五割尺者構会所伝、此表銀札場江可上納候、入金相場之銀札ニ引替可遣候、残り金之所ハ他所品交易として銀札引替之義者被成御免候事」というものであった。

この半金引替は「御産物品々下方取扱趣法向ニ当り、先当年之処、実綿繰綿篠巻古手等ニ当り」とあるように、領内の主たる国産に対する「産物趣法」の第一歩であった。したがってこの時に綿類に関する規定とともに、産物会所によって領内の産物の移動を把握することを目的に、産物の運搬を担当するために各会所に置かれた荷夫の役割について通達を出している。なおこの頃藩札との引替は、「御産物売買之者者右日数ニ至候得者、無容捨取立可令上納候事」とあって、綿類以外の産物代金の藩札引替も行われていたようであるが、詳細は不明である。[44]

綿類代金の五割金納は、「生綿御趣法之処ニ当り、御見込通金納ニ相成居不申」と予定したようには進んでいなかった。[45]このため安政三年十月にはいると、新たに当年限りとして「産物趣法金納」が実施された。その内容は次のとおりであった。[46]

一葉藍趣法是迄之通弐割五分金納
一綿類五割之金納相止メ、作畝壱反ニ金三歩金納申付候
一砂糖作者一挺前ニ付日数三十日ト見テ、金三拾両つゝ金納申付候
右之分金納夫々村々庄屋役人共取立、丸亀銀札場江令金納相場之代札受取可申候

つまり葉藍二割五分金納は続けるが、綿類半高金納は止め、代わって綿作畝一反につき金三歩、砂糖は砂糖車の締め日数三〇日に対し一挺（砂糖車は輛ともいう）につき金三〇両を納めさせ、代わりに藩札を渡すことにしている。また甘蔗についても、「御他領江自然甘蔗売払之分者、作畝壱反ニ付金弐両弐歩金納可申付候、勿論御他領ゟ入作之向ニ当り候而も同様金納と可相心得候」とあるように、(47)植付面積一反について金二両二歩を金納させた。のち砂糖車は二〇両に減っているが、一〇両は即納し残りは十一月一日と十日に五両ずつ、綿は二歩を即納し残りの一歩を十一月一日に納めることにしている。(48)

この産物趣法による金納高は一万五〇〇〇両であり、このうち四〇〇〇両は十一月二十二日と同月二十七、八日の二回、七〇〇〇両を十二月十五日までに納めさせる予定であったが、十一月二十一日には一〇〇〇両しか納められておらず、「江戸表大為替金、来ル廿五日迄ニ御送り出不被成而者、御上向御用御差支」えるとして、早急に金納をするよう催促している。しかし年末になっても、「追々御銀札場江相納候由被成御承知候得共、其余過半不納之村方も有之」という状態であり、「早春早々致皆納候之様、村々ニ達方之義宜取計可被成」くとの通達を出している。(49)

金納の具体例を上勝間村で見てみると、砂糖車については**表6**のように、一〇挺の砂糖車に締め日数に応じて金納高が決められ、計八三両二歩となっている。そして十一月から十二月にかけて五回にわたって五〇両を納めているが、残りの三三両二歩は「御用捨」を願い出ている。また綿作については**表7**にあるように、綿植付面積一一町三畝余に対して金五五両二朱と銀二匁九分六厘が割り当てられており、十一月から十二月にかけて九回にわたって三四両と二匁九分六厘が納められているが、残りの二一両二朱については砂糖車と同様に「御用捨」を願っている。

翌安政四年の正月には、「江戸上方表大為替御繰出当テニ、郷中綿砂糖ニ当テ金納趣法筋之義申達置候処、少々

表6　上勝間村の砂糖車金納状況
（安政３年）

	金　納	締め日数
	両 歩	日
善八	11.0.	22
幸右衛門	12.2.	25
好兵衛	8.2.	17
与左衛門	10.0.	20
源治	9.2.	19
慶治	7.2.	15
健左衛門	5.0.	10
七左衛門	6.2.	13
常八	6.2.	13
与吉	6.2.	13
計	83両２歩	
内，11月10日・2歩上納 11月16日・10両2朱上納 12月８日・2両3歩1朱上納 12月14日・2歩上納 12月16日・36両上納		
〆50両		
残，33両２歩・当年柄御下察成し下させられ，御用捨御歎き申し上げ呉れ候様申し出		

「砂糖車金納帳」（安藤辰夫氏蔵）より。

表７　上勝間村の綿作金納状況
（安政３年）

綿畝〆11町０反３畝10歩 此金55両２朱・２匁９分６厘
訳，51両１歩２朱・金 268匁８分３厘・札 此金３両３歩・２匁９分６厘
内，11月10日・４両２歩上納 11月16日・３歩上納 12月８日・２両２歩２朱上納 12月14日・５両３歩２朱上納 12月16日・３両３歩２朱上納 12月20日・３両３歩１朱上納 12月24日・２両１朱上納 12月29日・８両２歩上納 12月29日・２匁９分６厘上納
計　34両・２匁９分６厘
残，21両２朱・極貧御用捨御願い申し上げ候

「綿作畝数改并金納取立帳」（安藤辰夫氏蔵）より。

宛者追々上納も有之御都合ニ相成候得とも、何様期限定通ゟ者大ニ少数、且遅納ニおよひ候ニ付、江戸上方表共大ニ不都合ニ相成」ると、産物趣法金納の不足によって江戸・大坂藩邸の財源が不足する事態となっている。このため大坂に積み送られる砂糖を抵当に出し、「於大坂表ニ為替等を繰、専心配取計居候ニ付、早々積登し不申而者難相成」として、抵当の一部と思われるが三野郡の上高瀬村に白砂糖三挺、上勝間村に同三挺、佐文村に同一〇挺、下麻村に同一五挺、上麻村に同二挺の計白砂糖三三挺を至急詫間村産物会所へ送るよう命じている。そして「兼而申入置候金納一向上納無之、極御差支ニ相成候間、当月中是非皆納有之候様」と、金納の皆納を大庄屋へ達しているが、三月に入っても「綿砂糖車掛り金納」の不納者の調査をしている(50)。この綿・砂糖車金納は後述の「砂糖大坂積登趣法」の開始後の安政四年四月からは中止された(51)。

四　絞糸寄会所の設置

嘉永五年に丸亀城下の宗古町の太田岩蔵と米屋町の高貴清八から、絞糸を大坂へ積み送って売り捌きたいとの要望が出されたが、藩ではこれを認め、かれらに藩札六〇貫匁を貸与するとともに、絞糸の流通統制に乗り出した。城下に絞糸寄会所を置き、領内各地に設けた絞糸小寄所からこの寄会所へ絞糸を集めるようにした(52)。つまり絞糸寄会所―絞糸小寄所によって絞糸の集荷をはかろうとしたのであり、絞糸寄会所での買上げの際に貸与された藩札が使われたと思われる。そして絞糸寄会所から大坂へ送って売払い、正貨を確保しようとしたのであろう。

この時領内に置かれた絞糸小寄所は豊田郡では観音寺村久保屋文左衛門、観音寺上市浦若松屋国助、室本村山城屋秀蔵、中姫村出来屋林右衛門、新田村久良太、黒渕村角屋植蔵、山田尻村喜多屋貞右衛門（大畑村・北岡村引請）と決められたが、十月には多度郡では弘田村惣七・宇治蔵、善通寺村榊屋栄蔵、下吉田村藤屋馬治（稲木村引請）が絞糸小寄所となっており(53)、絞糸生産の行われている領内各地に小寄所が多数設置されたと思われる。翌六年には小寄所以外で絞糸を買い入れて他領へ積み出すことを禁じ、絞糸はすべて小寄所から城下寄会所へ送ることを命じており(54)、絞糸の統制強化を図ろうとしているのがわかる。

安政三年になると、「上方表ゟ忠岡屋清兵衛綛屋庄兵衛ト中者近々罷越、綛糸引受令世話候趣ニ付、一統出精綛糸多分小寄所江差出、夫ゟ御城下大寄所江持出候様相成候得者、下々繁昌御国中融通之一端とも可相成事ニ付」として、(55) 上方商人忠岡屋清兵衛（堺の前田清兵衛のこと）(56) と綛屋庄兵衛が丸亀藩産綛糸の大坂での取引に乗り出しており、それを機に「小寄処」（綛糸小寄所）―「大寄所」（綛糸寄会所）による綛糸集荷をいっそう強化しようとしている。そして五月に綛屋庄兵衛は「国産綿綛糸売捌方」を命じられ、以後四年間丸亀藩の綛糸の買入とその売捌が許可されている。なおこの頃史料に綛会所の名が出てくるが、綛糸寄会所がその名を変えたのであろう。

こうして大坂との関係が密接になってくると、綛糸の確保のため綛糸生産を盛んにし、綛糸小寄所から城下の会所へ綛糸を迅速に集めることが必要となった。かかる状況の中で豊田郡山田尻村の綛糸小寄所喜多屋定（貞）右衛門は、「何分御城下会所迄運送雑費も相掛り候ニ付、西郷小寄所之者共銘々遠路持運せ相厭候姿」となっているため、「豊田郡小寄所取揃方被仰付候ハヽ、精々相働日々催促取集メ会所江相送候ハヽ、一段御取締ニ相成、他邦ゟ抜買之者も相止ミ、御領中一致御国産相立候様可相成」として、綛糸寄会所への集荷を行うために、「豊田郡小寄所取揃方」つまり豊田郡の小寄所の綛糸の城下会所への運送の引請人になることも願っている。そしてこれが許可されているのは、綛糸の集荷にとって有効な一つの方法であったからだと思われる。この時新たに次の綛糸小寄所が設置された。

豊田郡古川村吉田屋亀太郎（池ノ尻村・三野郡高屋村共引請）
豊田郡萩原村輪治郎（田野々村・有木村・海老済村・内野々村・井関村・福田原共引請）
三野郡比地中村福本屋政治郎
三野郡大浜浦日向屋多七（香田浦共引請）

三野郡上高瀬村達蔵（下麻村共引請）
那珂郡買田村勝蔵（七ケ村共引請）

この後多度郡の吉原村の買蔵、弘田村の宗七が小寄所となっており、各地にさらに小寄所が設置されている。

先述のように、安政三年に入ってから、綛糸趣法に関与してきた堺の商人忠岡屋清兵衛は、「当夏（安政三年）以来令渡海従来綛糸売買令渡世、売躰向至而功者之趣ニ付、当町会所貸渡、御領分綛糸買元依頼承届置候」とあるように、綛糸売買に重要な役割を果していた。この年暮に忠岡屋清兵衛は、城下の綛会所引請歌津屋岩蔵・中島屋清八らと連名で、「御趣法御取締御改革」について上申した。この上申書は採用され、尾崎理左衛門を「趣法筋惣引受」とし、試みに翌安政四年春から二、三年の間実施することにした。その方針は次のとおりであった。

一来ル巳暮ゟ御領分市郷ニも家々女手業之間合ニ而、綿目方五匁以上毎日続（績）出、算綛ニ仕立、当町綛会所又者手寄小寄所江売渡、銀札ニ引替可申候事

一綛糸直段之儀者時々高下も有之候得共、続（績）出之手元為筋ニ可相成様ニ成尺可働旨、綛会所申承置候得者、直段之儀者下方ニ而可令熟談候事

一綛糸遠路ゟ当町会所江持運之者者、相応之賃銭可相渡旨会所申承置候得共、可令熟談事

城下の綛会所や各地の小寄所で綛糸を藩札で買い上げることによって、領内生産の綛糸の独占強化をはかろうとするものであった。(57)

安政四年正月には小寄所の人選や綛糸生産に従事する女子人数の調査が命じられているが、三月になると、

「小寄所之義も村方最寄々々者追々引請方可被仰付候得共、先つ差当り之処者此頃御達之通、村役場引請ニ心得」とあるように、小寄所は「村役場引請」つまり村毎に置かれることになった(58)。のち文久二年には綛糸を直接に生産者から買い入れ、小寄所は、綛会所・小寄所を通さずに船積して抜荷をするものがいるとして、きびしく取り締まる方針を出すとともに、小寄所設置から年月が経っているので、希望するものは改めて綛会所へ申し出て、鑑札を受け取ることを命じている(59)。

五　「砂糖大坂積登趣法」

幕末に丸亀藩で綿に次ぐ国産品であったのが砂糖である。嘉永末頃には大坂へ送られた砂糖はその四割を若松屋嘉平治、六割を大坂砂糖問屋へ荷揚げしていたが、安政元年には砂糖問屋が安く買い上げているので砂糖荷主が困惑しているということで、砂糖問屋荷揚げを止め、その分は自由に売り捌くことにしている。若松屋への荷揚げは砂糖値段の一定高の維持という点から許可されていた(60)。二年後の安政三年には大坂へ積み送った砂糖は灘屋儀兵衛と取引することにしている(61)。若松屋といい、灘屋といい、おそらく丸亀藩と財政的な面での何らかの関係があったと思われる。

安政四年二月に、丸亀藩の砂糖は幕府の許可がおりて蔵物となったため、その流通統制が実施された。この統制に藩札の問題が絡んでいたのはいうまでもないが、その具体的な方法は次のとおりである(62)。

今般御領分砂糖公辺御願済ニ而、御産物御蔵物ニ相成候ニ付、爰元ニ而取捌方積出等左之通相心得可申候

一是迄之御産物寄会所之義者、市郷共都而相止メ、今般相改砂糖会所と唱

丸亀御城下　一ケ処

観音寺　一ケ処

和田浜　一ケ処

仁尾浦　一ケ処

汐木　一ケ処

右五ケ処ニ相限可申事、尚大坂表問屋何軒と定置候間、追々及沙汰可申事

一大坂表者勿論諸国江積出共、右会所ニ而改焼印致、目方台秤ヲ以厳重ニ取しらへ可申候

一大坂登之分者、爰元会所ゟ阿之表（大坂のこと）会所江送り状持参届出、定問屋之内江勝手ニ水揚売捌、尚売仕切為替書付目録等、夫々帰帆之節爰元会所江差出可申候

一定問屋中へ売捌方不働、下直ニ有之候時者、早々会所江申出候ハヽ、会所ニ而問屋之外大坂仲買中手広ニ入札ニ致、高札之方へ勝手ニ売渡し可被申候、是迄と者違、荷主之大ニ強身ニ相成可申間、成ル尺大坂表江積登可被申候

一他国積之分者其所々売場問屋共仕切書、帰帆之節積出候会所江差出可申候

一為替付之荷物者不及申ニ、無為替荷物たり共金上納之義者左之通

白砂糖壱挺ニ付　金三歩

白下壱挺ニ付　金三歩

密《(蜜)》焚込壱挺ニ付　金壱歩弐朱

一運上銀売代銀目ニ弐歩掛り

右之通大坂表会所江上納可致、阿之表会所受取書ヲ以、帰帆之節其積出会処ニ而代り札引替ニ相渡し可申事

一他国積之分者国会所江前条定通、金納運上銀共上納済之上、為積出可申事

一御蔵物（カ）ニ相成候ニ付、大坂登之分当表ニ而運上銀取立不申候間、大坂会所へ相納可申事

一前条定通金納之外、過金者下方ニ而他処払勝手ニ致可被申候

一為替貸之分たり共、右同様過金者勝手ニ取扱可被申候

但し、為替貸之分者、帰帆之節元利無滞、正金亦者銀札ニ而も不苦、早々返済可致事

（中略）

一為替銀入用之者共者、会所付左之組合船頭共へ引合申出候ハヽ、会所より貸渡可申事

但し、利足月壱歩之日割ニ致遣可申候

丸亀御城下会所付

新屋 喜右衛門

庄屋 惣右衛門

汐木右同

松岡屋 津右衛門

仁尾会所付

松本屋 村　次

観音寺右同
熊屋　茂兵衛
和田浜右同
戎屋　政　七
浜屋　儀兵衛
新屋　六郎兵衛
新屋　多　造

右之者共為替貸荷物積組合船頭ニ被仰付候
一無為替之砂糖者、大坂積他国積共、右五ケ所会所ゟ積出ニ相限可申事
但し、積船之義者荷主勝手次第、御領分浦々船々并ニ他国船共引合、宜先々へ積出不苦候事
（下略）

長文の引用になったが、領内の五か所に砂糖会所を置き大坂積や他国積ともにこの会所を通して領外に積み出すこと、大坂での売払砂糖については白砂糖・白下地は一挺（一樽のこと）につき金三歩、蜜・焚込は一挺につき金一歩二朱を金納し、積み出した砂糖会所でこれに相当する藩札を受け取ること、他国積についても大坂積と同

様に金納して積み出すこと、為替銀が必要なものは各会所付の組合船頭を通して会所から貸付を受けることなどとなっている。為替銀は藩札を貸し渡したのであるが、その返済は「帰帆之節元利無滞、正金亦者銀札ニ而も不苦」とあり、正銀での返済が強制されてはいなかった。以上のことから、この砂糖趣法は、為替銀札貸付による正銀返納もある程度は行われたであろうが、砂糖代金の一部を大坂積や他国積にかかわらず金納させ、各会所でそれに相当する藩札を渡すことによって、正銀の確保をはかろうというのがその目的であったといえる。

　このため城下砂糖会所に札元頭取や札元を引き受けさせ、正銀と藩札の引替の総括的役割を行わせることにし、「外四ケ処会所江之触出并ニ諸伺事、同処金銀札取扱向、総而御城下会所ゟ取計」うようにした。そして各会所に通用改方一人、銀札場店手代二人ずつを詰めさせ、「為替銀札貸渡、他処積金納運上銀取立」を勤めさせた(63)。

　翌安政五年九月には前年の方法を修正した。その内容は、大坂の炭屋彦五郎を「掛屋蔵元」としたため、他国積は禁止し砂糖はすべて大坂へ送ること、為替付砂糖は蔵元の炭屋へ「銀掛込」すること、掛込高は砂糖代金の一部を砂糖相場の高下によって決めること（たとえば白砂糖は樽一挺につき下値の時は銀一三〇匁位、高値の時は一七〇匁位）、無為替の砂糖についても為替付と同様に蔵元の炭屋へ銀掛込することとした(64)。これは前年の方法よりもいっそう砂糖代金から正銀を確保しようとしたのであり、おそらく丸亀藩は炭屋から借金し、その返済の財源に大坂での砂糖代金を充てようとしたのであろう。

　この新しい方針に対して十二月に砂糖生産者から反対が起こっている(65)。

一昨年御公辺御聞済ニ而、砂糖御産物御蔵物ニ被為成候義ニ而、御趣法被為仰出、其段奉畏り候処、又々当年御改法之御義被為仰出、奉拝承候得共、御存被為在候通り、当年者砂糖大下落ニ而御上納さへも如何と、砂糖作人（マヽ）り之者一統大イニ心痛仕居申候処、迚も此頃為仰出之通り、砂糖大坂登シ而已ニ而者下方立行不申候間、

乍恐御趣法者矢張昨年被仰出通り、大坂積他国行右両用ニ被為仰付不被下候而者、一統実ニ立行不申候間、昨年之通り被為仰付可被下候様奉願上候、就而者近頃奉恐入申上兼候得共、昨年被為仰出通り樽壱挺ニ付三歩之金納之所、当年者前文ニ申上候通り甚砂糖下落之事故、御上様格別之御憐患ヲ以、右之処も成尺御減少ニ被為仰付可被下候得者、重々一統難有仕合奉存候、此段宜敷御執成被為仰上可被下候、以上

つまり大坂の砂糖相場が下落し、砂糖生産者の収入減となっているので、前年のように大坂積と他国積の併用に戻ることを要望しているが、同時に砂糖代金の「三歩金納」の減少も願っている。

これに対し藩は翌安政六年三月に、「端浦積」(他国積)を認めて安政四年の時と同じように三歩金納を行うことにするが、三歩金納は三月と四月の大坂積砂糖については免除することを決めている。[66] のちには五月分も免除された。[67] 安政五年九月の砂糖積出先を大坂に限定し、掛屋蔵元たる炭屋彦五郎へ銀掛込を行うという方針は、砂糖生産者の反対によって取り止められ、安政四年時の方法に戻っている。翌万延元年の十月には、「金納者是迄壱挺ニ付三分之処、壱挺ニ付弐両申付」とあり、[68] 金納高は金三歩から二両へと上げられている。

砂糖趣法とは別に安政五年四月に、領内から正銀を調達する方法がとられている。それは「銀札之義威勢相衰候ニ付、両替之道開候時者、立直之義者必然之事ニ候間、種々遂考慮何卒両替相初度と、御元立之都合令心配候事ニ有之候、然ルニ両替之道を開候時之御元立御手厚不被成置而者無心許候ニ付、右為補郷町顔柄之者相応割付仕、御請可被成旨」とあるように、[69] 藩札の信用回復のため正銀と藩札の両替を始めることにし、その引替正銀を「郷町顔柄之者」に割り付けて取り立てるというのである。これを「借上金」という。引用史料に正銀と藩札の引替を始めたいとあるが、別の史料には「午(安政五)年於銀札場増両替相初候」とあって、[70]「増両替」がこの時始まったらしく、引替が当時全く行われていなかったのではないようである。なお借上金の実施に際しては、「御

産物品積出之節川口ニ而金納之御趣法」が免除されており、当時砂糖に限らず領外積出の産物についても金納が行われていた[71]。安政五年五月中に借上金は上納の予定であったが、十月になっても上納を済ませていないものが多く、「両替之儀も随而相後レ可申」しという状態となっている[72]。

この借上金は「郷分ニ而壱万両尺ケ調達有之度、尤五朱之利足ニ而五ケ年済、御年貢引当勘定之節御差下可被下旨」と、郷分では一万両の調達で、利子は五朱とし五か年間にわたって「年貢引当勘定」のときに、年貢米で返済するというものであった。しかし万延元年に「札勢相復候義」として、借上金一万両のうち七割は「御用捨」となった。同年六月には「当春已来降雨続ニ而、麦大凶作ニ而半作之取実も無御座、且又先月中旬者出水ニ而、田地水押砂入并ニ水漬り等ニ而、稲作根腐ニ相成、猶更困窮相重り当御勘定上納方ニ差支、甚夕難渋仕居申」すと、借上金の上納者から五朱の利子と元金の二割を返済するよう要望が出されている[73]。

おわりに

万延元年十一月に入ると、「下方一統銀札不自由、難渋差支之趣」とあるように、流通量が減少し、藩札が不足する事態となっている[74]。しかし文久二年に弘田組（多度郡）の大庄屋長谷川唯助は、「近年御札勢衰弱ニ相成、一統迷惑ニ相成居申候処、御仁政ヲ以御札勢御引直ニ相成候」といっており、ここに藩札の信用回復がほぼ成ったといえよう[75]。このような状況は明治にはいっても続いており、明治二年十二月には「先年札勢衰弱之砌、郷市之者共江毎々融通方申付、且大数之封札等為致、右ニ付札挽回国家之為尽力之段、兼而令満足候、就而者追々開札可差遣」として、封札の中から郷中は一二〇貫匁、城下は五〇貫匁を差下げ、封札高一貫匁以下のものに分配することにしている。また一貫匁以上のものについても以後分配することにした(76)。そして差下げの方法としては、翌三年三月に「一時ニ差下万々一衰弱ヲ引起し候而者、先年之功労も水之泡と相成可申哉と懸念ニ不堪、難及其義候、（中略）、年々両季ニ差下可遣候」と、年二回に分けて差し下げることにした。ただし封札した藩札は「湿札痛札」となっているため焼きすてることにしている(77)。

以上、丸亀藩の藩札と国産統制をめぐる事柄について、限られた史料からではあるがその概略を検討した。とくに安政期になって封札によって藩札の信用回復の方途をはかり、また正銀確保のための国産統制策が実施されたのが注目される。これらの成果によって財政収入の補填や領内の経済状況の混乱防止を行うことができたのであり、明治に入っても藩札がある程度円滑に流通していたようである。

しかしながら藩札が円滑に流通していたことと、藩札が領民の生活を安定させるものであったかどうかということは、別の問題として考えなければならないであろう。封札はこれまで流通を奨励してきた藩札の量を減らすため、領内個々人に藩札の一定額の貯えを命じたのであるから、当然のことながら領民に大きな困惑をもたらした。引用史料にもあったように屋敷や田地を売り払ってでも封札を負担しなければならなかったのである。また国産の領外での売払いに対して、その代金を一部強制的に納めさせることによって正貨の確保を行おうとする方法は、生産者農民の手許に残る正貨の量を減らし、かれらが必要とする日常品を初め、諸商品の領外との取引を不十分なものにしたであろう。藩札を媒介とする国産の統制は、生産者農民にとっては歓迎すべきことではなかったといえる。

今後、丸亀藩における藩札史の研究を深めるにあたっては、藩財政や国産統制との関連をいっそう明らかにしなければならないが、それとともに領民の生活に与えた藩札の影響などをも併せて検討していく必要があろう。

注

（1）「古法便覧」（『新編香川叢書・史料篇㈠』、一九七九年）。
（2）丸亀城下町会所明治四年「万覚帳」（丸亀市立図書館蔵）。なお当史料は『丸亀市史稿』（一九五〇年）一二四―一二七ページに収載されている。
（3）右同。
（4）「塩屋年代記」（『新修丸亀市史4・史料編』、一九九四年）。
（5）「銀札通用覚」（白井實氏蔵）。
（6）「銀札通用御書出写」（『香川県史9・近世史料Ⅰ』、一九八七年）。
（7）前出町会所明治四年「万覚帳」。
（8）前出「塩屋年代記」。
（9）前出町会所明治四年「万覚帳」。
（10）以上、前出「銀札通用御書出写」。
（11）文政八年「覚帳」（長谷川順平氏蔵）。以下「覚帳」は長谷川家蔵である。
（12）安政二年「公用牒」（安藤辰夫氏蔵）。以下「公用牒」は安藤家蔵である。
（13）安政三年「覚帳」。
（14）安政元年「覚帳」。この御用米高は四九六五石余であったという（「従来調達銀書抜」片岡貞良氏旧蔵）。
（15）安政三年「覚帳」。
（16）安政二年「覚帳」。
（17）安政二年「公用牒」。
（18）安政二年「万覚帳」（佐伯家文書、瀬戸内海歴史民俗資料館蔵）。以下「万覚帳」は佐伯家文書である。
（19）「銀札御取締此度被仰出候御口演書写」（前出『香川県史9・近世史料Ⅰ』）。
（20）以上、安政三年「覚帳」。なお安政二年八月に豊田郡河内村の富農大喜多五郎兵衛は藩札一〇〇貫匁の封札を行っている（直井武久「丸亀藩の封札」〈『香川の歴史』第五号、一九八五年〉）。
（21）安政四年「万覚帳」。

(22) 安政四年「公用牒」。
(23) 安政五年・安政六年「覚帳」。
(24) 文久二年「覚帳」。
(25) 前出町会所明治三年「万覚帳」。
(26) 安政四年「諸願書」(長谷川順平氏蔵)。なおこの安政二年から四年にかけての封札については、草薙金四郎氏『随筆讃岐の文人』(一九四二年)で「丸亀藩の封札令に就いて」として述べられている。
(27) 前出「古法便覧」。
(28) 文化二年「覚帳」。
(29) 文化四年「覚帳」。
(30) 文政三年「覚帳」。
(31)『西讃府志』(藤田書店、一九二九年)七八〇ページ。高松藩の砂糖製造技術が丸亀藩へ伝播したと思われ、高松藩で寛政元年冬に砂糖製造に成功しているから、寛政も終わりの方であろう。
(32) 以上、文化九年「覚帳」。
(33) 文政三年「覚帳」。
(34) 文政五年「覚帳」。
(35) 弘化元年「覚帳」。
(36) 安政二年「万覚帳」。
(37) 安政二年「公用牒」。
(38) 右同。
(39) 安政三年「覚帳」。
(40)「御料御巡見使御来国記録」(藤村家文書、旧豊浜町教育委員会蔵)。
(41)「綿作畝数改并金納取立帳」(安藤辰夫氏蔵)。
(42)「砂糖御冥加銀割帳」(右同)。
(43)「砂糖車金納帳」(右同)。

(44) 以上、安政三年「覚帳」。
(45) 「御趣法之義ニ付御内密申上候口上控」(前出『香川県史9・近世史料Ⅰ』)。
(46) 「御産物御趣法御達写」(安藤辰夫氏蔵)。
(47) 安政三年「覚帳」。
(48) 前出「御産物御趣法御達写」。
(49) 安政三年「覚帳」。
(50) 以上、安政四年「公用牒」。
(51) 安政四年「万覚帳」。
(52) 若菜省吾氏「丸亀藩に於ける綛糸業」(『讃岐史談』第二巻第一号、一九三七年)。
(53) 嘉永五年「万覚帳」。
(54) 嘉永六年「覚帳」。
(55) 安政三年「覚帳」。
(56) 「綛糸御趣法取締筋一条郷中婦女不残幷年寄分百姓共江申渡諭解口演振」(前出『香川県史9・近世史料Ⅰ』)。
(57) 以上、安政三年「覚帳」。
(58) 安政四年「万覚帳」。
(59) 文久二年「覚帳」。
(60) 安政元年「覚帳」。
(61) 安政三年「覚帳」。
(62) 「砂糖御蔵物ニ相成御趣法替り被仰出写」(前出『香川県史9・近世史料Ⅰ』)。なおこの安政四年に始まる丸亀藩の砂糖の流通統制については、すでに合田友子氏「丸亀藩の糖業政策—安政四・五年の趣法立を中心に—」(『香川史学』第六号、一九七七年)で概略が述べられている。
(63) 右同。
(64) 安政五年「万覚帳」。
(65) 安政五年「諸願書」。

(66) 安政六年「覚帳」。
(67) 安政六年「万覚帳」。
(68) 万延元年「覚帳」。
(69) 安政五年「万覚帳」。
(70) 右同。
(71) 安政五年「覚帳」。
(72) 安政五年「万覚帳」。
(73) 万延元年「覚帳」。
(74) 右同。
(75) 文久二年「覚帳」。
(76) 町会所明治二年「万覚帳」。
(77) 右同、明治三年「万覚帳」。

第六章　丸亀藩の御用銀と「直支配」・「会釈」

はじめに

讃岐の西に位置する京極氏の領国丸亀藩（成立当初六万一五一二石五斗。のち多度津支藩一万石を分封）の藩政史については、藩政史料が残っていないこともあり、殆ど明らかでなく、藩政の概略的なことが『善通寺市史』(1)、『香川県史』(2)や『新編丸亀市史』(3)で述べられ、また藩札の流通状況や、藩札からみた国産統制との関連については一部分析がなされている程度である。(4)丸亀藩は「讃岐三白」といわれる塩・綿・砂糖の産地であり、近世後期の商品生産に対する藩の統制について検討することが可能であるだけに、藩財政や農民支配などを含めた藩政史の研究は重要な課題であるといえる。

史料的な制約があって、丸亀藩の藩政史の推移や特徴を明らかにするには多くの困難が伴っているが、少しでも研究状況を進めるためには、史料の発掘を通して個々の問題点を明らかにしていく必要があり、そのためには研究成果の蓄積が求められるところである。

こうした観点から本章では、丸亀藩の藩財政難解決の一つの方法として、享保以降何度となく繰り返されている御用銀の賦課の問題を取り上げて、藩財政の推移と関連させてその実態を明らかにしたい。そしてそれを踏まえて御用銀を負担する農民との間において、どのような関係を生みだしていくことになるのか、という点について検討してみたい。なお丸亀藩の御用銀については、すでに『新編丸亀市史』で触れられているので、[5]その成果に拠りながら検討を進めていくことにする。

一　大喜多家の調達金

丸亀藩の初期の財政状況については明らかでないが、御用銀が課されたのは元禄十二年に丸亀城下から銀八〇貫目、郷中から銀一七〇貫目、飛地の播磨の網干領から銀一五〇貫目を徴収したのが最初である。[6]その理由は明らかでないが、当時藩財政が行き詰まり、御用銀の賦課が必要となったのであろう。

これからのちも財政難に陥っているが、その主な原因は幕府からの「普請手伝役」や「馳走役」にあった。宝永五年には「京都御所普請手伝役」、享保四年には「朝鮮通信使馳走役」を幕府から命じられているが、享保四年の馳走役のときは丸亀城下三一〇貫目、郷中に五〇〇貫目の御用銀を課しており、その経費を御用銀に頼っていた。[7]そして幕府からの臨時の普請手伝役などがなくても、藩財政を維持するために御用銀が懸けられるようになった。

享保十二年は「近年御領分損毛打続、百姓共困窮及難儀候」と、[8]不作が続いて農民が困窮している中で、増加していく江戸藩邸の経費を賄うために翌十三年に御用銀が懸けられた。「当年江戸御賄銀御領分中へ被仰付候、依之四郡として都合銀高弐百貫目、御用立可申候」とあるように、「江戸御賄銀」に充てるために「四郡」、つまり藩領の豊田郡・三野郡・多度郡・那珂郡に御用銀二〇〇貫目を懸けるというのである。御用銀の賦課の割合は、「面々差出候銀高割合等之義者、大庄屋申談、分限相応相考、下々迷惑不仕様」と、[9]「分限相応」つまり農民の資産状態を考慮してということであり、年貢負担の基礎である持高ではなかった。

豊田郡河内村の大喜多家にある、丸亀藩への御用銀等を記した「従来調達金書抜」から整理したのが**表1**である。享保十六年から明治三年までの長期にわたっての御用銀等の様子を知ることができる。享保十七年から寛保元年までの「御仕送り銀」は明かでなく、万延元年・文久三年と明治三年の「御借上金」は、第五章で述べた藩札と引き替える正銀のことである。また「献納」・「献上」は「冥加献納」ともあり、冥加金と同じ意味である。

御用銀として、江戸上屋敷類焼・普請手伝役・勅使馳走役・朝鮮通信使馳走役などに際して数回ずつ懸けられているのがわかる。宝暦十一年の「江戸表取り堅め」は江戸藩邸の財政困窮を救うため、文化十一年の「御上格別の差し支え」は藩財政難に伴うもの、また安政元年の「アメリカ渡来御手当御用米」はペリー来航によるものであった。明治三年には丸亀城の「御殿御焼失」に際しても御用米が課されている。

これらの御用銀以外に、「上金」・「冥加金」・「才覚銀」などがあるが、これらは御用銀が領内全体に懸けられたのに対して、ある特定の一部の裕福な上層農民、先に述べた「分限相応」に課されたものであろう。場合によっては大喜多家が負担しておらず、**表1**に載っていないこともあるかと思われるが、大体の丸亀藩の御用銀等の賦課の変遷は理解できるであろう。

御用銀は農村の年貢米や城下の軒銀など、毎年の恒常的な税のほかに課せられる臨時の領民への負担である。したがって「御返弁之時節又者利余之義、面々望も可有之候条、追而可評議候」とあるように[10]、御用銀は利子をつけて返済しなければならない性格のものであった。実際にどのようにして返済が行われたのか実例が史料的に確認できず明らかでないが、年貢納入分との相殺によって返済されたのではないかと思われる。

表1　丸亀藩への大喜多家の御用銀・冥加金・献納銀

享保16	江戸上屋敷御類焼。御用銀20貫目。
同　17	御仕送り銀１貫140目。
同　2	御仕送り銀１貫930目。
元文３	御仕送り銀１貫300目。
同　5	御仕送り銀１貫800目。
寛保元	御仕送り銀240目。
同　2	関東川々普請手伝役。御用銀８貫目。
延享２	御用銀12貫目。
同　4	御用銀３貫500目。
寛延２	御用銀２貫500目。
同　4	御仕送り銀525匁。
宝暦２	御用銀７貫500目。
同　5	甲州川々御普請。上金700両（代銀42貫目）。此の砌扶持七人、苗字帯刀、直支配。
同　8	御用銀７貫500目。
同　9	勅使馳走役控。御用銀14貫400目（午12月より４か年月割り上納）。
同　11	江戸表取り堅め。御用銀６貫845目。
明和２	朝鮮国信使馳走役につき御用銀５貫340目。
同　3	甲州川々普請手伝役。御用銀25貫目。
同　8	御用銀８貫200目。
安永元	江戸上屋敷御類焼。冥加として米250俵（代銀７貫800目）調達。
同　3	江戸表御類焼。御用銀18貫目。
同　8	才覚銀50貫目。
天明５	冥加として銀50貫目。
同　7	伊豆国川除普請手伝役。御用銀20貫目。
寛政６	江戸上屋敷御類焼。御用銀15貫目。
同　12	伝奏馳走役。御用銀７貫500目（申暮より子春まで５か年上納）。 冥加として銀500枚（代銀21貫500目）。此の時扶持八人加増、計十五人扶持。
文化11	御上格別の差し支え。冥加として銀60貫目。
文政５	御初入に付。冥加金銀20貫目。
同　11	勅使馳走役。御用銀９貫目。
同　12	鶴ヶ丘八幡宮再建修復手伝役。冥加として銀10貫目（献納）。
天保６	御用銀６貫500目。（在中割配高400貫目）。 玄要寺造営献納銀４貫200目。
同　8	若殿様御乗り出し冥加献納として金100両（代銀６貫500目）。
同　9	勅使馳走役。世上困窮に付き救い筋献納として銀100枚（代銀４貫300目）。
弘化元	御用銀11貫500目。

嘉永元	献納として金1300両（代銀87貫781匁２分）。此の砌扶持五人加増、十五人扶持。弟良平扶持五人にて十人扶持、苗字帯刀。
同　2	冥加として銀２貫目献納。
	冥加として米250俵（代銀10貫200目）。
同　3	臨時御借受銀上納。翌戊朱銀620目御下げくだされ、其の後御差し出しはこれ無し。
安政元	江戸上屋敷御類焼。御用銀16貫目（領分割高950貫目）。
	アメリカ船渡来御手当御用米90石。45石は正米買い入れ上納（代銀５貫713匁６分）、45石は銀納（銀４貫500目）。計銀10貫213匁６分。
同　4	冥加として銀100枚献納。
同　5	冥加として銀札25貫目献納。
万延元	扶持二人加増。
文久３	御借上金65両（代銀４貫655匁１分）上納。
明治３	御借上金銀10貫目上納。
	御殿御焼失。米100俵（代銀24貫目）献上。（以上、凡そ652貫790目１分）

「従来調達銀書抜」（片岡家旧蔵）より。

二　「人別高掛り」

大喜多家の御用銀等を示した**表1**中にあるように、享保十六年に江戸の久保町の丸亀藩上屋敷が類焼し、その再建費用として領内に御用銀が懸けられている。

此度江戸上屋敷御類焼、追々御入用銀可申来候、依之上方筋御借銀御才覚、可被仰付候得共、過分之御入用ニ付、他所御才覚迄ニ而者、迚も不調儀候之故、御領分在中之口、又々御用銀可被仰付ゟ外、御手当無之候、近年者別而追々御用被仰付、面々奉畏過分之銀高差出置候処、（中略）、右御用銀高別紙之通人指を以可被仰付候、其外者大庄屋共申談、百目以上可差出身上之者共江相応ニ割付、都合四百貫目差出せ可被申候、（下略）

「又々御用銀被仰付」とあるように、これまでに度々御用銀が課されていたのがわかるが、割合は藩の方で「人指」ごとに御用銀高を決め、それ以外は大庄屋が農民に割り振って、合計四〇〇貫目の御用銀を出すように命じている。
「人指」とは享保十三年の時の「分限相応」と同じことをいっているのであろう。別紙には組ごとに一貫目以上負担者の名前と銀高、一貫目以下の負担と思われる「組中」が記されている。組とは他の藩では大庄屋の管轄する郡に相当する丸亀藩で実施されている農村行政組織である。組ごとの拠出高をみると、津森組が一三貫五百目と山地又兵衛の五〇貫目、下高瀬組が五一貫三〇〇目、上高瀬組が五八貫四〇〇目、坂本組が一〇二貫八〇〇目と米谷十右衛門の四〇貫目、中姫組が三四貫目と平田源治の五〇貫目となっている。山地又兵衛と米谷十右衛門、平田源治が組中とは別の、飛び抜けて高い負担額となっている。

組の中から例として中姫組の内容をみてみると、大庄屋平田助之丞が一五貫目、和田浜の甚太郎が七貫目、北岡村の甚兵衛が一貫目、和田村の清右衛門が一貫目、その他組中から一〇貫目、それと先の平田源治の五〇貫目となっている[11]。

三年後の享保十九年には、四代藩主京極高矩の初めての御国入りに際して、「殿様御初入御用銀」が郷分に一五〇貫目、町分に七〇貫目、網干領に三〇貫目の計二五〇貫目課せられている。各村へは「高割」、つまり村の石高に応じて課されることになった。因みに中姫組の井関村と内野々村は一つにまとめられて、高一四八石二斗八合五勺に対して銀三五七匁一分を納めている[12]。この年の御用銀は高割の御用銀が確認できる最初のものである。

寛保二年に関東筋で洪水があったということで、丸亀藩は幕府から「関東川々普請手伝役」を命じられた。その経費として大坂での借銀や、家臣の知行米の支給削減を増やす家中借増米によることにした。家中借米は呼びかたに違いはあるが、ほとんどの藩でこのころ行われていた。

しかし借銀と借増米だけでは、「此度御入用銀夥事ニ候之故」と、やむなく領内に御用銀を懸けることにした。割当は郷中が一〇〇〇貫目、町分が五〇〇貫目、網干が二五〇貫目、江州が二〇〇貫目で、計一七七〇貫目と多額であった。江州は飛地である。負担内容は「人指」については藩が決定し、それ以外は「身上之高下ニ准シ相応ニ割付差出」せることにした。具体的な内容は明らかでないが、この方法は先述した享保十六年の御用銀の賦課と同じ方法であった。

この時の普請手伝役は「急御用ニ付」として、領分御用銀を「引当」にして早急に大坂・江戸で調達するので、御用銀の上納期限を守るよう命じている。このように御用銀そのものが、普請手伝役の経費に充てられるのではなく、経費を借銀したその抵当とされているのである。そして幕府からの普請手伝役というのはその経費を割当てられた藩が負担して、幕府へ納めるというものであった[13]。

甲斐国の川普請を明和三年に幕府から命じられた丸亀藩は、その経費として領内へ御用銀を課した。**表2**は在中・町中・網干領分・江州領分に御用銀一二五五貫二五〇目余を課した内訳である。在中七四六貫二五〇目のうち、**表3**にみるように高掛かりが銀一五〇貫目で、残りが人別割であった。したがってこの時の御用銀は、高掛かりと人別掛かりがとられている。このように「人別高掛り」両方の方式はこれ以前にも行われていたと思われるが、確認できるのはこの明和三年が最初である。

高掛り分を讃岐領の総石高六万二〇三五石余の各組への割り振りをみると（**表3**参照）。上高瀬組が石高が一番多く、高掛かりの御用銀高も負担が多くなっている。また大野原・福田原の約一三〇〇石が他の組と同等に扱われているのは、新田開発地としての特殊な事情からくる性格のためであろう。

この御用銀は五月に命じられたが、八月末までに在中が二四一貫二五〇目、町分が七五貫八八五目しか集まっていなかった。普請手伝役などに際して大坂などの商人から借銀をし、その引当に領内への御用銀が充てられていたことは先述したが、この時も上方から借銀をしており、九月中に八二貫七三〇目余、十月中に一〇貫五八七目余、十一月中に一七〇貫五九一匁余を返済する予定になっており、それぞれ十日までに在分と町分に割り振った銀高を納めるように達している[14]（**表4**参照）。

大喜多家の御用銀を整理した**表1**には出てないが、天明元年の十月に、伝奏馳走役の本役が藤堂藩に、その控が丸亀藩に幕府から命じられた。これにより御用銀として、「在分高割」銀一二〇貫目、「町分間役」四〇貫目が

表2　明和3年の御用銀

銀746貫250目	在中御用銀
316.　500.　6分	町分御用銀
187.　500.	網干領分御用銀
15.	江州領分御用銀
計　1255貫250目6分	

明和3年「甲州御普請御用銀并高割帳」（佐伯家文書）より。

表3　明和3年の御用銀高掛かり組別内訳

銀150貫目　高掛かり	（惣高62,035石1斗9升8合5勺）
39貫832匁2分8厘	津森組　（高16,473石2斗3升3合）
41.　612.　8.　3.	上高瀬組（高17,209.　6.　4.）
18.　369.　2.　3.	竹田組　（高　7,569.　2.　3.）
22.　680.　1.　5.	坂本組　（高　9,379.　7.　0.　6.　5.）
23.　879.　8.　8.	中姫組　（高　9,875.　8.　7.　9.　5.）
3.　625.　6.　3.	大野原・福田原　（高　1,299.　9.　0.　3.）

「甲州御普請御用銀并高割帳」より。

表4　明和3年の上方借請銀返済財源

82貫730匁1分　9月切り元利	
内　55貫153匁4分	在分　9月10日切り
27.　576.　7.	町分　同
10貫587目3分6厘　10月切り元利	
内　7貫058匁2分4厘	在分　10月10日切り
3.　529.　1.　2.	町分　同
170貫591匁2分　霜月切り元利	
内　113貫727匁4分7厘	在分
56.　863.　7.　3.	町分　11月10日切り
計　263貫908匁4分6厘	

「甲州御普請御用銀并高割帳」より。

表5　天明元年の御用銀

銀400貫目	丸亀在分、人別高掛かり共
200.	丸亀町分、人別軒掛かり共
110.	網干領分、人別高掛かり共
10.	江州領分、人別高掛かり共
計　　銀720貫目	

天明元年「伝奏御馳走被為蒙抑候ニ付御用銀高掛り并人別割覚書」(平田家文書) より。

課された。高割りは組ごとに懸けられたが、明和三年とは組が変化しており、三野郡に庄内組が置かれており、豊田郡では坂本組が中洲組に、中姫組が和田組に代わっている。

ところがこの月末に藤堂藩の藩主が病気ということで、丸亀藩が本役を勤めることになった。このため急遽御用銀を増やしたが、その内容が**表5**である。合計七二〇貫目であるが、在分の四〇〇貫目には控の時に予定していた高掛かりの一二〇貫目がそのまま含まれている。[15]

この天明元年の勅使馳走役に際しては、丸亀藩の江戸藩邸へ資金を調達する江戸の掛屋である播磨屋新右衛門から金二五〇〇両を借用している。のち天明六年の普請手伝役の時も金二二〇〇両調達している。[16] 明和三年の時には上方の商人からの調達について触れたが、天明元・六年のように江戸の商人からも調達しているのが確認できる。

三　近世後期の御用銀

本来藩の財政は農民からの年貢によって維持されねばならなかったが、年貢は一定しているのに財政支出は増えていくという中で、収入増加財源として御用銀や上納金に依存することが多くなってきた。逆にいえば年貢を納めてもなおかつ、まだ御用銀等の負担に耐えうるような農民が多く出現してきたことを物語っているといえよう。

十九世紀に入ると丸亀藩では藩財政そのものが困窮化してきており、文化二年には、「御内証御不如意之所、此節甚以被為至御差支候ニ付、此度格別ニ御取堅」めとして、[17] 財政収入の確保に取り組みを始めており、藩財政の逼迫が本格的に大きな問題になってきていた。

七年後の文化九年にはさらに事態は進み、「当春已来於江戸表夥敷御物入有之、且去冬同所御長屋令類焼、彼是莫太(大)之御入箇ニ至、下地御内証不如意ニ付、弥増御差支」えているという状態の中で、「諸家様并御出入之衆江も、諸事御取遣向当之義、御不本意ニ被為当御筋も有之候得共、無拠以御使者ヲ、御断被仰進候」と、[18] 諸大名などとの交際上の贈答も控えねばならなくなっており、支出を極力抑える以後五年間の倹約政治を実施することにした。

文政二年には財政再建がうまくいかなかったのか、再び倹約政治を五年間行うことにしたが、この二度目の倹約政治が終わった文政八年に、「此度御内証向極御差支ニ付、御取〆筋」が達せられ、三度目の五年間の倹約政治を行うことになった。[19] 藩主京極高朗は藩財政の抜本的改革に強い決意を示し、従来のように財政難を乗り切るために、家臣へ借米や領内へ御用銀を課すことはもう限界に来ているとして、藩の財政を二万石程度で運営する方針を示した。[20] これを「酉年改正」といった。[21]

こうした藩財政の状況下にあった文化・文政期の御用銀の賦課の状況をみると、先述した文化二年の財政取り組みにあたって、家臣への借米と郷中才覚銀の賦課を行ったが、[22] この郷中才覚銀は領内への御用銀ではなく、**表6**にあるように一部の裕福な農民からの調達であった。この時大喜多家は「如何様共才覚仕、八月迄ニ白銀六拾貫目、為冥加奉差上申度」と、六〇貫目を上納している（**表1**参照）。「冥加」として「才覚銀」を納めているのであり、才覚銀と冥加とは同じ事を示すものであった。

表6　文化2年の「上金」

銀60貫目	大喜多五郎兵衛	
同60.	観音寺	広島屋彦兵衛
同25.	同	山賀屋治右衛門
	同	升屋十左衛門
同20.	和田浜	藤兵衛
同12.	□□	油屋宗次郎
同200枚	観音寺	□木屋小兵衛
金子100両	中府	矢野定七
	詫間村	小林芳蔵

「丸亀藩御用銀覚帳」（仮）（大喜多敏治氏蔵）より。

その後文化十一年には丸亀藩六代藩主京極高朗の初のお国入りの時に、大喜多家は銀二〇貫目を「冥加」として上納しており（**表1**参照）、他にも上納者はいたと思われる。このように文化年間には領中への御用銀はみられないが、特定の裕福な者への才覚・冥加銀が、藩財政の財源の補助的役割を果たしていた。

文政五年になって勅使馳走役が幕府から命じられ、「御家中之所も、此上御借増米も難被仰付、其上銀主々々ニも其已来夥敷御借受被成候儀、最早外ニ御工面も無之、御領中へ御用銀被仰付候外無之」と、領中へ銀六五〇貫目の御用銀が課された。郷中へは三七五貫目で、うち高掛かりは一六三貫目、残りは人別掛かりであった。郷中への人別掛りをみると、組別に銀一貫目以上を納めたものの名前が記され、計五三名となっており、彼らがいわゆる「顔柄」のものであった。一番出金が多いのは和田組の藤村熊蔵の一二貫目、次いで中洲組の大喜多五郎兵衛の九貫目、同じく入江忠四郎の八貫目であった。組別では中洲組の八〇貫目余が群を抜いて多く、次いで和田組の三五貫目余、上高瀬組の三〇貫余となっている[23]。

文政十一年には鎌倉鶴岡八幡宮造営手伝役が命じられ、領中へ四〇〇貫目の御用銀が懸けられている。この年以前の普請手伝役として享和二年の東海道川々普請手伝役があり、この時は幕府への手伝役上納金は金七七三三両余であったが、文政十一年の鶴岡八幡宮の時は金六二一五両余であり、一千両ずつをこの十一月と来年二月、二二一五両余を来年三月に幕府へ上納することになった。このため早急に上納金を調達する必要があったが、「御上納金、丸亀表より御繰出之程、如何之御模様ニ有之哉難計、依之播磨屋新右衛門・堤弥三郎方へ右御下銀有之候迄之処、調達筋之義、兼而申込置候」とあるように、最終的な金額は不明であるが、江戸の丸亀藩出入りの掛屋であった播磨屋と堤へ調達金を依頼することになっている。[24]

幕末における御用銀の状況をみると、嘉永六年六月にアメリカの東インド艦隊司令長官ペリーが来航したが、これに際して丸亀藩では藩兵を江戸へ派遣した。堀田璋左右編の「旧丸亀藩事蹟」に、[25]「嘉永七年正月、家臣佐脇内匠ヲシテ、兵二百余人ヲ率テ江戸ニ到ラシメ、三田ノ邸ニ屯ス、是ハ前年北米合衆国兵艦ヲ以テ互市ヲ迫リ、本年再渡ノ期ナルヲ以テ、府下警戒ノ命アルニ依ル、同九月、事ナキヲ以テ、兵ヲ封ニ帰ス」とあり、ペリー再来の時に佐脇内匠が藩兵二百人を率いて江戸へ向かい、三田の丸亀藩邸に詰めて警備に当たっている。ペリー来航という対外的なことではあったが、丸亀藩にも藩兵の江戸出動という、大きな影響を与えたのである。

ペリー来航を契機にして丸亀藩では藩兵の江戸出動など財政支出が増えたため、安政元年五月に、「此度異国為御手当、御用米郷分人別高掛り等被為仰付候段、誠ニ御上様近来御入箇筋不少儀」と、郷分に御用米を人別と高掛りの両方で懸けることにした。御用米のうち人別顔割に懸かる半分は四斗五升入りの俵で、残り半分は一石につき銀一〇〇匁の相場で銀によって安政元年中に、高掛かりについては同じく一石につき銀一〇〇匁で、安政元年中に半分、残り半分は翌二年に納めさせることにした。[26]

この時の御用米の高は正確にはわからないが、「御領分割高、高割共都合」四九六五石八斗六升二合とあり、米五千石だったのかとも思われる。豊田郡河内村の大喜多家では御用米九〇石が割り当てられ、うち内四五石を米納、四五石を銀納（代銀四貫五〇〇匁）している。[27]米納と銀納が半々となっているので、大喜多家の御用米九〇石は人別顔割での割り当てであった。

安政二年十月に江戸で大地震があり、丸亀藩江戸藩邸が大きな被害を受けたが、この十一月に「先月江戸表大地震ニ而、甚以当惑心痛罷在候」として、領内の資産家へ全体で五、六千両を「才覚」（借請ともある）で調達するよう命じている。そして「引当朱分返納方之儀者、兼而各申入置候通ニ而、五ケ年済ニ御差下被成候」とあるように、上納分とその利子は五か年賦で返済するという方針であった。

この才覚銀の負担者の名は明らかでないが、その中の一人に大野原の地主の平田家があった。平田家には金三〇〇両が割り当てられたが、当主平田織彦は「近年村方旱魃凶作、私共逼塞致取堅中ニ候得者、懐合誠ニ痛々敷次第、聊買事等不仕、実ニ金子取引筋一切御座無」くと、逼迫している状態を訴えて、半分の一五〇両の調達ということになっている。

十二月十五日に、平田織彦は藩の元方へ一五〇両上納しているが、元方の証文に、「年一割之利息を加、来辰ノ暮より五ケ年割ニ、御年貢立用ニ而可令返済候」とあり、利息は一割で来年から五年間の返済であるが、返済には年貢を充てることにしている。[28] また「一昨卯年郷中顔柄物共(者)ゟ之調達金御納入之儀、兼而御年貢正米ニ、御立可被下都合ニ付、一昨昨年も弐千俵宛御差下相成候」と、才覚銀を負担した資産家は「顔柄者」と呼ばれており、その返済に毎年年貢米が二千俵充てられていた。[29]

この安政二年冬には、安政三年の史料に「昨年郡奉行中直支配之者共、才覚金元利五ケ年済、御年貢正米ニ御立被下候様、兼而被仰付有之候」とあり、[30]「直支配之者」に「才覚金」が科せられている。先の「顔柄者」とはこの「直支配」のものたちであったのかもしれない。そしてその返済は元利を五か年間で年貢米の立て替えで行うというものであった。なお「直支配」については次の「四」で述べる。

安政二年十二月に幕府より禁裏御所方普請手伝役を命じられ、翌三年に「此度御大役被為仰蒙」るとして、領内へ御用銀七〇〇貫目を三か年割で懸けている。丸亀郷分は四三九貫一九三匁を割り振られすべて「高割正米納」であり、一石につき銀一〇〇匁の相場であったため、領分約高六万石に対して四三九一石九斗三升の御用米であった。[31]

以上のように、安政期は財政難により借銀が多くなっているところに、ペリーの来航、江戸表大地震、さらに禁裏御所造営普請手伝役と続き、一層の藩財政は悪化したが、安政元年の御用米、同二年の「顔柄」調達金、安政三年の御用銀など、領民からの上納米・銀によって何とか凌いでいるというのが実情であった。

四　「直支配」と「会釈」

河内村の大喜多家は、宝暦五年に金七千両（代銀四二貫目）を「上金」したが、この時に「此砌扶持七人、苗字帯刀、被仰付御直支配」ると、[32]七人扶持・苗字帯刀を許されて、「直支配」の待遇となっている。「上金」は藩領全体への御用銀ではなく、特定のものたちからの上納金である。**表1**にあるようにこの宝暦五年は「甲州川々普請手伝役」が幕府から課せられており、そのための「上金」であったのだろう。

大喜多家の他にこの年上納したのは、**表7**の者たちであった。表中の河内村五郎兵衛が大喜多家である。また表中の金八千両を納めた摺木屋（小西）三右衛門は、大喜多家のように直支配となってはいないが、苗字帯刀を許され八人扶持を与えられ、「会釈」になっている。[33]

したがって**表7**にある小西家の摺木屋三右衛門、大喜多家の河内村五郎兵衛以外の広島屋平左衛門・河内村儀右衛門・和田浜甚太郎・摺木屋喜右衛門・広島屋彦兵衛ら五人も、詳細は不明であるが同様な待遇を与えられたと思われる。宝暦五年だけではなく、この時までの藩への上納金の状況も考慮されたのではあるまいか。つまり農民の中でこれまで「分限相応」・「人指掛り」・「人別掛り」として御用銀や上納金を納めてきたものたちに、藩では直支配・会釈の待遇を与えたのである。これはこの宝暦五年から始まったと思われる。

表7　宝暦5年の「出金」内訳

金1,000両	広島屋平左衛門
1,000.	河内村　儀右衛門
1,000.	和田浜　甚太郎
800.	摺木屋三右衛門
800.	同　喜右衛門
700.	広島屋彦兵衛
700.	河内村　五郎兵衛

「先祖五郎八観音寺住居中ゟ追々御会釈向被仰付候御達写」（小西貞節氏蔵）より。

直支配とは「郡奉行中直支配之者共」とあるように[34]、郡奉行に直接支配されるという意味であって、いわゆる農村行政機構たる大庄屋の支配系列に入らないことをいっている。直支配となった大喜多家に、丸亀藩からの農村関係の通達類を控えた「丸亀藩御廻文写」が残されているが、これは大庄屋へ充てた通達を直支配にも出したのではないかと思われる。但し文化頃からは特定の事項の内容の通達のみとなっている。

文化五年五月の通達の宛先に、河内村の大喜多五郎兵衛とともに、和田浜藤村甚太郎、河内村内山七右衛門、黒渕村秋山与左衛門、善通寺村神原茂治郎、同山下右太治、和田浜村藤村善蔵、仁尾村塩田長右衛門、観音寺横山治右衛門、上勝間村安藤道啓、櫛梨村前川周平の名があり、当時直支配とされた者たちであったのであろう。かれらは「帯刀中」・「在中帯刀中」ともいわれていた。

会釈は上納金額が直支配に及ばなかったものたちに与えられた待遇と思われ、直支配・会釈ともに幕末には増加する傾向にあった。なお、大野原の平田家は直支配に入れている史料もあるが、普通は別扱いであった。直支配・会釈ともに御用銀等に関係して与えられた待遇であったことは間違いないところである。

さて幕末の安政に入る頃、丸亀藩では「御国内金不融通、他国江払抜ニ相成」るとあるように[35]、領内に入ってくる正銀が不足する事態となっていた。このため藩札と正銀との引替が制限されたこともあり、「銀札尊重之意薄、米穀初メ諸品法外之高価相成」[36]ると、藩札の信用低下に伴い、諸商品の値段が上がり領内はインフレ状態となっていた。

かかる藩札の流通状況に対して、「封札」の方針が安政二年五月に出された。その内容の主な点は、藩札を余分に所持しているものは、それを銀札場へ預けるか、または封印して各自で保管すること、封印札に対しては、利銀として封札高の三分五厘を渡すことなどである。つまり領内に通用する藩札の量を減らして藩札の信用を回復し、領内経済のインフレ状態を解消しようとするものであった(37)。

封札は初め強制ではなかったが、同年十二月に封札三千貫が人別顔割と高掛かりによって割り振られた。人別顔割は各自で保管し、高掛かりは銀札場へ預けることにした。この時の封札は翌三年四月までに実施することになっていたが、期限後にはさらに人別顔割として九〇一貫八六〇匁の封札が命じられた(38)。

安政六年二月に八名の大庄屋たちは、「所持仕居候而者、火盗之趣も無覚束奉存候間、乍恐御預被成下候様」と(39)、自分たちの所持している封札を藩へ預けるという、実質的には献上することを申し出ており、その後大庄屋の管轄する組の中でも献上の意向をもつものが現れてきた(40)。そしてこれから六年後の慶応元年（一八六五）には「是迄御封札献上ニ而、御会釈御賞詞等無之人々、書付ニして差出候様」と藩から通知があっているように(41)、封札の献上が行われており、献上した者には会釈の待遇等の褒賞が与えられているのがわかる。

井関村の庄屋佐伯民三郎は大庄屋たちよりも早く、安政五年十二月に封札四貫目と藩札一貫目の献上を願い出て許されている。これにより民三郎は「苗字旅刀差免」を認められた(42)。「旅刀」とは文字どおり旅行中の帯刀であろうか。三年後の文久元年二月に、佐伯民三郎は銀札五貫目と安政五年の「借上金」七両を献上するということで直支配の待遇を得ることを願ったが、藩ではもう一貫目増やすことを伝えた。結局一貫目を増やして、銀札六貫目と借上金七両を献上して直支配となった。なおこの年九月に佐伯民三郎は太美彦と改名した(43)。

また元治元年八月に佐伯太美彦は、井関村・内野々村・海老済村三か村の農民の封札八貫六七〇匁を譲り請けて藩へ献上した。これにより太美彦は大庄屋格を与えられ、山田尻村高谷郁三郎の上席となった。封札の内訳は井関村が封札二貫目の辰治以下八名、内野々村が封札一貫二〇〇目の治兵衛以下三名、海老済村が封札一貫一〇

○目の丈輔以下三名の計一四名の封札であった。なお因みにこの時の大庄屋は木之郷村の高橋好平である(44)。

こうして佐伯家は、藩への封札やその他の献上銀によって、「苗字旅刀差免」・直支配・大庄屋格などの待遇を与えられている。とくに銀札六貫目と借上金七両の献上によって直支配の待遇を与えられていることは、直支配の性格を裏付ける一つの証拠となろう。

ところで、宝暦五年に「上金」によって大喜多家が七人扶持、摺木屋が八人扶持を与えられたことは先述したが、その後大喜多家は寛政十二年に冥加金銀五〇〇枚を上納して扶持八人増加して十五人扶持となっている。このように冥加金の上納によって扶持を与えられていた。ただし嘉永元年に大喜多家は金一三〇〇両を献納したが、五人増えて十五人扶持となっており、扶持人は一定したものではなかったようである(**表1**参照)。

嘉永四年頃の在方扶持人をみると(45)、和田浜の藤村音九郎、河内村の大喜多東六が二〇人扶持で一番多い。扶持人のうちには苗字を持たない者もおり、在中扶持人は全員が苗字を名乗ったわけではなかった。この在方扶持人三四人のうち、嘉永元年当時に直支配として名がないものは、屋号をもつ商人四人を含めて一一人であり、二三人が直支配であった。

嘉永元年の直支配を示したのが**表8**である。大野原の平田家、河内村の大喜多家、和田浜の藤村家、大野原の庄司家をはじめとして、大庄屋・大庄屋同列一二家以下庄屋・医師ら七〇人となっている。そのうち※印の一一人を除いた五九人が、幕末の作成と思われる「郷中御会釈人名覚」(46)に書かれている一〇三人の中に名前があり、広い意味では直支配は会釈のなかに含められていたともいえる。なお「郷中御会釈人名覚」には人名の抹消や書込があるが、一〇三人は抹消分は残し書込は省いた数字である。

先述したように、宝暦五年の献金の時から直支配・会釈の待遇が与えられ、その後御用銀等が頻繁に懸けられる中で、直支配・会釈の待遇を与えられるものたちが増えていったのである。しかし直支配と会釈の区別についてはおそらく家柄や献納高によったと思われるが、直支配を会釈と呼んだ場合もあったと思われる。直支配・会釈については不明な点も多く今後の検討課題である。

表8　嘉永元年の在中直支配

村　名		扶持	人　　名
大野原			平田織彦
河内村		20人	大喜多五郎兵衛
和田浜		20.	藤村鶴蔵
大野原		7.	庄司和之助
〆			
上高瀬村	大庄屋	5.	三好新八郎
中府村	大庄屋		矢野定右衛門
中洲浦	大庄屋	5.	西山信五左衛門
櫛梨村	大庄屋	5.	大西類蔵
善通寺村	大庄屋	5.	神原丈左衛門
和田村	大庄屋同列	8.	宮武新太郎
善通寺村	大庄屋		神原専之助
比地村	大庄屋	3.	白井秀太郎
積浦	大庄屋	3.	陶山助左衛門
和田村	大庄屋同列	10.	今井政蔵
和田浜	大庄屋		藤村熊太郎
弘田村	大庄屋同列	5.	長谷川紋之丞
			矢野多喜治
〆			
粟島	庄屋		徳重宗左衛門
大浜浦	庄屋		辻　兵蔵※
観音寺		6.	浮田松次郎
観音寺			入江彦兵衛
和田浜	庄屋	5.	藤村房之助
植田村		6.	安藤武七郎
大麻村		5.	氏家貞之進
河内村			大喜多良平
河内村		9.	内山亀吉※
観音寺		9.	西山円太
寺家村	庄屋	8.	小西鷹右衛門
大野原			庄司吉五郎
黒渕村		6.	秋山伴吾
善通寺村	年行事庄屋	5.	山下藤之助
善通寺村			神原冶三太
善通寺村	年行事庄屋		松原佐郎左衛門※
和田浜		4.	藤村此之助
仁尾村		3.	塩田宇右衛門
辻村		3.	大喜多喜太郎

津ノ森村			馬場弥三治
木ノ郷村			高橋平八
萩原村	庄屋	3.	山下助左衛門
下金倉村	医師		吉田義庵※
大野原村	医師	2人列	西山右仲
善通寺村	医師		山崎靭負※
櫛梨村		2.	前川弥三郎※
〆			
櫛梨村			大西直蔵
辻村			大喜多平八
上高野村			野田助七
吉津村			小野権兵衛
下高瀬村			丸岡杢右衛門
上勝間村			安藤一彦
木ノ郷村	庄屋		高橋孫兵衛
下高瀬村	庄屋		丸岡助左衛門
新名村	庄屋		森　七左衛門
下高野村	庄屋		田淵好助
中姫村			森安沢蔵
生野村	庄屋		高田虎蔵
粟井村			合田祐市
大野原	医師		尾池平助
山田尻村			高谷久太郎
中ノ村	庄屋		大矢平右衛門
仁尾村			山地米治
塩屋村	庄屋		田中孫兵衛※
善通寺村			神原剛平
下麻村	庄屋		高木七兵衛
竹田村			関　数之進
東高屋村	庄屋		細川順治※
上吉田村			大喜多吉左衛門
今津村	庄屋		横井弥助※
上勝間村			安藤忠治郎
上麻村	庄屋		秋山半左衛門※
本村	庄屋		大西宗蔵※

嘉永元年6月「在中直支配人名書」（松本昭雄氏蔵）より。

五　郷中帯刀人と「固メ出張」

次の二つの史料は、先にも述べた寺家村庄屋小西品治郎の文政十年と天保七年に関するものである。(47)

・右之者祖父三右衛門観音寺住居中、彼是相働き御用銀等令調達候処、不存寄御扶持人苗字帯刀御免被仰付、其後勝手筋ニ付御会釈向之義御断申上、御扶持而已頂戴仕居候、（中略）、祖父三右衛門江被仰付候苗字而已御免被仰付被下候義、（下略）

・右之者奇特之筋等も有之候ニ付、格別之沙汰ヲ以帯刀指免、直支配ニ申付候間被得其意可被申渡候、以上

（下略）

祖父摺木屋三右衛門は御用銀等の調達により、扶持人、苗字帯刀御免を許された。しかしのち会釈を断り扶持人のみとなったが、品治郎には三右衛門に与えていた苗字だけを与えたという。この文政十年の時は苗字だけで帯刀は認められなかったが、のち天保七年に帯刀御免で直支配となっている。つまり会釈か直支配の待遇を与えられないと、帯刀は認められなかったのがわかる。その意味で丸亀藩の帯刀御免は大庄屋・庄屋らに許されているだけではなかった。

慶応二年の次に述べる「固メ出張」に関連する史料の中に、「郷中帯刀以上之者」、「帯刀之者」、「郷中帯刀之者」、「郷中御会釈之者」などの言葉が出てきており[48]、直支配や会釈のものたちが「郷中帯刀之者」と呼ばれて、農民の中でも藩によって郷中帯刀人として扱われていた。彼ら郷中帯刀人は単に帯刀を認められているだけでなく、軍事的に必要な事態になれば実際に帯刀人としての役割を果たさねばならなかった。

徳川幕府は慶応二年五月に第二次長州征討を命じた。この時瀬戸内西部の四国諸藩へ幕府は、長州藩からの脱走兵が四国へ渡って乱暴を働くことも考えられるとして、「要路之場所江番兵差出置、怪敷者見受候ハヽ、無用捨討取候様可致候」と通達し、領内の交通の要路での取締り強化を命じた[49]。

これを受けて丸亀藩では六月二十日に、御用番の佐脇大膳から次のように達せられた。

当今御容易不成形勢ニ付、郷中帯刀以上之者共、別帳之通所々固メ出張申付候、尤於大庄屋庄屋共ニ者、役前之取計も有之候義ニ付、不及出張候、且又帯刀之者人少ニ付、御目見之者共も差加候、依之出張中帯刀差免候間、此旨被得其意早々可被申渡候

大庄屋・庄屋を除いた郷中帯刀以上の者を、「固メ出張」させるということにし、帯刀人が少ない場合には「御目見」のものも加えて、出張中は帯刀を認めることにした。

「固出張」の場所として、領内西の海岸部と交通の要所に当たる内陸部の八か所に「固メ場」が設置された。ここに出張する郷中帯刀以上の者というのは、先述のように直支配・会釈の者たちであり、「郷中帯刀之者共野兵と相唱、要路之場所江為固出張申付候」、「出張御会釈者共之休息所」とあるように直支配・会釈の者たちであった。

直支配・会釈は苗字帯刀を許され、この固出張に「野兵」として軍事的に動員されていることから考えると、実際に治安維持に当たるだけの武力を身につけていたことになる。つまり常時剣術の稽古に精を出している必要があり、帯刀は単に名目的なものではなく、実際に藩の兵力を補充する軍事力として扱われることが前提になっている。

八か所の固場所の一つに、豊田郡の阿波境に井関村固場所が置かれ、井関村番所が充てられた。ここには藩の役人として吉田管治と西岡理兵衛が六月二七日に派遣されてきた。井関村固場所には二五名のものたちが出張することになっている。その中には大野原の庄司和之助・庄司吉五郎の名があるが、他はすべて上高野村・西ノ村・佐文村など、三野郡の村々から出張してきている。他の固場所の出張人数をみると、和田浜が二六名、箕浦が二六名となっており、昼夜十人ずつ詰めることになった(50)。また大麻村詰めも二九名となっており(51)、他の固場所

も二〇台後半の出張人数であったと思われる。

のち七月二二日にはこれらの固場所に藩から派遣された役人は引き上げたが、「郷中御会釈之者出張者、是迄之通相詰候事ニ有之」と、固出張は続けられた。九月に入って「固出張之者心得方」がつくられ、各固場所へ掲示された。またこの時固場所出張の再編が行われたようである。井関村固場所では出張人数は変わらないが、出張人が半分程入れ替わっている。そして箕浦の人数が四三名と相当に増えており、和田浜固場所の人数の記載がないので、おそらく和田浜固場所を箕浦固場所へ合併したのではないかと思われる。[52] この時大麻村固場所もこれまでの倍の五八名に増えている。[53] 九月九日から二十日までの井関固場所では、二日間ずつを六回に分けて四人一組（一組だけ五人）で出張することにしている。

十月十八日に丸亀藩は、「長防御征伐御休戦」になったということで、固出張を中止し、万一の時は「大小之村方ニ不拘、脚立之者共ハ不残、竹鑓等を以相互ニ近村江駆付、固メ等骨折可申」しと通達し、「駆付之義厳重ニ規定相立候様」と、大庄屋に直支配と相談して「規定」を提出するように命じている。[54]

その結果、「御直支配其余御会釈人ニ当り、先達而御固所江罷出候分、銘々定紋筥提灯為持罷出候事」、「村々庄屋御直支配其余御会釈之分、御固所江罷出居候銘々ハ、非常出張之節、先達而御固所出張之砌、被仰出通之着用物、并得物持参ニ而罷出候事」とあるように、[55] 庄屋をはじめ直支配・会釈らの「御固所」への出張を、重視することになっているのはいうまでもない。

おわりに

丸亀藩では宝暦十二年から綿、文化九年からは砂糖に対する取締りを本格的に行い始めており[56]、財政収入増加の方法として国産への統制に注目し始めていたが、財政難はそれ以前から起こっており、元禄十二年に始まった御用銀の領民への賦課は、享保以降は臨時的な藩財政の支出に際しての重要な財源となっていた。

御用銀には人別掛りと高掛かりがあったが、宝暦五年の大喜多家らの「上金」からは、多額の藩への御用銀の負担者については、直支配・会釈などの待遇を与えるようになっていったが、一般の農民たちにも頻繁に御用銀が懸けられたのであり、御用銀の賦課に耐えられるような向上した農業経営の状態にあったといえるのではあるまいか。

直支配・会釈らには苗字帯刀が許され、かれらは郷中帯刀人とも呼ばれ、一般の農民とは異なる階層として扱われており、上層の有力農民層として藩に優遇されていた。かれらは慶応二年の「固出張」に際しては、番所に詰めて治安維持に当たる兵としての役割を果たしていた。こうして直支配・会釈らは、経済的、軍事的に藩との緊密な関係のもとに置かれていたといえよう。

丸亀藩の御用銀の賦課と農民との関係については、以上のようなことが指摘できるのであるが、御用銀の賦課の方法については本稿である程度明らかにできたと考える。しかし直支配・会釈の実態についてはまだ検討すべきことが多く残されており、今後の研究の深まりが望まれるところである[57]。

注

(1)『第二巻』(一九八七年)一一五―一二六、一九八―二二〇、二三一―二五四ページ)。
(2)『近世Ⅰ』二八四―二九九ページ、『近世Ⅱ』一八〇―一八四、二三八―二五四ページ(ともに一九八九年)。
(3)『近世編』(一九九四年)三九二―四六三ページ。
(4)本書第五章「丸亀藩の藩札と国産統制」参照。
(5)前出『近世編』三九二―三九九、四一二―四一六、四三二・四三三、四三六―四三八ページ。
(6)「古法便覧」(『新編香川叢書・史料篇㈠』香川県教育委員会、一九七九年)。
(7)右同。
(8)「倹約御法度」(『香川県史9・近世史料Ⅰ』一九八七年)。
(9)亨保十三年「万覚帳」(佐伯家文書、瀬戸内海歴史民俗資料館蔵。以下「万覚帳」は佐伯家文書である)。
(10)亨保十三年「万覚帳」。
(11)以上、亨保十六年「御用銀高割帳」(前出佐伯家文書)。
(12)亨保十九年「御用銀高割帳」(右同)。
(13)以上、「関東川々普請手伝役ニ付御用銀覚」(仮)(平田家文書、観音寺市大野原支所蔵)。
(14)以上、「甲州御普請御用銀并高割帳」(前出佐伯家文書)。
(15)以上、天明元年「伝奏御馳走被為蒙仰候ニ付御用銀高掛り并人別割覚書」(前出平田家文書)。
(16)「日記」(中井家文書、史料館蔵)。
(17)文化二年「覚帳」(長谷川順平氏蔵。以下「覚帳」は長谷川家蔵である)。
(18)文化九年「覚帳」。
(19)文政八年「覚帳」。
(20)「取固之義ニ付直書并触達等之写」(『新編丸亀市史・史料編』、一九九四年)。
(21)文政九年「覚帳」。
(22)文化二年「覚帳」。
(23)以上、「御用銀覚帳」(仮)(大喜多敏治氏蔵)。

(24)「鎌倉八幡宮御普請御用被仰蒙候ニ付一件帳」(松本昭雄氏蔵)。
(25)堀田文庫(鎌田共済会郷土博物館蔵)。
(26)安政元年「覚帳」。
(27)「従来調達銀書抜」(片岡貞良氏旧蔵)。
(28)以上、「江戸表大地震ニ付才覚銀一件」(仮)(前出平田家文書)。
(29)安政五年「万覚帳」。
(30)安政三年「覚帳」。
(31)右同。
(32)前出「従来調達銀書抜」。
(33)文久四年三月「先祖五郎八観音寺住居中ゟ追々御会釈向被為仰付候御達写」(小西貞節氏蔵)。
(34)安政三年「覚帳」。
(35)安政二年「公用牒」(安藤良夫氏蔵)。
(36)安政二年「万覚帳」。
(37)「銀札御取締に付御口演書写」(前出『香川県史9・近世史料Ⅰ』)。
(38)安政三年「覚帳」。「封札」の詳細については本書第五章「丸亀藩の藩札と国産統制」参照。
(39)安政六年「覚帳」。
(40)安政六年「万覚帳」。
(41)慶応元年「万覚帳」。
(42)「苗字旅刀御達入」(前出佐伯家文書)。
(43)「御直支配書類改名一条御達入」(右同)。
(44)「大庄屋格ニ而山田尻村高谷郁三郎上席之御達書類入」(右同)。
(45)「丸亀藩分限帳」(『新編丸亀市史・史料編』、一九九四年)。
(46)前出佐伯家文書。
(47)前出「先祖五郎八観音寺住居中ゟ追々御会釈向被仰付候御達写」。

(48) 慶応二年「万覚帳」。
(49) 慶応二年「覚帳」。
(50) 以上、慶応二年「万覚帳」。なお、この「固メ出張」の詳細については拙著『藩政にみる讃岐の近世』（美巧社、二〇〇七年）三〇五―三一〇ページを参照していただきたい。
(51) 慶応二年「覚帳」。
(52) 慶応二年「万覚帳」。
(53) 慶応二年「覚帳」。
(54) 以上、慶応二年「万覚帳」。
(55) 慶応二年「覚帳」。
(56) 前掲拙著『藩政にみる讃岐の近世』二四四―二五四ページ参照。
(57) なお、丸亀藩の隣藩高松藩では文政元年に御用銀を以後五年間懸けることにしているが、その時人別掛かり・高掛かりは宝暦年中の方針によることとしており、宝暦頃には御用銀が懸けられていたのが確認できる（『香川県史4・近世Ⅱ』〈一九八七年〉一六五ページ）。

第七章　丸亀藩財政と中井家・長田家

はじめに

享保から幕末にいたる丸亀藩の藩財政の推移については、『新編丸亀市史2・近世編』で丸亀藩の御用留たる「覚帳」等の地方史料に依拠することによって、ある程度明らかにされているが[1]、史料的な制約があって今後に多くの検討すべき課題が残されている。

丸亀藩では藩財政難や幕府からの普請手伝役・馳走役等に際して、領内へ御用銀を課すことが多く行われていたが[2]、文政に入ってからは丸亀藩の国産たる木綿の流通にたいする統制を強めている。天保期は藩財政は安定を保っていたようであるが、ペリーの来航を契機として藩財政は悪化し、藩財政の再建に取り組まざるをえなくなっていった。これを丸亀藩の安政の財政改革といっている。

その内容の概略を説明しておくと、安政元年に農村へ御用米五〇〇〇石を課し、また家臣へは知行米の借上を行った。翌年には藩札の領内での安定的通用のためにその使用の一部を禁止する「封札」を実施した。そして安政三年からは綛糸の流通統制を一層強化するとともに、綿類代金の半高金納に代えて綿作畝一反に付金三歩金納、砂糖車一挺に付金三〇両を金納させ、代わりにそれに相当する藩札を渡すことにした。こうして正貨の確保を図ろうとしているが、翌四年には領内に五か所の砂糖会所を設置し、大坂での砂糖売り払い代金によって正貨を獲得しようとしている[3]。

以上のようにこれまで丸亀藩の藩財政に関しては、御用留類によって藩地での御用銀や国産の統制などから検討がなされてきており、江戸や大坂の商人との関わりかたについては、これまで殆ど触れられることがなかった。江戸の両替商中井家と大坂の両替商長田家の文書の中に、丸亀藩との関係をうかがうことができる史料があるので、以下丸亀藩財政と中井家・長田家との関わりについて検討してみたい。

一　丸亀藩掛屋中井家

享保十六年に丸亀藩の隣藩高松藩の掛屋となった、江戸金吹町の両替商中井新右衛門（屋号播磨屋）は翌年の十七年に丸亀藩から「掛屋御用」を命じられた[4]。そして播磨屋は大坂から送られてくる丸亀藩の為替の引受を主たる業務としていたと思われ、臨時の丸亀藩の出費に際しては資金を調達していた。以下資金調達に関する丸亀藩と播磨屋の関係について、「中井家日記」によって検討していこう[5]。

播磨屋が丸亀藩へ資金の調達を行ったことを確認できるもっとも早い例は、安永八年七月にある次の史料の場合である。

一丸亀藩御用達金一件、今度左之通被仰渡候趣
一金百三拾壱両一歩　但、千五百両、正月ゟ七月迄利足壱両壱歩つゝ、
一金百弐拾両　　　　但、千弐百両之利、十二月ゟ七月迄壱両壱歩つゝ、

〆
内
金百拾五両弐歩　御預金千六百五拾両之利差上ル
引残テ
金百三拾五両三歩　当盆前御渡可被下段承知仕候
金九拾三両三歩　千五百両戌（安永七）八月ゟ十二月迄利壱両壱歩つゝ
一御用達金二口ニ而弐千七百両
内千六百五拾両引
残
金千五拾両　内五拾両引合
尚残金千両　当時ゟ十五ケ年賦
御利足月五朱極　但、月ニ百両ニ付弐歩つゝニ相当り申候事
右之通福岡丈助殿□□江も被仰渡候事

これによると、御用達金一五〇〇両の利子として金一三一両一歩、同じく一二〇〇両の利子一二〇両が計上され、そのうち一一五両二歩は播磨屋が丸亀藩から預かっている一六五〇両の返済利子に充てられ、残り一三五両三歩はこの盆前に丸亀藩から支払われる予定である。なおこのほかに御用達金一五〇〇両の安永七年八月から十二月までの利子九三両三歩の支払いが残っていた。そして御用達金の合計二七〇〇両の返済は一六五〇両は丸亀藩からの預金を充て、残り一〇五〇両のうち五〇両は返済されたが、残り一〇〇〇両は一五か年賦の返済となってい

る。いつからか明らかでないが、安永八年以前に御用達金が行われたのを確認できる。

その後天明元年に幕府より勅使馳走役を命じられた。これは「下地藤堂佐渡守様被仰付候得共、御病気ニ付、俄ニ京極様ニ振替り申」すとあるように、藤堂家に代わっての勤めであった。この時「御用之筋有之」、「京極様御馳走一件御用ニ付」、つまり調達金の要請があったと思われるが、詳細は明らかでない。これから二年後の天明三年には、「丸亀様江下地御用達置候弐千五百金之分、当節御返金之儀願出」たところ、未返済金二五〇〇両のうち一〇〇〇両がこの暮れに返金されることになっている。

天明六年十二月に丸亀藩は関東筋・伊豆国川堤防普請手伝役を命じられた。これに際しはじめ丸亀藩は播磨屋へ金四〇〇〇両の調達を依頼したが、結局金二二〇〇両となっている。また文政五年の伝奏馳走役では金二八八九両三歩、同十一年の鶴岡八幡宮普請手伝役では幕府への上納金は、十一月に二〇〇〇両、翌年正月に二〇〇〇両、三月に二一六七両一歩の計金六一六七両一歩であった。丸亀藩では播磨屋から二、三〇〇〇両を調達する予定であったが、「御借入無之、御国元ゟの相廻り無滞相済」せている。この時藩地の村々へ御用銀として銀四〇〇貫目が懸けられており、これが上納金の財源になったのではないかと思われる。[6]

天保十一年六月はじめには、「丸亀藩御役人（中略）瀬山登様[7]・水間滝右衛門様・内藤丈右衛門様、右御入来御頼談、来ル廿日過殿様御発駕、御旅御用金千五百両暫時調達御頼」と、藩主の参勤交代の道中費用一五〇〇両の調達を申し込んでおり、播磨屋では七月上旬には返済するということで、一五〇〇両の調達に応じている。翌十二年閏正月には、「丸亀瀬山登様・水間滝右衛門様・高口新左衛門様三人、八つ時分ゟ御入来、臨時御入用出来、五百両三月迄調達御頼御座候」と、金五〇〇両の調達を依頼しており、また七月には「当盆前御差支」として金五〇〇両の「調達御頼談」をしている。

そして天保十四年十二月には金一五〇〇両、翌弘化元年五月には「御発駕ニ付」として一五〇〇両、同三年五月には金二五〇〇両、九月には五〇〇両の調達をしている。弘化四年十二月になると、「丸亀様下地調達去ル廿二日御返金済、改弐千両調達御頼みニ付御受致」すとあり、丸亀藩から調達金の一部が播磨屋へ返金されたが、また二〇〇〇両の調達をしている。翌嘉永元年の五月と七月にも一〇〇〇両ずつ調達したが、嘉永二年には「丸亀様御調達金弐千五百両御返金、又々調達金弐千両御受致」すと、丸亀藩から二五〇〇両の返金があったが、また二〇〇〇両の調達を引き受けている。このように天保の終わりから嘉永はじめにかけて、丸亀藩は一部の返金は行いながらも相次いで調達金を播磨屋から受け、江戸藩邸の財政を維持していたのがわかる。

嘉永三年二月に江戸麹町からの出火によって丸亀藩上屋敷が類焼したが、(8)この時丸亀藩は「此節追々普請取掛居候趣、就而者右普請金三千両、利安年賦割済ニ而調達致呉候様」と、普請金三〇〇〇両の借用を申し込んでいるが、結局二〇〇〇両となった。そしてその返済は、同年十二月に六〇〇両、翌四年十二月に七〇〇両、五年十二月に七〇〇両と三年にわたって行うことになった。

二　幕末の中井家調達金

上屋敷普請のための調達金の返済が終わりに近づいた嘉永五年十二月に、丸亀藩は「当年御領分内水損并外臨時御物入相嵩ミ」、「連年臨時入箇等も差湊、其上当年者滞府、且公務入箇之廉も有之」と、再び三か年賦返済で金二〇〇〇両の借用を申し込んでおり、播磨屋は嘉永三年のときと同様の返済方法で調達している。

こうして丸亀藩の財政が逼迫しつつあるときに起こったのがペリーの来航であった。嘉永六年六月に、「丸亀様異国船御用意御頼ニ付、金二千両御頼有之候得共、金千両丈御請致相納候事、尤当八月切御為替着之上、御返金御約束也」とあるように、二〇〇〇両の依頼があったが一〇〇〇両を、八月に返済するということで調達している。

半年後の十二月になると丸亀藩は、「当暮御勝手向追々御借財多相成」として、金三〇〇〇両の調達を依頼し、翌安政元年正月・二月・三月にそれぞれ一〇〇〇両ずつ返済することになった。こうした事態に播磨屋は、「追々御頼談多ニも相成当惑之次第、依而重ね而右様之義御頼無之様」と、度々の調達金に困惑し、今後このようなことがないよう、次のような一札を丸亀藩役人に提出させている。

入置申一札之事

一旦那勝手向要用之義、前々ゟ預御世話忝存候、扨当暮国許ゟ之仕出金不足ニ而、□と致当惑候、依而此度三千両高是非御才覚御頼申入候処、下地調達ニ相成候口々迚も、是迄余程過当ニ付、此上之儀者御相談難被成と、御断ニ相成候段、□□千万ニ候得共何分及引迫、前文之手違今更無詮方、自然御調達も不被下候而者、致儀(難脱カ)不行届ニ相当甚以当惑次第ニ付、推而御頼入候所、全ク出格之訳ニ御聞込、漸々預御承知一同致安心候、然上ハ別紙証文期月日限之通、無相違返金可致候、万一遅滞違約ニ相成候ハヽ、月々大坂表ゟ仕下し候御定用為替金之内ヲ以、直ニ御引取可被成候、其節決而彼是申間敷候、就而者右様之金談筋不申入者勿論、此度限ニ相心得、以後違失無之様入置申候規定書、依如件

播磨屋に調達金を依存しなければ、江戸藩邸の財政が維持できない様子がよくうかがえるが、このようなことは丸亀藩に限らず、当時はどの藩も同じような状況にあった。この調達金三〇〇〇両の返済については、翌安政元年二月の終わりに、「旧冬急調達金三千両致候所、追々御返金、今日皆済相成候、尤御約定ゟ早メニ御返金済

之事」とあり、約束より早く返済を終わっている。

丸亀藩の財政状態はその後も好転しなかったらしく、[9]安政二年五月に次のように調達金をまた申し込んでいる。

一去々丑年以来異船到来、御国表銀札俄ニ不融通相成、御国許札場御会所ゟ御定用御繰出方御差支相成、其上近年御勝手向御物入打続、殊之外東西共御差支ニ付、此度御改革、御家中并市郷共、是迄之半けん（減）暮ニ可致旨被仰出候ニ付、御定用御下金共右准、当二月ゟ無之、御公辺向之義ニ付、御差支も有之候而者、一同心配之義ニ付、此度之義者出格之訳柄ヲ以、御調達御頼申入候事

一金四千両

　但十ケ年賦　尤是迄御調達有之候口金千両口、当暮金七百両口差引

　合金弐千三百両御調達

財政難により改革を実施することになり「半けん（減）暮」、つまりこれまでの諸費用を半分に削減する方針により、[10]江戸藩邸への仕送金が行われなくなったため、金四〇〇〇両の調達を申し込み、このうち一七〇〇両はこれまでの調達金の返済に充てるというものであった。これに対し播磨屋は、依頼高四〇〇〇両を三〇〇〇両に減らし、江戸藩邸へ掛屋として定期的に納める三〇〇〇両と合わせた六〇〇〇両のうちから、播磨屋への返済分四七〇〇両を引いた残りの一三〇〇を納めることにしている（**表1**参照）。

この安政二年の調達金についても播磨屋は、「右之通御相談之上御請致、尤此度之義者出格之訳柄ニ付、以来例ニ相成不申候事」と、調達金が続いていることに警戒を強めている。二年後の安政四年十一月には、「丸亀様当暮為御替金、御国許ゟ仕出し遅ニ相成、漸々十二月廿九日ニ而、炭安（炭屋安兵衛）ゟ案内有之、其上例年ゟも金

高少く、殊之外差支相成、手前方御返金御差引も六つケ敷」くというように、丸亀藩からの播磨屋への返済が円滑に行われていないという状況であった。

表1　安政２年の中井家調達金内訳

金　3,000両	御頼金4,000両の内、５か年賦利取り下げ、月に50両つヽ当暮れより１か年金600両済し
金　2,000両	当用、当12月切り、利月に60匁《(カ)》
金　1,000両	同、当10月切り、右同断
〆金　6,000両	
内、下地調達口	
金　700両	当暮れ返済の分、此の度差し引き
金　2,000両	同７月返済口
金　1,000両	右同断、差し引き
金　1,000両	同４月返済口
惣差し引き	
金　1,300両　相納め	

「中井家日記」（中井家文書）より。

　こうした中で丸亀藩は、文久元年四月中の播磨屋からの「出金惣高」（返済金のこと）九一〇〇両余に対して、「無利足永年賦」による返済を申し入れたが、播磨屋はこれを拒否した。当時播磨屋の丸亀藩との取引は、「京極様前々ゟ調達金、并去ル安政二卯年五月中金三千両、五ケ年賦済調達御頼談ニ付出金致来候所、利足勘定相立候得共正金下ケ無之、元金ニ詰込而已ニ而、近年次第ニ調達元金相増候姿ニ相成候間、当座出金も勤りかね居候」というように、返済滞り分が年々増えていっているという状態であった。その後も丸亀藩は永年賦返済の方針で働きかけて協議を続け、三年後の元治元年六月に両者の話し合いがついた。

　その内容は返済分を「永年賦済」とし、「年暮弐百両ハ無相違御返済之筈、国許ゟ極月定式為替金之内、繰出方相成候間、大為替相廻り次第、直ニ引取可申旨引合詰候」、つまり毎年暮に丸亀から送られてくる「定式為替金」の中から二〇〇両を播磨屋へ渡すというものであった。元治元年六月段階で、永年賦の対象となる調達金とその利子の総高は金九九〇

表2　元治元年6月当時の丸亀藩江戸借財高

金　21,190両余	馬喰町御貸付
金　15,700両余	上野御宿坊
金　9,100両余	中井新右衛門
金　10,200両	深川川村伝右衛門
金　4,100両	芝増上寺山々坊より
金　2,500両	松本八郎右衛門
金　950両	紀州熊野山々より
金　1,900両	福本弥一郎殿
金　800両	御代官取り扱い（大竹左馬太郎殿・石上彦五郎殿）
金　1,850両	小口の分数々〆て
金　11,400両	三田花《カ》朝御殿より
〆金　81,700両余（79,690両）	

「中井家日記」（中井家文書）より。ただし、〆金の数字は原史料のまま、（　）は修正した数字。

六両であった。

毎年暮れの二〇〇両の返済は、「年々弐百両宛五ケ年程御戻入、其後六ケ年目ゟ増金ニも相成積り引合置候」とあるように、六年目から返済高を増やす予定であった。しかし元治元年十二月には元治元年暮分として、一〇〇両増やして三〇〇両の「年賦金」を納めている。この「年賦金」三〇〇両は慶応三年十二月まで支払われているのが確認できる。

なお元治元年六月に、「追々諸向ゟ御借入、両三年已来元利共居置相成候分、御打明御咄有之候分、口々承候儘左ニ記置候」として、丸亀藩の江戸における借銀の「元利共居置」、つまり返済滞り高が播磨屋へ知らされており、その内容は**表2**にあるとおりであった。総高約八万両に及んでいた。

三　丸亀藩と長田家

大坂の大川町の両替商であった長田作兵衛（屋号加島屋）

が、丸亀藩といつころから関係をもつようになったのかは明らかでないが、長田家文書(11)の中の丸亀藩に関する最初の史料は文化十年の次のものである。

覚

一年来調達筋御深切ニ御世話被下、猶又此度格別之御働を以、銀百貫目永納有之、於拙者共ニも致大慶、則其段源三郎殿（丸亀藩六代藩主京極高朗のこと）達聴候所、満足ニ被存候、依之為寸志、下地被下米之上百弐拾俵相増、都合三百弐拾俵可被相送候之状、如件

京極源三郎大坂蔵屋敷役人
杉本宗右衛門 ㊞

右同役人
杉本甚八郎 ㊞

右同留守居
田中茂兵衛 印

右同丸亀勘定奉行
船江三五六 ㊞

右同
加納式右衛門 印

文化十癸酉年五月

岡　織部 ㊞

長田作兵衛殿

右之通相違無之者也

文化十癸酉年五月

多賀帯刀 ㊞
在江戸ニ付印形不能
本庄七郎右衛門
岡　織之助 ㊞

丸亀藩の加島屋への借銀のうち、銀一〇〇貫目を「永納」させ、その代わりに「下地被下米」を一二〇俵増やして計三二〇俵にしている。長田家の別の史料によると、「京極源三郎殿就要用、先年家質ニ而被預置候銀高之内」から、「銀百貫目永納」とあり、またこの年暮れから毎年返済として銀三貫目を渡すことにしている。

その後は明治になるまで直接に丸亀藩に関する史料は見当たらないが、安政三年の加島屋作兵衛への諸藩からの給米をみると（史料では銀に換算してある）、一番多いのは肥後藩知行米・銀七六貫八〇六匁余で、以下は秋田藩知行・四〇貫二七五匁余、広島藩合力米・一六貫二五匁余、筑前藩扶持・一四貫八八四匁余、丸亀藩合力米・八貫二四一匁余の順となっており、全部で一六藩中の五位になっている。[12] 上位四藩はいずれも大藩であり、公称五万石の小藩丸亀藩が五番目だということは、それだけ丸亀藩にとって加島屋は大きな比重を占める大坂の商人であったと思われる。

明治四年七月の廃藩置県によって旧藩の負債を引き継いだ明治政府は、藩債の調査を直ちに開始した。加島屋でも藩債の整理に取り掛かり、丸亀藩に関しては三冊の「御勘定書」が作成されている。そのうち二冊はそれぞれ「丸亀書出下書」、「不用也」と記されている。残りの一冊は明治五年二月付で、差出人は「大坂大川町長田作兵衛」、宛先は「元丸亀県御役人中様」となっており、長田作兵衛の下には印が押してあり、これが正式の丸亀藩の負債の調査書と思われる。

表3　丸亀藩の長田家借銀高（明治5年2月現在）

銀　19貫878匁6分7厘 993　9　3	元銀弘化5年4月元150貫目のうち、130貫122匁3分3厘嘉永元年より明治元年迄追々元入れ相成る残銀。 残銀巳（明治2年）・午（明治3年）2か年分年2朱半利。
銀　264貫888匁1分2厘 14　588　8　5	元銀343貫927匁6分のうち、79貫39匁4分8厘文久元年より明治元年迄追々元入れ相成る残銀。 残銀巳正月より午10月迄、22か月分月2朱半利。
銀　450貫456匁1分6厘 49　550　1　8	元銀504貫400匁のうち、53貫943匁8分4厘慶応2年より明治元年迄追々元入れ相成る残銀。 残銀巳年正月より午11月迄、22か月分月5朱利。
銀　113貫398匁9分4厘 11　339　8　9	元銀124貫249匁2分5厘のうち、10貫850匁3分1厘慶応2年より明治元年迄追々元入れ相成る残銀。 残銀巳・午2か年分5朱利。
銀　135貫目 14　850	右文久2年12月元。 元銀巳正月より午10月迄22か月分月5朱利。
銀　62貫目 4　960	元銀310貫目のうち、248貫目慶応元年より明治2年迄追々元入れ相成る残銀。 残銀午正月より10月迄10か月分月8朱利。
銀　103貫600匁 8　288	元銀259貫目のうち、155貫400匁慶応3年より明治2年迄追々元入れ相成る残銀。 残銀午正月より10月迄10か月分月8朱利。
銀　129貫732匁 14　270　5　2	元銀389貫200匁のうち、259貫468匁明治元年より同2年両度元入相成る残銀。 残銀午正月より10月迄1か月込み11か月分月1分利。
〆銀1,397貫775匁2分6厘	此の金8,676両2歩2朱、銀5匁2分2厘。但し1両に付き161匁9厘6毛替え、御示談を以て平均相場。
金　667両 金　73　1歩1朱 銀5匁7分7厘	元金1,000両のうち、333両明治2年元入れ相成る残銀。 残金午正月より10月迄1か月込み11か月分月1分利。
金　2,000両 240	元 元金巳12月より午10月迄1か月見込み12か月分1分利。
金　5,000両 825	元 元金巳12月より午10月まで11か月分月1分半利。
〆 金8,805両1歩1朱	
合金17,481両3歩3朱 右のうち 金 1,165両	 午年10月受け取り。
差し引き残金　16,316両3歩3朱	

「御勘定書」（長田家文書）より。

表4　丸亀藩の長田家借銀元金内訳

元　　　金	返済開始年
銀　150貫目	嘉永元年
銀　343貫927匁6分	文久元年
銀　504貫400匁	慶応2年
銀　124貫249匁2分5厘	慶応2年
銀　135貫目	明治2年
銀　310貫目	慶応元年
銀　259貫目	慶応3年
銀　389貫200匁	明治元年
金　1,000両	明治2年
金　2,000両	明治2年
金　5,000両	明治2年

「御勘定書」（長田家文書）より。

この「御勘定書」を整理したのが**表3**である。丸亀藩の加島屋への負債は、元金の支払い残りと利子を加えて合計一万六三一六両三歩三朱となっている。これから元金の高とその返済開始年を書き出したのが**表4**である。返済開始年によって大体いつごろ借銀したのかが理解できよう。嘉永以降の借銀元金に関するものが、明治五年に負債として残っていた。加島屋の場合には先述した江戸の播磨屋の場合と違って、慶応から明治にかけての明治維新の激動期に借銀が多かったのがわかる。

四　「物産方」と長田作兵衛

明治二年十一月に丸亀藩の「物産方」に商社が設立された⒀。これに関しては明治九年の長田作兵衛・松田芳兵衛・馬渕勇助連名の、京極家の家令石川巌宛の「願書」の冒頭にある次の史料から、そのいきさつが理解できる。

（前略）、明治三庚午年御国表ニ於テ、御物産会所御取開可被成思召ニテ、旧御藩大参事土肥大作様御上坂ニ相成、其節御館入之中ニモ私ニハ御用途被仰付、節々出金高モ外御館入ヨリハ毎モ出精罷在候趣ヲ以、私エ御

委任被仰付、重々難有御請仕候、則手代安土喜兵衛始外手代共御国表出張、丸亀松屋町御物産会所エ其御懸り三好逸蔵様其外御同僚、且出張手代共日々出勤、乍不調法御趣意御規則相守、尽力商業相営、持斉の金員不足之節ハ、御物産御懸り衆中エモ共（協）議之上、金員御下ケ渡願出候ハ、、御渡被成下候御約定ニテ間渡仕、且手代喜兵衛名前ヲ以、預券摺出シ被仰付、益手広之融通致罷在候処、（下略）

実際に商社設立が動き出したのは明治三年にはいってからであったが、丸亀藩大参事の土肥大作が大坂へ来て、長田作兵衛に「物産会所」（正式には物産方）の運営を委任し、物産方に必要な経費が長田家で用意するだけでは不足の場合には、藩からも貸し渡されることになっていた。なお物産方は丸亀城下の松屋町に置かれた。

この物産方の営業内容については次の史料がある。(14)

一旧丸亀藩ニ於テ、市中ニ商局を設立シ、之ヲ物産方ト称ス、此事務ニ於テハ、質貸荷物為替ヲ以テ主本トス、市街ノ商人結社ノ方法ヲ立テ、入社スルモノハ、仮令ハ壱歩金百円ヲ商局ニ上納スレハ、紙幣弐百円ヲ貸与ス、之レヲ称シテ差入金トス、此ノ行為ニ於ル旧藩役人、出張シテ事務ヲ監督シ、損出ナカラシメン為、専ラ保護ノ道ヲ要シ、其金貨ノ運轄ハ、大坂商人旧藩館入ノ縁故ヲ以テ、長田作兵衛出張シ、該店ノ金貨ヲ持斉シ、又夥出ノ時ニ遇エハ官ヨリ貸渡シ、此商店ヲ継続保護ナサハ、名ハ物産方ニシテ、其ノ実長田氏ト合店ニ属ス、（下略）

物産方に「壱歩金百円」を上納させて「紙幣弐百円」を貸与する（これを「差入金」という）、つまり持参した正金の倍の紙幣、つまり丸亀藩発行の藩札を貸すという「質貸荷物為替」の取扱を行うというものであり、貸与する藩札は長田作兵衛が用意する場合もあったが、藩から貸し渡されることもあった。

先にあげた商社と物産方の関係は、物産方のもとに長田作兵衛を責任者とする商社が置かれ、長田作兵衛の名代が四名おり、社中人名として商社頭取三名・商社肝煎九名・綿商社二三名・干鰯商社一三名・砂糖商社九名・古手木綿商社一五名・雑穀商社一八名・煙草商社二名・塩商社（社中惣掛り）の計九二名の商人の名があげられている。そして「商社買取の荷物、当物産方にて時相場を以て値定の上積上り、大坂役所にて入札の上売捌き、所得三ツ割の事」とあるように、商社で買い集めた荷物は大坂で売り払い、その利益は三等分、つまり物産方・加島屋（長田家）・社中で分けることにしている。[15] つまり貸し付けられた差入金によって各商品毎の商社は商品を買い入れて、それを物産方が大坂へ積み送って売り払うというのである。商社員から元仕入金として正貨が物産方へ納められ、藩札たる差入金を貸し渡すという正貨獲得の方法でもあった。

なお、長田作兵衛は「拙者儀去ル明治三年ヨリ同五年迄、讃岐国那珂郡丸亀塩飽町ニ於テ、質物会所取リ設ケ居ル内、貸シ付ケタル金員ニコレ有リ」[16]と、物産方とは別に塩飽町に質物会所を営業していた。

廃藩置県後、丸亀藩からの貸下金は八月中に引き上げて決算することにしたが、「差入金」は五か年賦の返済となっていたため、金一万七千両を五か年賦済みとした。[17] 物産方も廃止されたが、その貸付業務は長田作兵衛が引き継いだ。このとき金五万円の拝借証文が長田作兵衛から京極家へ提出された。この五万円については、「金弐万円ハ初発御物産御懸り中、御貸付質入等仕送り金之内、損耗ニ相成候分モ有之候得共、其見込ヲ以、明治五壬申年ヨリ向十ケ年賦ニ割、返納之御約定ニテ拝借仕、他金三万円ハ資本金ニ御座候」とされていた。[18]

その後明治六年に入って長田家の家産が傾き、大坂本店の営業を停止する事態になったため、この五万円の返済の方法が問題となった。何度となく協議を重ねた結果明治九年に、「明治三午年御国表ニテ、御物産会所御取リ開キニ相成リ、追々拝借高」五万円のうち、二万円は「丸亀出店貸付物品等悉皆差上ケ、本行（ママ）高ト御立用相願候事」として「上納済」とされ[19]、残り三万円が残った。しかしこれは翌十年に長田家から丸亀の町や郷中への貸付金をすべて京極家へ渡すことで解決した[20]。

以上述べてきた丸亀藩物産方からの貸付金に関する証文が二六通残っている[21]。貸付の元金たる「金貨」つまり「元仕入金」に関しては次の史料がある。

証文之事

一金弐百両也

右者商法元備金之内江、為差加金預置候、入用之節者何時ニ而も、壱ケ月壱歩之利足加、元利共差下ケ可申候事

丸亀藩物産引受
大坂加島屋出張所
安土喜四郎 ㊞
中川利三郎 ㊞
馬渕雄助 ㊞

明治三年
午七月

中村屋
半左衛門殿

右之金子商法元仕入金、別紙拝借皆済之上者、何時ニ而も下ケ渡可申事

丸亀藩物産引受の大坂加島屋出張所の三人が連署した、中村屋半左衛門から金二〇〇両を「商法元備金」(元仕

入金）として預かったことを示す証文である。預金の利子は一か月一分であった。中村屋半左衛門は明治二年十一月の商社設立の計画書の中に名はないが、その後商社へ参加したものと思われるが、取り扱う商品は明らかでない。

引用史料の最後にあるように、「商法元仕入金」が皆済されれば、二〇〇両の預金は返済されることになっていたが、この商法元仕入金を拝借したことを示すのが次の史料である。

　　拝借中金子之事

一金四百両

右者商法為元仕入金、慥ニ拝借仕候所実正ニ御座候、然ル上者壱ケ月月壱歩之利足ヲ相掛、五ケ年割付聊無相違奉上納、為後日連印証文、如件

明治三年
　午
　六月

拝借主
中村屋　半左衛門　印

証人
高智屋　助左衛門　㊞

同
木戸屋　卯八郎　㊞

同
伊予屋　忠兵衛　㊞

物産方
　御役所

前書之通相違無御座候、万一不納致候ハヽ、私共急度上納為致、仍而奥書仕候

頭取　中島屋清八　㊞
同　三野屋利助　㊞
同　木屋伴左衛門　㊞
調役　吉野屋万治　㊞
同　多度津屋新右衛門　㊞

これは中村屋半左衛門が、商法元仕入金として金四〇〇両を月一歩の利子で、五か年賦返済で借用した証書である。先に引用した「三橋家文書」の中に「紙幣」を貸与したとあり、中村屋半左衛門の場合の金四〇〇両は藩札のことであろうと思われる。なお奥書をしている頭取・調役についてその性格は明らかでない。

いずれにしろ、中村屋半左衛門は金四〇〇両の引当として、家屋敷証文を頭取・調役へ提出しているが、その内容は「一福島町弁天筋北側　表口五間裏行弐拾間　一同町同筋南側　表口弐間半裏行四間半壱尺弐寸五歩」であった。商法元仕入金という言葉が示すように、丸亀藩内における商品生産や流通を盛んにするための資金の貸し付けであったのはいうまでもない。

おわりに

元治元年における丸亀藩の江戸での播磨屋中井新右衛門をはじめとする借銀の返済滞高は、約八万両であり、播磨屋については「永年賦」とし、毎年暮れに二〇〇両ずつ返済していくことになっていたことは先述した。この頃播磨屋だけでなく江戸の他の借主とも借銀の整理について交渉したと思われる。借銀の返済は江戸だけでなく当然大坂の商人等へ対しても取り組まねばならない問題であった。

慶応元年に家老本庄惟敬は大坂へ出掛けて、「御内用筋ニ而上坂被仰付候ニ付手控」を書き残している。[22]その中に「旦那方も勝手向差支之処、以来彼是厚御世話被下所、扨又此度実意を以御相談申度、猶委細者三好鹿之助を以御掛合申」、「炭彦（炭屋彦五郎のこと）先年銀札場江五千両借受口、五朱利ニ而六ケ年納ニ而、元方江引受ニ談済之事」とあるように、大坂商人らと借銀整理について交渉するための大坂行きであった。

交渉相手の大坂商人は天王寺屋忠兵衛・茨木屋益之助・長田作右衛門・長田作兵衛・炭屋安兵衛・稲川安右衛門・炭屋彦五郎・播磨屋仁三郎・尼ケ崎屋太左衛門らであった。交渉結果は「当節柄大出来々々仕合也」とあり、丸亀藩にとって有利に解決できたようであるが、その返済処理の具体的内容は明らかでない。

丸亀藩では安政期に、綛糸の統制強化や砂糖の大坂積登による正貨獲得の方針がとられたことは検討されている。[23]しかしその後の明治維新にかけての領内の国産に対する統制の動きはわからなかったが、一部ではあるが明治二年十一月に物産方に長田作兵衛を責任者にして商社が設立されたことが明らかとなった。その狙っているところは、正貨たる元仕入金を預けて藩札の差入金を借用し、それによって綿・干鰯・砂糖・古手木綿・雑穀・煙草などの集荷を行い、大坂へ運んで売り払って利益を得ようとするものであった。

安政期の正貨獲得が国産の代金の藩札との引替に重点があったのに対し、物産方の商社の場合は、干鰯がどの程度丸亀領内で生産されていたかは明らかでないが、綿・砂糖など国産を取り扱う商人から元仕入金として正貨を得るという点に、安政期との違いが見られるように思われる。

以上、江戸両替商の播磨屋の「中井家日記」を通して、幕末期における丸亀藩江戸屋敷の財政問題と播磨屋との関係が明らかになったし、また大坂両替商の加島屋の「長田家文書」によって、明治二年の丸亀藩が設置した物産方における商社のありかたについて知ることができた。このように今後も江戸や大坂における商人らとの関連を検討することは、丸亀藩の藩財政の解明に必要なことであると思われる。

明治二年十二月に丸亀城内の御殿が焼失したが、[24]このとき豊田郡河内村の大喜多家が米一〇〇俵（代銀24貫目）を献上していることにみられるように、[25]これを機に藩財政難は一層進んで破綻に瀕したらしく、明治四年三月に廃藩を明治新政府へ願い出て翌月にこれが認められている。[26]

注

（1）三九二—四四七ページ。
（2）詳細は本書第六章「丸亀藩の御用銀と『直支配』・『会釈』」を参照。
（3）詳細は本書第五章「丸亀藩の藩札と国産統制」を参照。
（4）『播磨屋中井家永代帳』（東京大学出版会、一九八二年）一三二ページ。
（5）国文学研究資料館史料館蔵。以下引用史料は注がない限り「中井家日記」である。
（6）「従来調達銀書抜」（片岡貞良氏旧蔵）。
（7）当時瀬山登は江戸詰の勘定奉行であるが、翌十二年四月に側目付となっている（「中井家日記」）。
（8）「旧丸亀藩事蹟」（堀田文庫、鎌田共済会郷土博物館蔵）。
（9）丸亀藩では安政元年五月に「此度異国為御手当」、領内農民に御用米を課している（「覚帳」長谷川順平氏蔵）。
（10）この時の改革の詳細は明らかでないが、家臣の知行米支給を削減する「家中借米」が以後五年間実施されることになっている（『新編丸亀市史2・近世編』〈一九九四年〉四三三ページ）。
（11）国文学研究資料館史料館蔵。以下引用史料に所蔵者の記載がないのは「長田家文書」である。
（12）『摂津国大坂加嶋屋長田家文書目録』「加嶋屋長田家文書解題」（史料館、一九六八年）。
（13）『新修丸亀市史』（一九七一年）五八五ページ。「物産方」は明治二年三月に職制改革の一環として設置され、「商法局」とも称した（『新編丸亀市史5・年表編』・一九九六年）。

(14) 右同。
(15) 右同、五八五―五九〇ページ。
(16) 「譲渡証券」。
(17) 丸亀市史編さん史料「三橋家文書」。
(18) 「願書」(写)。
(19) 「嘆願書」(仮)(写)。
(20) 「約定書」。
(21) 前出「三橋家文書」。
(22) 丸亀市史編さん史料「本庄家文書」。
(23) 本書第五章参照。
(24) 前出『新編丸亀市史5・年表編』。
(25) 前出「従来調達銀書抜」。
(26) 『新編丸亀市史3・近現代編』(一九九六年)二一四―二一七ページ。

附論　福岡藩「生蠟為替仕組」と広瀬久兵衛

はじめに

幕府領である豊後日田の商人については、遠藤正男氏の「日田金の研究」で本格的に論究され[1]、その後も多数の研究成果が出されているが、多くは日田商人の経営内容を中心とする分析であるといえる。日田商人と九州諸藩との関係についていえば、日田商人は蔵元・掛屋の役割を果たしていたが、次第に九州諸藩のほとんどに大名貸を行うようになり、そのうち福岡・久留米・小倉・唐津・柳河などの藩がもっとも主なものであった。そして幕末期の日田商人のうち大名貸を手広く行っていたのが、千原家と広瀬家であり、千原家は福岡藩・秋月藩・小倉藩・森藩などに貸付を行っていた[2]。

広瀬家が大名貸を行ったのは、福岡藩・秋月藩・久留米藩・柳川藩・対馬藩田代領・唐津藩・大村藩・熊本藩・小倉藩・中津藩・府内藩・杵築藩・森藩など、薩・隅・日の三か国を除くほとんどの九州諸藩であり、このうちとくに福岡藩・府内藩・対馬藩田代領が中心であった[3]。この三藩に対しては大名貸のみならず、直接財政改革に関与している。

遠藤氏は前掲書において、広瀬久兵衛と福岡藩・府内藩・対馬藩田代領との関係を検討し、府内藩・対馬藩田代領についてはその後も研究成果が出されているが[4]、福岡藩についてはその具体的な研究は見当たらない。福岡藩は府内藩・対馬藩田代領に比べると五二万石の大藩であって、幕末期の藩財政改革の実態を明らかにすることは、明治維新における同藩の動向を究明するためにも必要なことと思われる。

遠藤氏によると、弘化二年三月に広瀬久兵衛は福岡藩へ建白書を提出し、生蠟会所の改正によって福岡領内の生蠟の買占を行うことを主張した。その結果福岡藩は、買占を行う商人として広瀬久兵衛を任命した。しかしかれは総支配人となり、実際の福岡領内の櫨実の買い集めおよび生蠟の買占は、博多の瀬戸惣右衛門・佐野半平に委任することにしたという。そして生蠟の買占に需要な役割を果たすことになる瀬戸惣右衛門の製蠟業の実態、小製蠟業者との関係、櫨栽培農民の統制などについて言及している[5]。遠藤氏は広瀬久兵衛が福岡藩の生蠟会所と関係を持ってくるのは弘化二年としているが、管見の限りでは嘉永二年からである。のち安政四年になると久兵衛は福岡藩生蠟会所から手を引き、瀬戸・佐野が生蠟会所の実権を握ることになっている（詳細は後述する）。

以上の点から、これまであまり明らかにされていない福岡藩と広瀬家との関係、とくに嘉永二年に始まる福岡藩の「生蠟為替仕組」の具体的内容について検討し、それをとおして幕末期福岡藩の財政改革の性格を追求する手がかりを得ることが本論の課題である。

一　幕末期の藩財政

福岡藩では元禄十六年に、藩財政が窮乏して大坂での借銀が増加し、また二年続きの凶作が起こるという状態のもとで、家臣団の救済を目的として藩札が発行されている[6]。享保十七年には領内および福岡・博多からの借銀が約銀一六〇〇貫あったという。その後宝暦七年・寛政十年・文化三年・文政十一年・天保五年・天保十二年・

弘化元年と、たびたび各種の藩札が発行されている（**表1**参照）。借銀整理の方法として、天保元年には大坂商人からの借銀の元金の一〇か年間支払い延期を行ったが、これでも借銀返済を十分に行うことができず、天保六年には「繰合少々相直り候迄之間ハ、借財之元利払事、当分被及断」ると、借銀の元利支払い停止の方針を出している。[7] しかし天保九年には大坂での借銀が三万六〇八六貫もあり、[8] 極度の藩財政の窮乏をうかがうことができる。

　さて、嘉永期になると、嘉永三年に「江戸表江御差立ニ相成候金子四万両」を調達しなければならないという事態が起こり、[9] 同五年には大坂の炭屋彦五郎から一万五〇〇〇両、翌六年にも同じく三万両の借銀をしている。[10] 嘉永六年の藩財政見積について検討してみると、収入は米八六万九三七〇俵と銀一三〇五貫、支出は米八八万七九八〇俵と銀一五四九貫であった。[11] 収入の中には小物成関係は計上されておらず、別途会計になっていたと思われる。[12] この年の大坂廻米は「定例登米」の二四万俵では不足だったらしく、のちには三一万俵の廻米が行われており、その支出は京・大坂の借銀支払い、参勤交代費、江戸藩邸費などに充てられていた。[13]

　嘉永六年の藩財政は米一万八六一〇俵と銀二四八貫が不足する見込みであったが、のちには米一〇万俵（約金五万両）の不足となっている。[14] 翌安政元年には「定例大坂登米」の二四万俵を確保できず、そのため江戸・京・大坂の経費のうち約八万俵が不足することになっていたが、[15] 安政元年冬に実際には三〇万八四八〇俵の大坂廻米が行われている。[16]

表1　藩札の発行状況

年	備　考
宝暦　7年	家中郡町浦御救銀として
	山方銭切手
寛政　10年	櫨実蠟仕組に付銀切手
文化　3年	貸渡現銭切手御扱切手
同　9年	銀切手貸渡
文政　11年	銀切手出来貸渡
天保　5年	御救方札
同　12年	生蠟会所手形
	石札
弘化　元年	年行司預り

「筑前御仕組一条書物留」（広瀬家文書）より。

表2　安政元年の大坂借銀支払高内訳（但し、匁以下切捨）

銀		貫 47,261	（＝金727,101両）大坂表新古借財高	
		23,840	支払高	
内訳		6,050	普請御用借入残元銀（別段引当米家中押米45,000俵差登）	
		1,117	家中御救用借入残元銀（別段引当米家中押米14,100俵差登）	
		137	永代銀利	（イ）
		10,615	銀主中并他所無縁銀主より借入元	（イ）
		718	銀主中より出銀の内	（イ）
		418	他所無縁銀主より借入利	（イ）
		70	御家質利12月渡分	（イ）
		1,590	旧借の元利	（イ）
		1,497	去丑冬利足分証文にて渡方分	（イ）
		1,554	御慶事御用借入金	（イ）
		152	御慶事御用借入金利足	（イ）
米		俵 91,280	当冬登米	
	内	12,000	大坂銀米入方	
残		79,280	代銀1,982貫（ロ）	
（イ）－（ロ）　銀14,691貫　渡不足				
外に銀3,844貫，当11月より来10月１季中江戸借送并京大坂入方共，頼談にて借入分				

「要用書留」より。

またこの安政元年には「大坂表ヲ初、他国ニ而御借入分凡百四万六千四百両余之御借財」とあって、一〇〇万両を越す借銀があったが、[17]このうち大坂での借銀高は銀四万七二六一貫（約金七三万両）であった（**表2参照**）。そして安政元年の支払い高は二万三八四〇貫であったが、(イ)から(ロ)を引いた一万四六九一貫が支払い不足となり、さらに「江戸借送并京大坂入方」として、銀三八四四貫を借銀しなければならなかった。

このような状態に対して、翌安政二年に「九万俵御登米ニ而御用途差引、御不足之分八ケ年置居」との方針のもとに、[18]大坂での借銀を一部の利子の支払いを除いた銀二万七〇〇〇貫余（金四一万九〇〇〇両余）を八か年間「元利払分」の支払い延期を行うことにな

表3　日田・領内借銀の返済米内訳

	俵	
米	77,400	日田御借入分御引当米の高
内	33,000	御当用より日田借入金11,000両返済引当米，但7,000両御救助御用取用い相成る
	30,000	日田借入金１万両御救助御用に取用い
	8,400	日田借入金2,000両卯７月同
訳	6,000	日田借入金当冬差引相立べき分
米	117,130	両市中幷びに郡町浦借入返済米，此節書替渡分共
内	10,000	御用聞町人より借入金17,000両の内，11,000両浦方西皿山分貸付返済，来る午年迄右の高
	4,704	御当用季末不足金8,000両借入，来る未年迄返済米
	7,056	丑年長崎非常御用金12,000両借入，来る未年迄返済米
	4,090	御用聞町人より借入金２万両の内13,050両御救用に取用，来る未年迄返済
訳	11,760	非常備として郡々有徳の者より借入，寅より申迄返済
	735	御当用季末不足の内1,250両借入同
	12,000	御救助御用金4,000両，瀬戸佐伯万屋より借入一季借返済米
	66,800	卯８月限差紙の分，辰８月限に此節に書替仰付らる分凡の高

「筑前諸用留」より。

った[19]。またこの年三月頃は、「為登米無之処、下り金等も博々敷無之」という状況であり[20]、八月には「当冬之御不足米三十万俵余、此先五ケ年ニ六十万俵余之御不足」となることが明らかとなった[21]。

安政二年の藩財政収支予算によると、米三〇万八二四六俵の不足となっており[22]、このうち日田商人および領内御用聞町人などへの借銀返済の引当米が約二〇万俵近くを占めている（**表3**参照）。すなわち安政元年の日田商人への返済米が三万俵であったのが[23]、安政二年には七万七四〇〇俵と倍以上に増えていることに示されているように、日田商人および領内からの借銀返済米が増加したことが、安政二年に不足米が急増した原因である[24]。

このような事態に対して藩では、「万端被打破候御欠略」による「御所務限之御暮方」と、昨年実施した家臣団救済を止めて逆に「上米」を命ずること、領内からの借銀は返済を断るか延期することという方針を出した。ここでいう「御所務限」の意味がはっきりしないが、年貢収入から家臣への給知・切米を引いた分と家臣上米等の米収入を指しているのであろう。安政二年に「御所務并諸納米之分」として二九万三五〇〇俵が計上されている[26]。

翌安政三年には、また大坂の炭屋から七万七〇〇〇両の借銀をした。これは「御国之義一切札を以急場御凌有之、此節ニ至札御引替無之時者、下方騒動差起」るという理由からであった[27]。つまり「一切札を以」てというように、藩札を大量に使用しているためにその引替金が必要であったからである。炭屋からの借銀のうち五万両は、「札物人気立直り候手段ニ付、外之御用御取用無之様」としていた[28]。

次に安政六年の藩財政について**表4**によって検討しておこう。収入総額は嘉永六年の場合に比べ約一〇万俵増えているが、これは「家中貸渡ヲ初メ、御類焼押番札押共一切上納高」、つまり家臣からの返納金などの上納高が嘉永六年の「去亥冬家中御救金押米」より約一〇倍になっているためである。しかし支出で「御救用差引済ニ付、家中拝借ノ面々へ当未ゟ弛メニ相成分」、「郡町浦へ類焼押当、未ゟ半高弛分」、「御家中へ同断」、「番札拝借ノ面々四歩抑ノ分、当未ゟ悉皆弛分」として、約六万三〇〇〇俵が「家中」・「郡町浦」へ還元されていることから考えると、収入が一〇万俵増えたといっても実質的な意味はもたなかったといえよう。

また、支出のうち「大坂登米」の項目では約一七万俵しか計上されていないが、その他大坂廻米と思われるものに、「巳冬借入金返済米」、「非常備金借入返済米」、「番札御仕法付け返済米」、「製練所御用借入返済米」、「炭屋登米」、「大坂増登米」などがあり、これらを合計すると大坂廻米は約二五万俵となる。これは嘉永六年の大坂廻米が約三一万俵であったことから考えると、若干減少しているが、先述したように、安政二年に大坂での借銀について「八ケ年ノ間元利払分借居」にした結果であろう。しかし、大坂での借銀支払いを停止していながら約六万俵が不足しているのは[29]、藩財政難の実態を物語るものであるといえよう。

表４　安政６年の藩財政収支予算（但し、斗以下切捨）

収　　入　（イ）	
俵 米 689,518	本多所務・稲作所務・壱《(カ)》作所務分
68,005	給知切扶より納諸上納米
41,543	郡町浦より納諸上納米其外共
149,432	家中貸渡押を初め御類焼押番札押共一切上納高
12,000	去年借入金20,000両非常備の分返済米，未（安政６年）より７ヶ年割の分，此節御詮義により番札押米より打替家中へ御掛けに相成分更に加る
計 960,500	
支　　出　（ロ）	
454,040	給知切扶渡
42,691	荒費徳引分
5,000	非常備米（此外5,000俵不足御潰のため当季減）
6,600	定例江戸廻米
56,792	定例渡を初め長崎御用其外一切の諸渡米分
27,600	巳（安政４年）冬借入金46,000両返済米午（安政５年）より７ヶ年割分
4,935	差紙巳より10ヶ年賦渡
18,386	番札貸渡に付年限中家中定取留め相立候に付，諸上納米不足分御潰に相成分
27,031	去る子（嘉永５年）家中へ貸渡金，郡町浦より借入分返済米，丑より10ヶ年渡切
12,000	非常備金20,000両借入，未より７ヶ年割返済米
15,731	番札御仕法付け未より10ヶ年賦渡返済米（此外1,788俵井上善八分引）
5,000	秋月助勢米午より１ヶ年渡
2,250	製練所御用3,750両借入，未より７ヶ年割
3,000	井上善八所持番札返済米嘆願により，買上け代金直に借入5,000両返済米より７ヶ年賦
12,000	大坂銀米入方分
172,500	大坂登米御滞借扱米共，内150,000俵江戸仕送の御用を初め，参勤銀江戸御滞借仕解御用のため登せ分，22,500俵大坂表御滞仕解のため登せ分
4,000	炭屋登米，但去年午冬差引残元銀3,827貫514匁１分６厘，５ヶ年割残元銀259貫610匁，午示談金11,000両代残元794貫250匁，都合4,881貫374匁１分６厘
11,310	大坂登米６歩運賃
15,000	大坂表御滞借仕解のため30,000俵増登歎願に及び候末，当秋増登分の内5,000俵代銀取下の俵約定に付，尚又歎願の末融通として増登分
900	同上運賃米
5,000	江戸表御滞借道付として去年冬より廻米分
500	同上運賃米
15,380	地の建銀納銀不足凡銀500貫の積足銀代米見込
4,000	金山御用金6,000両の内米を以御手当金分（此外5,000俵代銀大坂下分を以て御手当分）
14,300	御救用差引済に付家中拝借の面々へ当未年より弛めに相成分
15,000	郡町浦へ御類焼押当未より半高弛分
11,750	家中へ同断
21,964	番札拝借の面々４歩押の分当未より悉皆弛分
2,204	御救用大坂表差引去午冬にて皆済いたし，余米当未より３ヶ年割返米
計986,866	
（イ）－（ロ）　米26,366俵不足	
外ニ30,000俵日田表借財仕解として，巳より５ヶ年の間差紙渡置かる当未年分の高	

「筑州表当用書物留」より。

この安政六年には日田商人からの借銀を整理している。大坂での借銀整理が片づき、江戸も近いうちに整理できることから、「日田表御借財」もこのときに整理しようとしたのである。当時日田商人には合計二万三〇三三両の借銀が未返済であり、四か年で支払うとしても毎年米三万俵が必要であった。結局一万八二四三両を「永納」とし、六六〇九両を一〇か年賦で返済することになった。整理金の合計が二万三〇三三両を超えているのは、永納金のうち一万二二〇八両に年一割の利子が加えられているからである。(30)

このように安政六年頃には、大坂・江戸・日田からの借銀の整理が行われ、藩財政は以後好転しなければならないはずであったが、明治二年においては、「朝廷𛀙拝借并大坂日田加布里其外御領民𛀙御借財高」が一二九万七〇七〇両あり、(31)相変わらず高額の借銀を背負っていた。

以上、嘉永・安政期の福岡藩財政の概略を述べてきた。藩財政再建のためには借銀整理を行うことが第一の条件であったが、徹底した借銀整理が行われた形跡は見られない。天保九年の大坂での借銀が銀三万六〇八六貫であったのが、安政元年には銀四万七二六一貫と増えていた。そして安政六年頃には大坂・江戸・日田からの借銀を整理したにもかかわらず、明治二年に約一三〇万両の借銀が残されていたことは、福岡藩が幕末期において藩財政の再建に成功しなかったことを示しているといえよう。

二　財政改革と広瀬久兵衛

福岡藩がいつ頃から日田商人と関係をもつようになったかというと、日田の掛屋である千原家が福岡藩の御用達になったのが明和年間であることから、大体この頃からであろうとされている。(32)幕末の日田商人の調達金をま

表5　日田商人の調達金

年	調達金
嘉永　5年	両 10,000
同　6年	3,000
安政　元年	15,000
同　2年	25,800
同　3年	34,400
同　4年	7,500
計	95,700

「筑州表当用書物留」より。

表6　慶応元・明治2年の2万両調達金

氏名	慶応元年	明治2年
広瀬源兵衛	両 4,000	両 4,500
井上善八	4,000	4,000
末松政右衛門	4,500	2,500
森甚左衛門	1,500	1,500
山田作兵衛	1,500	2,000
山田為右衛門	1,000	1,500
草野忠右衛門	1,000	1,000
千原幸右衛門	500	1,000
手嶋儀七	2,000	——
魚屋徳助	——	2,000

「筑州表当用書物留」より。

とめてみると**表5**のようになる。多額の調達金を行いはじめた嘉永五年から安政四年までの六年間に、少なくとも約一〇万両の調達をしており、嘉永五年頃から福岡藩と日田商人との関係が一層緊密になっているのがうかがえる。

その後の日田商人との関係は、文久三年に井上善八が四五〇〇両、広瀬久兵衛が三〇〇〇両、手島儀七が一〇〇〇両、それと鍋屋が五〇〇両の調達をしている(33)。また慶応元年と明治二年にそれぞれ金二万両の調達を行った。その内訳は**表6**のとおりである。広瀬源兵衛と井上善八、それと末松政右衛門の分担が多額であるのがわかる(34)。広瀬源兵衛は広瀬久兵衛の息子で、万延元年から久兵衛が豊後府内藩へ常時滞在することになって以降、代わって源兵衛が福岡藩との関係に表立って関与し始めたため、福岡藩からの扶持米は以後源兵衛に与えられた。

慶応元年の日田商人への扶持米は広瀬源兵衛が最高の四二人扶持（米一二二俵）を与えられている。その他この年には末松政右衛門二四人扶持（一二七俵）、山田作兵衛一七人扶持（九〇俵）、井上善八一三人扶持（七九俵）、森甚左衛門一二人扶持（六三俵）、田島要右衛門三人扶持（一五俵表）となっていた(35)。

これらのことから幕末期においては、福岡藩と日田商人との関係が一段と緊密化しているとともに、日田商人のなかでも、とくに広瀬家がより密接な関係にあったことが理解できよう。

広瀬家と福岡藩との関係が始まったのは天保にはいってからのことと思われるが、広瀬家の店卸帳で正月二日の時点における広瀬家の資産または貸借残りを示している「積帳」から、福岡藩関係のものをみると、[36]福岡藩への貸付については天保十二年に未納銀が九貫六〇〇匁記されており、また福岡藩からの拝借金である「預り」[37]は大体同じ時期の弘化元年に銀二四四匁六分が計上されている。しかし福岡藩と広瀬家との交渉が貸付・預りをとおして本格的になっていくのは、嘉永末以降であることが「積帳」から読み取れる。以下嘉永以降の福岡藩と広瀬家との関係について述べることにする。

嘉永二年二月に広瀬久兵衛の弟博多屋三右衛門は、「先達而筑前表生蝋仕組之義、趣向も有之者書付差出可申被仰聞候ニ付、不取敢愚案之大意」を福岡藩へ建言した。[38]この時福岡藩は嘉永三年に五万両を必要とする状態であり、これを捻出するために「生蝋仕組」を行おうとしたのである。その後広瀬久兵衛自身も「筑前生蝋仕組」に積極的姿勢を示すことになり、同年十二月から福岡藩で生蝋仕組が行われることになった（この間の経過の詳細については後述する）。そして久兵衛は翌三年の三月と十月に福岡へ赴くが、十月の滞在中に「御勝手御改革之一条」について意見を述べ、「御勝手方御物成并御入箇帳面并御書付類」を借用している。[39]このように久兵衛は嘉永三年十月以後、福岡藩財政改革に直接関与するようになる。その後嘉永四年七月に「筑前御家中仕組一条愚案書」[40]、翌五年三月に「御家中仕組一条極内密按書」を提出している。[41]この「家中仕組」とは当時の家臣団の救済方法に関するものである。

幕末の福岡藩では家臣団救済として、文政十一年に藩札を発行して「御家中一統御貸渡ニ相成」っており、天保五年には「御救方札」、また天保十三年にも「前借米差紙」という名目で「石札」が発行され、家臣へ貸し渡されている。[42] 嘉永にはいると家臣団の困窮はさらにはげしくなり、「町家江御知行米全相渡ニ相成」るという状態であった。久兵衛は嘉永五年七月に家臣団救済の具体策を示したが、その内容は御救役所から一万両の拝借金を出して、「勘定所押」、「庄屋請合之分」にあてるというのである。[43] この方針は九月に藩へ受け入れられ、「御家中御救之義者、御暮丈御引除、余慶丈を以借財御片付被成」ることになった。[44]

当時福岡藩の財政は、「大坂表御借財莫太《(大)》之義ニ有之候上、近年打続臨時非常之御物入差償ひ、御慶事御用彼是打混し大造之御入財」であり、家臣団の救済の財源にもことかくありさまであったが、結局「御不足之銀高別段之御繰合を以、御借入御取組ニ相成、其外郡町浦ゟも御借入等を以、凡御入用之銀高相調」えることになり、一〇〇石につき銀五〇〇匁を家臣へ貸し渡すことにした。そして「勘定所押を初、村受合并支配方奥印を請、切米白紙を差入借財」については、米・大豆共一俵について銀三〇匁として藩が「払替」をすることにし、また「相対借財」についてもこれを適用することにした。銀五〇〇匁貸渡分の返済は、「当丑年ゟ十ケ年之間所務切米を以押上納」、「払替」分については「当丑年ゟ十ケ年之間年賦上納」とした。[45]

この家中仕組のため広瀬久兵衛は嘉永六年四月に大坂の炭屋から三万両を借銀するために大坂へ出かけた。約三か月間炭屋との交渉に当たった結果、二万両については、「此節御頼談、年割御返済之分来寅年ゟ、御米兵庫表へ御積廻之筈」と、安政元年から五か年の年賦返済とし、残り一万両は、「生蠟米諸産物為替見合を以て、融通相頼候分」、つまり大坂への積登の産物等を引当とすることになった。しかしのちには嘉永六年秋に米二万五〇〇〇俵を兵庫へ送りその代金で返済することにした。

このようにして広瀬久兵衛は福岡藩財政改革に関与し始め、家中仕組の中心的人物となっていったが、一方、生蠟仕組についても安政元年二月に、「生蠟一件仕組ニ付而ハ用向多端之処、委心を被寄追々都合宜成立、臨時出銀筋之儀ニ付而も、役筋ゟ申談之趣厚勘弁有之、彼是格別出精有之」と、五人扶持を与えられており、重要な役割を果していたことがわかる。[46]

しかしながら久兵衛の尽力にもかかわらず、福岡藩財政は好転せず、その状況について次のようにいっている。[47]

> 御財用繰之儀根元、入を計て出を為と歟申候通、御取納高ゟ諸事御割出可有御座御儀之処、当時之御都合、平常之御用途も御借入無之而者御取計出来兼、然ルニ近年異船渡来絶間無之、非常之御用途不容易御儀ニ付、無拠急場御凌迄之御繰巻、其筋御心配者勿論、下方ニ而も乍恐薄氷を踏候心地ニ相成居候、（下略）

「薄氷を踏候心地」ということに、当時の藩財政の悪化が端的に示されている。

安政二年暮に日田商人は「冬春両度ニ納」の一万両の献金、「隈・豆田半分宛冬春両度ニ納」の一万五〇〇〇両の調達を行うことになったが、一万両献金のなかに、「広瀬久兵衛二千両」がある。[48] これは久兵衛一〇〇〇両、広瀬源兵衛と博多屋三右衛門のそれぞれ五〇〇両を合計したものである。[49] この献金・調達の功により久兵衛は三〇人扶持、また源兵衛と三右衛門にも一五人扶持ずつが与えられた。[50]

この安政二年には松本平内（徹斎と号す）が登場してきている。かれは天保以降の福岡藩の財政改革、とくに「鶏卵生蠟仕組」にたずさわっており、天保元年・芦屋鶏卵会所請持、同四年・生蠟仕組発起のため登坂、同五年・生蠟博多会所取起しのため登坂、同六年・山奉行で鶏卵仕組引切請持、同九年・鶏卵生蠟仕組方兼帯、同十一年・山奉行御免鶏卵生蠟引切請持、同十二年・家中借財道付方請持、同十三年・鶏卵生蠟焚石其外国産仕組請持などに従事したが、翌十四年に隠居していた。安政二年四月に藩へ存寄書を提出し、ふたたび藩財政改革に関与するようになった。[51] そして翌三年十一月には、「御財用御仕解方、専松本平内江被仰付」ることになった。[52] 日田商人の二万五〇〇〇両調達（うち一万両は献金）は松本平内が働きかけて成功したものである。なお安政二年十月に「御撫育方御財用引切請持」となっている。この撫育方については、「安政三年六月家中借銀整理の目的で、知行百石につき番札五貫目貸し渡す制を設けている。この仕事が御撫育方の本職かとも考えられる」といわれているが、[53] 詳細は明らかでない。

広瀬久兵衛はその後、安政三年十一月に日田商人の田島要右衛門・日隈雄蔵とともに、「生蠟会所銀会所改正」の「引受」を命じられた。[54] しかし翌四年三月に生蠟会所の運営は、広瀬久兵衛と福岡城下博多の有力蠟屋である瀬戸惣右衛門・佐野半平が受け持つが、久兵衛は名前だけで、相談には加わるが実際の運営は瀬戸と佐野の両人へ任されることになった[55]（この点については後述する）。これを契機にして久兵衛は、福岡藩の財政改革から手を引くことになる。そしてこれ以後財政改革の主導権は、「既ニ両市中（福岡・博多）町家之内ゟ御人選ニ而、当分御財事御運方御手伝いたし上候道相開ケ」、「一昨年（安政四年）来町家被召仕」るとあるように、[56] 福岡城下の有力商人へと移っていった。

安政六年に日田商人への未返済金の永納が行われたことは先に述べたが、このとき日田商人の永納に画策したのが福岡城下の特権商人加瀬嘉平であった。[57] つまり「福岡町人加瀬嘉平と申もの、筑前表御勝手向江御館入仕候者ニ而、同人ゟ被申勧」れて、井上善人が三六七九両を永納することになった。このとき先述した怡土郡加布里の末松政右衛門も一一三四両を永納した。[58] 日田商人はそれぞれ拠出し、それを一つにまとめて福岡藩へ調達していたために、日田商人調達者のうちの井上善八が永納したことは、調達している他の日田商人も永納しなければならないことになる。

結局、十一月に広瀬久兵衛・山田作右衛門・森甚左衛門ら調達の一万三四三〇両永納、残りの森藤左衛門以下の調達は年利一割を加えて十か年賦で返済されることになった（**表7**参照）。このとき広瀬家は利子を含めて七四五八両を永納した。[59] このなかには広瀬源右衛門と博多三右衛門の分も含まれていると思われる。この永納した

表7　安政6年の日田商人調達未返済金と永納金

商人名	未返済金	永納金	備考
	両	両	
広瀬久兵衛	6,780	7,458	11月永納，2,000両拝借（無利息20ヶ年賦）
井上善八	3,679	3,679	7月永納
山田作兵衛	3,166	3,482	11月永納 }1,500両拝借（2人分，無利足20ヶ年賦）
森甚左衛門	2,262	2,488	11月永納 }
森藤右衛門	1,788	——	年利1割を加えて10ヶ年賦
末松政右衛門	1,134	1,134	7月永納
中島屋善助	1,090	——	}
山田為右衛門	1,044	——	}
草野忠右衛門	914	——	}年利1割を加えて10ヶ年賦
手島儀七	516	——	}
井上兵右衛門	365	——	}
山田小三郎	287	——	}
計	23,033	18,243	

「筑州表当用書物留」より。

日田銀主に対して福岡藩は扶持米を与えているが、山田作兵衛が四五人扶持でもっとも多いが、弘瀬家は久兵衛が三〇人扶持、広瀬源兵衛と博多屋三右衛門が一五人扶持ずつで、計六〇人扶持であった。そして井上善八が二〇人扶持、森甚左衛門三〇人扶持、森藤右衛門一五人扶持、末松政右衛門六人扶持などとなっている。そして井上善八・末松政右衛門に「御用聞町人同様之御取扱」、広瀬久兵衛以下に「市中並ニ御用達」の待遇が与えられた。安政四年四月以降、広瀬久兵衛は福岡藩財政改革から手を引くが、その後広瀬源兵衛は慶応元年金一〇〇〇両、同二年四五〇〇両、同三年四五〇〇両、明治元年一一三三両、同二年四五〇〇両、同三年三〇〇〇両の調達をしている。(60)

　広瀬久兵衛の「生蠟為替仕組」を述べる前に、それまでの福岡藩の櫨・蠟に対する統制について簡単に述べておくことにしたい。

　櫨樹栽培は享保頃から熊本藩・長州藩などで積極的に行われるようになるが、福岡藩では享保十七年の西国大飢饉の直後にその栽培が奨励されている。(61) その後寛保三年には八か条からなる「御国中一統櫨木仕立」の通達が出されている[62]。これによると当時の櫨樹栽培の形態として二つのものがあった。一つは藩営の「御植立櫨」、もう一つは「百姓自分仕立櫨」である。前者の場合にはできた櫨実の三分の一を「手入仕候百姓」に与えてこれを藩が買い上げることとし、その代銀が「手入仕候百姓」の収入となる。後者は櫨苗を藩が無料で与え、できた櫨実は藩が買い上げることにするというのである。

のち宝暦十三年に藩営の櫨樹栽培は廃止されたが[63]、藩による櫨実の買い集めが図られている。宝暦頃には「国中櫨繁茂し、蠟充足して、上国にも発売するに至」ったという[64]。宝暦十二年に櫨実運上、明和三年に製蠟業者への運上が課された。またこのころ博多の豊後屋嘉兵衛が板場商売を許されており[65]、櫨樹栽培とともに蠟製造もいっそう盛んとなったと思われる。そして寛政八年から「櫨実蠟仕組」が実施されることになる。この仕組の概略について「御国中櫨実蠟御仕組記録[66]」によってみておこう。

福岡領内の博多・植木の二か所に蠟会所を設置し、博多蠟会所に集荷された蠟は博多口から、植木蠟会所のそれは若松口から船積みして大坂に送ることにした[67]。そしてこの蠟会所の「年番」に「板場持」の中から六名を選んで任じ、かれらに蠟会所の実際の運営が一切任された。そして領内で製造された蠟は博多・植木両蠟会所にすべて集められることになった。また領内で製造された蠟はもとよりのこと、近隣諸国から流入してきた蠟も蠟会所の独占下に置こうとしていた。

そして蠟会所へ蠟が送られてきたとき、蠟会所は荷主に対して「荷物預り手形」に一〇〇匁の為替銀を添えて渡し、「大坂表ニ而御売払相済、仕切状下り候上、銀子と右之預りと引替」ることとした。また「仕切銀之打内借望候ハヽ、相渡遣可申」しと、仕切銀の前貸も行っている。この為替銀と仕切銀前貸の財源は藩から出されており、寛政八年十一月に「御当用ゟ御取替」として、博多蠟会所に三〇両、植木蠟会所に五〇両が渡されていた。

寛政十年には「蠟座切手」銀三〇〇貫目が発行されている[68]。これについては「蠟座よりこの切手を貸し付け、またその代償として櫨蠟を全部蠟座に納めたのであるが、この切手は藩内に広く硬貨と並び通用せられ、蠟座に持行けばこれを直ちに正金に引替へることも出来た」といわれており、[69]蠟座切手は為替銀や仕切銀前貸などに使われたと思われる。一方大坂では生蠟が福岡藩の「蔵物」となったため蔵元を決めることになり、その決定をめぐって紆余曲折があったが、結局加島屋久右衛門に決定した。この久右衛門立ち会いのもとに大坂の生蠟問屋・仲買の入札によって売り払うことになった。[70]

この寛政八年に始まる「櫨実蠟仕組」は問屋的性格をもつ有力な製蠟業者たる「板場持」を、蠟会所の責任者でもある年番とすることによって、かれらを仲介として藩が領内の蠟を独占し大坂での売捌独占を図ったものであった。[71]この櫨実蠟統制は文化十年に中止された。

文政九年になると「国産仕組受持」が置かれ、「その役所を銀会所とし、櫨蠟、鶏卵其他種々なる国産を領内より買い聚め、こゝより、各地にその産物を売り出すに至って著しくその功績を顕はし」という。[72]その後天保四年に松本平内が「生蠟仕組発起」のために、また翌五年にも「生蠟博多会所取発」につき登坂している。そして「鶏卵生蠟仕組」の一環として天保五年に博多生蠟会所が設置されている。[73]しかしこの博多生蠟会所は翌年には救方へ引き渡され、[74]生蠟会所としての実際の機能を果たさずに廃止された。

天保十二年になるとまた生蠟会所が設置され、「生蠟会所手形」が発行されているが、「当正月ゟ生蠟会所仕組ニ就而、金銭手形御遣イ出ニ相成、金壱両ゟ以下銭三拾文迄、勿論付ケ次第御引替ニ而、市小路浜生蠟会所之隣ニ手形引替所建、先々ハ不知当時弁理よろしく、両市中ハ不及申御国中端々まで融通仕候、手形之裏ニ者大坂野田屋宇右衛門と、博多生蠟会所と連印有之候条、後者野田屋手形と申唱候事」とあるように、[75]生蠟会所手形が「野田屋手形」[76]といわれ、大坂の野田屋宇右衛門が福岡藩の藩札発行に重要な役割を果たしており、野田屋の信用に依存しなければ藩札の流通価値を維持し得ないという状態であったのがわかる。しかし翌年には早くも不融通となり、七月十七日には「引替留と申張札して役所ハ戸を〆居候由」となった。そして二九日には郡奉行の山田半兵衛と生蠟仕組会所受持の松本平内が「遠慮」を命じられ、生蠟鶏卵仕組は「取崩」となった(77)。このように天保にはいって福岡藩では生蠟会所を設置して領内の生蠟の統制に乗り出そうとしていたが、いずれも失敗していた。

三　広瀬久兵衛の「生蠟為替仕組」計画

嘉永二年二月に広瀬久兵衛の弟博多屋三右衛門は、福岡藩の生蠟仕組についての仕法書を中村善右衛門へ提出した。善右衛門は筑前怡土郡東村に住む田中文助とともに、広瀬家と福岡藩との仲介をしている人物であり、日田の商人と思われる。その結果、「趣向書数十ケ所ゟ差上候内、私（三右衛門）之趣向御取用、外ハ御下ニ相成」り、三右衛門の「趣向書」が採用された。この内容は嘉永二年から一五年間にわたって「銭預り手形」を流通させて「生蠟為替」を行い、嘉永三年には五万両の調達をするという。つまり「来冬五万両辻是非共御入用」とあるように、嘉永三年冬に必要な五万両を調達するかわりに、銭預手形六万両を流通させて福岡藩領内に生蠟為替を行い、その利益を調達金の返済に充てるという。そしてこの手形の発行は三右衛門が引き受けるというものであった(78)。

その後広瀬久兵衛は「筑前生蠟仕組之義手覚書相認」めており、博多屋三右衛門作成の仕法書に添削したりしており、福岡藩生蠟仕組の計画に参画してきている。しかしのちに久兵衛は三右衛門の仕法書に反対の意向を示している。三右衛門によると、「御大藩之御義ニ付、下方ゟ願立御委任之御沙汰を蒙候而も、町家引受之札物ハ、御国中容易ニ信用仕間敷、且町人同士互ニ利益を争中、私壱人ニ而引受候ハ、必嫉妬有之、長キ年限中必故障可差起」しと、銭預手形の発行を引き受けて生蠟仕組を委任されることに危惧の念を表している。この結果五月に三右衛門は、「引受之義御辞退」、「御委任之御断」をし、藩自身が藩札六万両を発行することを前提とする方法に訂正し、「預り切手并生蠟仕組積り書」を提出することになっている。[80]

このときの「生蠟為替仕組一条」は「御見合」となったが、[81] 十月になって中村と田中は、「兼而御願申上置候生蠟会所御取り起之義、猶又頃日御当所板場面々ゟ同様御願申上候ニ付、願之通御免被仰付被下候得者、私共者勿論銀主広瀬久兵衛并博多屋三右衛門、何れも弥差はまり出精可仕旨、右板場之面々江重畳申談仕居申候ニ付、何卒一同御免被仰付可被下候」との願書を町役所へ提出し、生蠟会所の設立を督促している。[82] ここでいう「御当所板場之面々」とは福岡・博多の有力な蠟屋であり、久兵衛自身も「生蠟願同志」としている瀬戸（釜屋）惣右衛門・吉田（綿屋）忠次・安武庄平・波多江（角屋）次八らである。事実蠟屋頭取で博多蔵本番である波多江次八が、五月ころ日田にいる三右衛門を訪れている。[83]

一般に天保期には在郷商人を中心として在方においては、城下の特権的問屋商人による統制を離れ、新しい商品流通機構が生まれてきているといわれている。製蠟業を営むとともに領内の生蠟を買い集め、それを大坂へ積み送る問屋的性格をもっていた有力蠟屋層が、生蠟会所設立に積極的であるのは、当時福岡藩領内における生蠟の流通機構をかれらが掌握することができないため、生蠟会所を設置することによって生蠟の買い集めをはかろうとしたものと思われる。この点において有力な蠟屋が久兵衛による生蠟仕組を支持する要因があったといえる。

福岡・博多の有力蠟屋の強い要望もあって、結局福岡藩は嘉永二年十二月に、「御当用御仕組ニ而生蠟会所又々御取起、矢張最前有之候博多西町浜之会所也」と、生蠟会所を設立することになった。[84] この生蠟会所仕組について博多屋三右衛門は次のようにいっている。[85]

初発札物遣出候手当丈之金子者、私共ゟ借立御調達仕御世話可申候、左候而生蠟為替等之手都合程克相整、御領中一般ニ札物信用仕候様相成候ハヽ、当冬ゟ来冬までニ凡弐三万両位者、正金相集可申見込ニ御座候、若来冬五万両迚是非共御入用之訳ニ候ハヽ、不足分大坂表御屋敷ゟ御借立被下候様相頼、元利金返済方者、右仕組手当之内ゟ相納候心組ニ仕度、左候得者調達金五万両ハ、利足計り拾五ケ年御渡切ニ而、元金ハ不及御下渡ニ、其外札物引上候而も、猶四万両程之御益者、出来可仕見込ニ御座候

初めの藩札手当金は三右衛門らが準備するが、生蠟為替金の実施によって嘉永三年冬には二、三万両の正金が集まるからこれを借用し、藩でどうしても五万両必要なのであれば、これに加えて大坂藩邸で大坂商人から借銀することにする。そしてこの借銀の利子の返済には生蠟「仕組手当之内」から拠出すれば、一五年後には元金は払ってしまい、なおかつ藩札を回収しても、「四万両程之御益者、出来可仕見込」であるとしている。

この具体的な内容を示しているのが**表8**である。これによると、嘉永二年から三年春にかけて藩札六万両を生蠟仕組用として藩から預かり、これは一年に一度は正金に引き替える。その財源は「生蠟為替取組」二万丸の正金五万両とその他を充てる。藩札六万両の常備引替金二万四〇〇〇両を札場へ備え置き、藩札の残り三万六〇〇〇両は生蠟為替金として貸し付けると、札場へ正金が集まってくるという。このうち一万両は生蠟為替手当に備え、二万五〇〇〇両は藩へ調達金とする。藩へはこの二万五〇〇〇両と大坂からの借上金二万五〇〇〇両の計五万両を調達する。そして調達金五万両の一五年間にわたる利子の年五〇〇〇両、生蠟為替手当の利益として一五〇〇〇両の計六五〇〇両から雑費を引いた五七〇〇両が毎年の利益になる。

そして大坂への返済は嘉永四年から行い、利子を加えた二万七五〇〇両を、毎年五七〇〇両ずつ支払っていくと、一五年後には二万五〇〇〇両の「借り立元利」を支払っても、なお七万六六六五両の「積金」が残ることに

表8　「生蠟為替仕組」の計画内容

札物	両 60,000	酉（嘉永2）年より戌春迄入用次第に御渡下され候積，此分1ヶ年に1度正金に引替候見込，此備として生蠟為替取組御国中凡2万丸と見込為替50,000両，外に小口にて正金に引替の積り
内	24,000	惣札高60,000両の処4歩の備，是迄余国にて取行ひ候振合斯の如し，此分札場え正金備置札持出次第差支なく引替相渡候積り
	36,000	此分初年より2ヶ年目迄追々生蠟為替取組札相渡すに付，御国中え札物流行仕候間，札場え正金融通出来仕候見込
札場正金の内	10,000	生蠟為持手当に備置候分，此利益凡1,500両是は為替歩并冥加銀等一式見込此の如し、尤波多江次八より差出す書付面には2,000両余相見候得共，内端見込に付此の如し
	25,000	御上え御調達の分，年1割宛の利足15ヶ年御下渡相済候上は元金50,000両は献納の積り
	1,000	初年札物取行候に付備金借立利足并臨時入用凡積り
	50,000	御上へ調達の分，年1割宛利足15ヶ年御下渡相済候上は元金50,000両は献納の積り
此手当	25,000	札場融通の方より差出す
	25,000	此分借立の積り，此返済方御上へ50,000両調達金利金，年々5,000両宛御下渡の内を以て払潰の積り
	5,000	戌（嘉永3年）冬50,000両調達金利足，15ヶ年の間年々御渡下され候分
	1,500	生蠟為替利益の分，仕組中年々これ有り候見込，尤初年は雑費これ有るに付積りに入らず
計	6,500	
内	800	450両生蠟雑用，350両札物引替方雑用見込
残	5,700	此分15ヶ年の間年々利益これ有候見込，此分を以て借立金25,000両払潰

「書物留」より。

なる。「生蠟為替仕組」を総決算すると**表9**にあるように、札場から借用した藩札六万両とその利足一万両の計七万両(イ)を札場引替備金などの一一万六六五両(ロ)から引いた、四万六六五両が生蠟為替の藩札を引き受けたものの利益になるという。

この生蠟仕組は嘉永三年冬に五万両の調達を福岡藩へ行うことを前提としているが、嘉永二年六月に中村善右衛門と田中文助は、「五万両御借入無之節、積り書可差出旨御沙汰」を受けて、その具体案を提出した（表10参照）。これと先述の広瀬久兵衛の仕法書ともっとも異なる点は、「生蠟売立代金」三万五〇〇〇両のうち二万五〇〇〇両を毎年貸付に廻し、利子の二五〇〇両を収益としていることである。初年度の貸付の対象は「来戌冬借用ノ積」とあるが、中村・田中と深い関係にある広瀬ら日田商人であったと思われる。この計画案に対して久兵衛は、「各様（中村・田中）之御書上、三右衛門書面とハ少シ趣向違候と被相考候」と述べ、「利金者懇望仕候得共、其念を断チ上之御執計ニ御召遣、其功相顕候節御称誉を蒙り候者格別」であるとし、生蠟仕組により利益を直接受けようとする気持ちのないことを表明している(86)。

表9　「生蠟為替仕組」の収支予定

金	60,000両	札物拝借仕候分返納仕るべき分
外	10,000	申（嘉永元）年より丑（嘉永6）年迄6か年の間，年々10,000両宛返納仕るべき分，利足相加申すべき分凡見込
計	70,000	(イ)
	24,000	札場引替備金の分
	10,000	生蠟為替手当金の分
	76,665	前にこれ有る積金の分
計	110,665	(ロ)
(ロ)－(イ)	40,665	全札物引請候者利益の積，尤此内より札場預り金貸附方雑用其外，臨時入用差出すべき事
外50,000両　御上へ御調達金献納の分		

「書物留」より。

したがって久兵衛の仕法書においては生蠟仕組はあくまで藩が直接行うものであって、生蠟仕組に久兵衛が直接関与して利益を得ようとするものではなかった。しかしまったく恩恵を受けないというわけではなく、札場へ引替金として正金を調達すればその利子を得ることができるし、また後述のように大坂の炭屋と生蠟の「為替取組」を行うことによって、生蠟代金を広瀬家経営の運転資金として活用できるということはあったと思われる。

嘉永二年十二月の生蠟会所の設立が、広瀬久兵衛の仕法書に沿ったものなのか、あるいは中村・田中らの計画案によったものなのか、はっきり断定できる史料はないが、以後久兵衛が生蠟仕組の中心的存在となっていくこ

表10　中村・田中提出の「生蠟為替仕組」

札高　両 60,000	生蠟為替遣出し，右引替の儀は正金相備置，差支えなく付け次第引替仕るべし
内　35,000	生蠟売立代金当酉（嘉永２）より戌（嘉永３）冬迄正金出来の分 此内，10,000両生蠟会所へ相備置，生蠟代正金相望候ものへ相渡見込 25,000両生蠟の外別段貸付の見込，此分戌冬貸付亥（嘉永４）冬より利益上納，此利2,500両此分は年々益に相成る見込（１ヶ年１割に〆）
1,150	生蠟出高20,000丸と見込年々御益の分，生蠟出方相増れは右の御益相増
(イ)＋(ロ)　3,650	全年々御益に相成分，但前々25,000両来戌冬借用の積に付，右年々の御益は来る亥冬より右の高年々御益，来戌冬迄は生蠟計の御益

「書物留」より。

とから考えると、久兵衛の仕法書にしたがって生蠟会所が設置されたのではないかと思われる。また五万両の調達およびこの仕組の実施期間についても不明である。ただ期間については先述のように安政四年に久兵衛が生蠟仕組から手を引くが、此の間七年間であり、また「七ケ年季御手賄積書并口上書」・「生蠟会所仕法」・「生蠟会所御手賄一条」とあることから考えると、(87)計画書にあったように、一五か年ではなく七か年に限ってこの生蠟仕組が行われたのではないかと思われる。

生蠟会所が設置され「生蠟会所切手」として新藩札が発行されるまでは、「町方年行司預ニ御加印ニ相成御遣出、追而ハ於大坂表ニ新ニ御切手御仕調ニ相成候沙汰仕候」となったが、(88)その具体案が藩から博多屋三右衛門へ示された。その主な点を要約すると次のとおりであった。

一年行司切手二万両は現在通用しているものを当てるが、内一万三〇〇〇両は藩から久兵衛へ渡し、七〇〇〇両は御用聞七人へ藩が貸し付けているものを当てること。

一同じく一万両は「生蠟為替」として新たに渡すが、但し引替手当金は三右衛門の方で準備すること。

一藩札をいつから使い始めるかは三右衛門へ任せること。

一新藩札の発行は六万両とあるが、通用状況により増やすこともあること。
一「札場取起」は久兵衛の出福をまって始めること。
一生蠟為替はこの冬から始め、来春には札場で行うこと。
一生蠟の取扱いは板場四人に任せているので「為替渡方等」はかれらとよく相談すること。

年行司切手とは**表1**にある弘化四年に発行された「年行司預り」である。福岡藩特権商人の格式に年行司というのがあり、この年行司商人の引替金引受によって発行された藩札である。板場四人は先に述べた瀬戸（釜屋）・波多江（角屋）・吉田（綿屋）・安武のことである[89]。

次に問題となるのは、生蠟為替によって買い上げた生蠟の売り捌き方法である。まず博多の有力蠟屋の一人である瀬戸惣右衛門が、嘉永二年十二月に大坂の生蠟問屋に宛てて書いた書簡案の一節を提示しよう[90]。

（前略）、然者此度御国生蠟会所御取起相成、拙者并綿屋忠治安武庄平角屋次八、豊後日田広瀬久兵衛博多屋三右衛門、右支配被仰付候ニ付、生蠟何百丸為積登申候、着之上御働御売捌可被下候、尤来春者支配人之内登坂、得と御相談可申上候得共、年内無余力相成候ニ付、此節会所江相集候分、不取敢為積登申候、一体御国中一円之義ニ付、以来ハ余分荷物出来いたし候間、御仕切前外方見合不宜候得者、跡者水揚不仕候間、左様御心得成丈御出精可被下候、代銀之儀者其内拙者方ゟ為替取組可申候間、其節ハ早速御渡可被下候、委細者来春登坂之上万ニ御相談可申上候、貴所様御事是迄御取引申候儀ニ付、連中へも其趣申聞、為試荷物為積登候間、此段御含被下御出精御売捌之程、千万御頼申上候

この書翰案からわかることは、第一に瀬戸惣右衛門ら六人が福岡藩の生蠟仕組に関与するようになったこと、第

二は取り敢えず集荷した生蠟を送ること、第三に生蠟代銀は瀬戸が為替取組を行うこと、第四にこの生蠟仕組以前にも大坂の生蠟問屋をとおして生蠟を売り捌いていたこと、第五にこれからのちも従来取引のある生蠟問屋から売り捌くことを他の五人にも伝えることなどである。つまり、福岡藩の「生蠟為替仕組」の具体的計画は広瀬久兵衛と博多屋三右衛門が立てたが、この段階ではこの生蠟仕組の主導権を瀬戸惣右衛門が握ろうとしていたといえよう。結局この書翰は「下書而已相認、文通ハ不致事」となっている。こうした内容の書翰を瀬戸が大坂の生蠟問屋へ出そうとしたこと自体に問題があったのである。

翌嘉永三年三月に久兵衛は福岡へ出掛け、これ以後生蠟仕組は本格化するが[91]、この前月の二月に久兵衛は「筑前表一条、（中略）、当方之手筋ゟ生蠟為替登候様相成候節ハ、炭彦殿方江金子預り被下候様、御頼申上候義も有之」との意向をもっていた[92]。炭彦とは大坂の十人両替の一人である炭屋彦五郎のことであり、かれに生蠟代金を預けたいというのである。したがって炭屋へ生蠟代金を預けるということは、生蠟代金については久兵衛が炭屋と「為替取組」を行うことを意味している。ここに生蠟代金の受取をめぐって、福岡領内の有力蠟屋たる瀬戸惣右衛門と広瀬久兵衛との意見の対立が出てきているといえる。

先述のようにこの生蠟仕組は、広瀬久兵衛と福岡の有力蠟屋との提携のもとに行われようとしたのであるが、生蠟会所における生蠟買い集めをする有力蠟屋がこの仕組の主導権を握ろうとしていた。しかし嘉永三年三月頃にはその主導権は広瀬久兵衛にあったことがわかる。だが有力蠟屋との関係は福岡藩生蠟仕組の成否にかかわる問題であり、久兵衛自身もその点は十分考慮し、福岡へ出掛ける前に、「町家之内一両人応其機候者御撰び、当方同様之心得ニ而、御世話仕候様被仰付度事」と述べている[93]。

四　「生蠟為替仕組」の実施

嘉永三年三月に広瀬久兵衛は福岡で、生蠟仕組に関する具体的見解を述べている。それを箇条書きに要約すると次のとおりである。

一生蠟会所の設置を領内に触れること。

一新藩札ができるまで年行司切手に加印して生蠟為替に使い、正金との引替は生蠟会所で行うこと。

一切手引替の正金が不足した分を久兵衛が引き受ける場合には、(94)大坂での生蠟代金は久兵衛の取引先の銀主へ一時預け、久兵衛の名で為替を取り組み代金を受け取ること。

一現在使用している野田屋切手は全て回収すること。(95)

一生蠟会所設立、新藩札発行の諸雑費は、加印年行司切手の質を保つため生蠟為替の利益に充てずに別に用意すること。

一銀会所を福岡か博多に設けること。

一生蠟の売り捌きについて精通しているものを大坂へ派遣して、大坂蠟問屋との取り決めに当たらせ、相手の蠟問屋が不適当の場合には改めて相談をすること。

ここでとくに問題となるのは、生蠟代金を取り扱う大坂銀主と、生蠟の大坂売り捌き方法についてである。福岡滞在中の三月に久兵衛は炭屋彦五郎・同惣兵衛へ、「筑前御国中生蠟代金為替取組方之義、私共江御頼談有之、御役筋と御相談之上、此節ゟ蠟屋中江為替金相渡、生蠟受取之上其御地江為積登、問屋共江売払候積ニ御座候、右代金取立候上者御許様江御願申上、入用之節者為替手形を以受取候様仕度、御面倒と奉察候得共、追々過分之金高不相成も難計ニ付、慥成御先江預ケ申上置度奉存、此段御頼申上候」との書状を出しており、ここに炭屋を福岡藩の蔵元の役割を果たさせようとしているのがわかる。

また四月になると、「生蠟売捌方之義、炭彦を以銀主ニ被遊、上之御産物と被成下候義者如何哉、昨日大坂来状ニ而者、問屋共不始末有之も難計」との意見を出している。これに対し藩は「炭屋彦五郎銀主ニ被相立、上之産物ニ相成候而差支筋無御座」との意向を示し、炭屋が福岡藩の銀主となり、「上之御産物」＝蔵物たる生蠟の売捌を蔵元として一手に取り扱う方針を認めている(96)。

これは先に紹介した博多の有力蠟屋たる瀬戸惣右衛門の意向とは、全く別の方法であった。瀬戸の計画は有力蠟屋の主体性を尊重し、大坂の生蠟問屋との取引にかれらが直接関与するというものであったが、藩内の生蠟を会所で買い集め、それを大坂の炭屋に売り捌かせるという久兵衛の計画は、少なくとも大坂の生蠟市場との関係において、福岡領内の有力蠟屋の存在を否定するものであった。しかしこの時点では「大坂表蠟売捌方都合宜相聞、就而者蠟屋中も別而相進候都合ニ相成候由」とあることから考えると、蠟屋の希望どおり大坂の生蠟問屋を通しての売り捌きになっていたようである。

次に領内に対する生蠟の統制について検討しよう。嘉永三年五月に生蠟会所設立に関して領内に通達が出されているが、その要点は、博多から離れている蠟屋のために甘木・植木・木屋ノ瀬に中次会所、黒崎・芦屋に出張会所を置き、為替金の取扱いがこれらの会所に任されており、博多生蠟会所を中心として、各会所によって領内の生蠟の買い集めを図ろうとしている。しかし、他方では「銘々出荷之蠟」、「自分為登之品物」があり、各会所を経由しない生蠟の大坂積送りが認められている。また大坂以外でも下関に問屋を立てる予定であり、同所への生蠟の積み出しのため「板場之者」を派遣することにしている。つまり、領内の生蠟すべての独占を図って大坂へ積み送るといものではなく、会所を経由しない大坂への積み送りや、下関での売り捌きが認められていた[97]。

一方、新藩札を取り扱う銀会所は十月に業務を開始した[98]。この銀会所について久兵衛は、「御国中金銀相聚候場所ニ付、上之御取扱重く諸事厳重有御座度」と述べ、御裏判一人は一か月に一度出勤、勘定奉行二人は一人宛交代日勤、下役四人は両人宛交代で日勤、町家重立者八人は一日両人宛交代勤によって、運営するようにいっている[99]。そして新藩札の発行は生蠟会所設立時では三万両の予定であったが、銀会所設立後には大坂より藩札四万四二〇〇両が送られてきている[100]。しかし当時これでは不足だったらしく、「銀会所新銀預当冬大坂ゟ御取下高都合金四万四千弐百両ニ御座候処、諸納銀ヲ初御銀倉納、諸役所上納抔ニ而正金を以預引替多分之事ニ相成、銀預引足不申」とあり、「いつれ五万両計新札御出来ニ不相成候而ハ、引足申間敷被存候事」と[101]、新藩札五万両を追加発行しなければならないという。五万両の藩札が追加発行されたかどうかは明らかでないが、いずれにしろ生蠟仕組が銀会所設立後、本格的に実施されているのがわかる。

この生蠟仕組の福岡藩側の責任者たちは、勘定奉行の内野太郎左衛門と菅孫次、町奉行の鈴木六十郎、郡奉行の肥塚次郎右衛門らであり、「専ら御勘定奉行御引切之姿」とあるように[102]、とくに勘定奉行内野太郎左衛門が直接の責任担当者であった。

また、久兵衛は新藩札が領内に広く流通するようになると、銀会所に正金が集まるから、その正金で櫨代金の貸付や、蠟屋中・家中・町方への貸付などを行うことを提案している[103]。そして新藩札は生蠟為替だけでなく、領内のあらゆる面に流通させようとしており[104]、「御国札御取起之義、愚意申上候根元ハ、御勝手向御改革御勤申上度故ニ御座候」といっているように、新藩札の発行は福岡藩財政改革の一環としてなされようとしているものであった。そして「国方并大坂表之義御改革、引続御家中御仕組ニ御取掛被遊候ハヽ、三五年之内其功相顕可申歟と奉存候」と[105]、福岡藩財政改革の具体的方向を示していた。先述の「御家中仕組」もこの方向のなかで行われたものであった。この新藩札と生蠟仕組との関係はいうまでもないが、「生蠟為替、荷主江者銀札相渡、生蠟代者大坂ゟ札場江正金取下し候、依之札場者正金計り相集、札者諸向ニ打散致融通候訳ニ御座候」とあるように(106)、銀会所から藩札を生蠟会所へ渡し、生蠟会所でこの藩札によって生蠟を買い集め、これを大坂へ運んで売り払って正金を獲得するというものである(107)。

その後嘉永五年七月に久兵衛と三右衛門は、「新札弐万両内外仕立候ハ、可然」と(108)、藩札の追加発行について相談しているが、同月二二日に両人は、「御手形現在之処、御調子一ト通り御評議被成候処、御不安内之義ニ而、御注文高御決被成兼候得共、当時之有高ニ而者冬ニ至生蠟出荷も相増、彼是ニ而御仕立増之方可然哉」との勘定奉行内野太郎左衛門よりの問い合わせに対して、当時の藩札の有高は金二万七千両余であるが、「此節者段々札入用之時節ニ相成、蠟代等ニ御渡之分、入札無数出札之方相増候半と奉存候間」として、二万五千両から三万両までの発行を認めている(109)。

翌嘉永六年二月での生蠟為替用の藩札発行高は一〇万四六二七両余で、このうち実際に通用していたのは九万四九四三両余であった(110)。この生蠟為替用以外にも藩札は使用されており、安政元年では「作徳米買上」・「家中押米」・「家中借財扱用」・「勘定所押御救方証文等分払替」などに充てられていた（**表11**参照）(111)。

嘉永五年七月に広瀬久兵衛は、「先日奉伺候生蠟之義、会所江全持出候様、御町郡江御触達之義者、最早御触相済候由、取沙汰承知仕候、弥取沙汰之通御達ニ相成候哉、為念奉伺候」と(112)、生蠟の「生蠟会所江全持出」を領内へ触れることを催促しているが、九月になって、「生蠟高取調候処、此節迄ニ一万四千程相集候趣ニ付、当年中二万ニ者相成可申、猶又御国之生蠟、一纏ニ不相成而者、荷高不相増義ニ付、其訳申立置候処、漸々先達而御国中一躰ニ、会所江持出候様被仰渡候義ニ御座候」と(113)、福岡領内へ「会所江持出」が触れられ、領内の生蠟を各会所で独占する方針が出されている。嘉永五年の生蠟為替の状態は、**表12**によると銀会所から各会所への生蠟為替金渡高は

表11　安政元年の生蠟為替用以外藩札使用状況

	俵	両	
米	91,739余	（金38,106余）	家中押米
米	28,400	（　11,796　）	勘定所押御救方証文等の証文に相成居る分払替
米大豆	11,415	（　4,741　）	当秋の免下け洪水荒償分
米	15,000	（　6,230　）	郡町御類焼除け米半高償分
米	120,000	（　49,846　）	作徳米買上
米	7,200	（　2,990　）	前断120,000俵の運賃米
	両		
金	2,806		半礼以下貸渡残り分加る
金	30,000		家中借財扱用
〆手形	金　146,515両余		

「筑前要用留」より。

九万八三〇〇両であったが（イ）、生蠟代金として大坂の炭屋から五万六五〇〇両とその他を合わせて七万七六四五両が納められ（ロ）、結局二万六五五両が銀会所からの借用となっている。

さて、嘉永六年正月に福岡藩は一万五〇〇〇両、同七月には五万両を炭屋から借銀することになり、この借銀を円滑に行うために、「生蠟炭屋一手売」の問題が起こっている。同年五月十四日付の広瀬久兵衛から瀬戸惣右衛門ら有力蠟屋への書状のなかに、「御蔵ニ者去冬以来入札売」とあり(114)、嘉永五年冬に、久兵衛が計画していた生蠟会所に集まった生蠟を炭屋へ積み送り、大坂の生蠟問屋・仲買の入札制で売り捌いていることがわかる。つまり「先つ炭屋江一手売ニ不相成而者、炭屋江出精いたし候様申談方行届兼候」とあるように(115)、生蠟仕組と炭屋との結びつきを強めることによって、炭屋からの借銀を成功させようとしている。いわば領内の生蠟独占の方針のもとに、生蠟会所に買い集めた生蠟をすべて炭屋をとおして売り捌くという、生蠟の流通統制の確立を狙ったものであったといえよう。このため久兵衛は大坂への途中、芦屋生蠟会所・黒崎生蠟会所で「大坂一切売捌之義」について、両会所の責任者の了解を求めている(116)。

しかし、この「生蠟大坂一手売捌」に対しては、当時からすでに反対があり、「釜屋（瀬戸）惣右衛門始同志都合四人入来、生蠟蠟

表12　嘉永5年の銀会所より各生蠟会所へ為替金渡高

	当用為替	前為替	計
	両	両	両
博多会所	27,600	——	27,600
芦屋出会所	14,700	3,700	18,400
甘木中次所	13,400	1,910	15,310
飯塚中次所	10,800	3,400	14,200
植木中次所	7,300	2,600	9,900
黒崎出会所	4,600	1,970	6,570
大隈中次所	300	537	837
前原中次所	700	——	700
博多近在貸渡	——	4,152	4,152
上座口貸渡	——	1,730	1,730
合計	78,400	19,900	(イ)98,300
56,500両　子年（嘉永5）中大坂炭屋より月割下の分 21,145両　筑三・下関両所より仕切金下着分			
計77,645両（ロ）			
(イ)-(ロ)　20,655両　銀会所より借用高			

「書物留」より。

燭売捌方之義、書面を以談有之、一ト通披見存念之次第申述、書面者預り置候事(117)」、「桜屋藤四郎（黒崎会所見ケ〆役）・杉屋忠右衛門（同銀預り主）・福岡綿屋（吉田）忠次始、為暇乞夜ニ入船迄入来、炭屋引合之義条々書付いたし持参ニ付預り置」(118)くなどの記事は、その具体的な行動を示している事柄と思われる。

大坂に滞在している久兵衛から福岡藩役人宛の書状の一節に、「筑前屋送之分ハ炭屋ニ不拘、御差送相成候段、炭屋心外之旨申出候、猶私者都而炭屋送と相心得、且御紙面之趣も其趣意と相聞候間、手堅申向置候処、近日之入船も筑前屋江別送相成候而者、炭屋之手前甚不都合御座候、此段御推察被下、何卒筑前屋送りを始、御産物者宜炭屋江水上いたし、夫々差図之先々江被相渡候様為取計度」とあり、(119)当時まだ筑前屋（大坂の生蠟問屋と思われる）への生蠟積み送りが行われている状態に対して、炭屋の手を通すことを改めて要望している。

この「生蠟炭屋一手御任せ」の内容を、大坂の久兵衛から福岡藩役人宛の覚書案にみることができるので、次にそれを示しておきたい。(120)

生蠟御仕組ニ付御内含迄申上候口上覚

一御国産生蠟大坂表入札売之義、寛政度之御旧例御立、炭屋彦五郎方江蔵元御頼之段、公辺江御届ニ相成、町中江も其趣御触流し有之候由、依之永続不仕候而者、御屋敷之御都合并炭屋も不外聞之趣ニ付、於国家者成丈出精仕候心得と相聞候間、御屋敷ニ而も其御含被為在度御義ニ奉存候

一蠟問屋共入札ニ相成候而者、渡世ニも差支候程之義ニ付、入札売御止め方ニ相成候様種々心配、荷主共心迷ひ出来候様取計候哉ニ相聞、公辺江も御仕組産物者、蠟問屋共計ニ而入札仕度旨、歎願書迄も差出候得共、仲買共ゟ不承知申立、其儘ニ相成候由

一御国方蠟屋中ゟ、問屋江直売いたし度旨願出候ニ付、炭屋江一旦致水上、同家ゟ所々江差遣候都合之義、御取計ニ相成候趣ニ承知仕候、左候時者大坂表問屋共手段中ニ、御国方ゟも右之都合ニ御取計相成候得者、弥問屋共念願成就之機会と相心得可申、就而者入札直段引立兼候様相成者必定と奉存候、入札売御止め方之思召無之候ハヽ、生蠟問屋送り之儀者、急々御止め方ニ相成度と奉存候、（下略）

一入札売之儀炭屋一手ニ御任せ、内証ニ利共相加り私欲之取計有之様、蠟屋中疑念有之由、依之問屋直送り相好入札売不相好義と推察仕候、右入札売之儀炭屋一手ニ御任せ置者如何と奉存、滞坂中其段御懸念申上置候義も有之、荷主総代登坂炭屋取計見聞仕候ハヽ、入札売之善悪邪正訳も相分り可申奉存候、（後略）

長文の引用になったので詳細な説明は省くが、炭屋彦五郎を蔵元として生蠟を「入札売」とすることに大坂の蠟問屋は反対しており、また一方、「国方蠟屋中」も蠟問屋へ「直売」することを要望しているのがわかる。

こうした状況を受けて福岡藩は、「炭屋江一旦致水上、同家より所々江差遣」すことを認めている。これに対し久兵衛は、「是非共惣躰生蠟ハ、入札売りニ相成候様御取計無之而ハ不宜」と、(121) 蠟燭は別にしてあくまで生蠟の入

表13　嘉永５年３月より同６年正月までの炭屋取引状況

積送		
生蠟	2,533丸	子（嘉永５年）３月迄勘定売残り分
蠟燭	446箱	
密	10梃	
生蠟	12,968丸	子閏３月より同12月迄積登高
蠟燭	2,100箱	
*諸荷物	749箱	
総荷数	18,806	代金約56,418両（平均３両宛見込）(イ)
支払		
金	11,761両	子３月勘定前炭屋より借用分
	46,500両	子３月勘定後より当丑（嘉永６年）正月迄炭屋より月割下し金
計	58,277両	(ロ)
(ロ)－(イ)	1,849両	炭屋より借用分

「書物留」より。（＊には菜種・半夏・密葛・密蠟などがある）

札売りを主張し、先の引用史料にもあったように、この入札売りに反対している博多の蠟屋瀬戸惣右衛門らの荷主の代表を上坂させ、入札売りに不正がないことを確認させようとしている。[122] 大坂での炭屋による生蠟売り払いの入札制をめぐって、久兵衛が蠟問屋・生蠟屋らと対立する状態となっているのが理解できる。

「生蠟為替仕組」における炭屋との取引状況についてみると、嘉永五年には約一万五千丸の生蠟が送られており、その代金が一丸が三両として約四万五千両となる（**表13**参照）。そして蠟燭などを含めると総代金は五万六四一八両（イ）に相当する。これは当初計画した二万丸の生蠟を藩札で買い集め、六万両の正金を得るという状態に近いことを物語っている。当時の福岡領内の全生蠟生産高は八万丸といわれており、[123] 約四分の一に近い生蠟を生蠟会所が掌握したことになる。しかし炭屋への支払いが五万八二七七両（ロ）あり、炭屋よりの借用分が一八四九両残るという状況であった。

その後の福岡藩の生蠟仕組の経過について「日記」によって述べていくと、嘉永五年から三年後の安政二年三月に福岡滞在中の広瀬久兵衛は、生蠟会所役人から「生蠟会所之義、段々仕法替ニ相成、生印を永印ニいたし、入札売を問屋売として、筑前屋江荷物者水上いたし、炭屋者金子取下候計之事ニ相成」るとの知らせをうけた。これに対し久兵衛は翌日に、「生蠟会所改革炭屋気受ニ可相拘歟」と反対の意を表している。結局この時の「生蠟問屋売」は藩の容認するところとはならなかったようである[124]。しかし依然として有力蠟屋層の抵抗が続いているのがわかる。また十一月には「大坂御蔵元御引替之儀、容易ニ御取計被成候も、其詮有之間敷」くとあり、このころ炭屋を福岡藩蔵元とすることの変更が取り上げられていたらしく、久兵衛はこの「蔵元引替」にも反対している[125]。

そして翌三年四月に久兵衛は、「銀会所一条并惣御改正之義」について「存寄書」を松本平内へ提出しており[126]、「銀会所一条」つまり生蠟為替仕組の改正が問題となってきていた。十一月になると久兵衛と日田商人田島要右衛門・日隈雄蔵らは、「此節生蠟会所銀会所改正之義、松本平内江請持被仰付置候得共、当時請持多端之節ニ付、平内申談を得其方共引受」を命じられている[127]。生蠟為替仕組のどこが問題となっていたのかは明らかでないが、久兵衛らにその再検討が命じられたのである。

安政四年二月に久兵衛は、「御国方ニ而佐野瀬戸其外人物御撰、四五人程も懸り被仰付度、私義者如何様とも、力ニ及候丈之義者御世話可申」しと、福岡藩の生蠟為替仕組から手を引くことを日隈と相談している[128]。そして三月に入ると、「瀬戸惣右衛門入来、蠟会所之義佐野半平此方三人ニ、御まかせニ相成候ハヽ、相応之御益上り候様手段も可有之申出」と[129]、瀬戸が佐野と久兵衛の三人による蠟会所の運営を提案しており、また瀬戸は「種子も蠟も一同ニ上へ御買上、為御登被成候方可然旨申出」て[130]、菜種・蠟などを買い上げて大坂に送ることも伝えている。佐野半平は「生蠟為替金御預ニ相成候佐野半平と申仁」とあり[131]、瀬戸と同様にこれまで生蠟会所での買い集めに従事していた有力蠟屋の一人であったと思われる。

しかし久兵衛はこの段階で瀬戸惣右衛門へ、「産物御買上之趣向下案を以申聞候処、至極同意之旨申聞候事、就而者佐野と瀬戸両人ニ而受持候様、此方ハ名前而已と相心得候様」と、[132]「産物御買上」から手を引くことを明らかにしている。「産物御買上」の内容がはっきりしないが、福岡藩はこの方針を決定し、[133]結局郡奉行の山田東作から、「生蠟買入方之義、瀬戸佐野両人江被仰付候間、此方（久兵衛）も申談候様」と命じられた。[134]そして久兵衛は「佐野瀬戸両人江、大坂炭屋江之掛合案書、并生蠟会所仕法書案文相認、右両人相招相渡」している。[135]

なおこの頃、「櫨実他所売差留之義談有」[136]、「櫨実他所売差留無之ては、領外出方無甲斐旨」[137]と、福岡藩では櫨実の領外移出の禁止の方向が出されているが、これは領内の櫨実を生蠟会所の統制下に置き、生蠟生産を盛んにして大坂への生蠟の積み送りを確保することを目的とするものであったといえよう。

以上述べてきた経過から理解できるように、安政四年以降の生蠟仕組については広瀬久兵衛は実際の運営には関与せず、有力蠟屋たる瀬戸・佐野らに生蠟会所の運営の実権が移っている。しかしここで問題となるのは、久兵衛が推進しようとした「炭屋生蠟一手売捌」と瀬戸らとの関係である。瀬戸惣右衛門は先述のように福岡領内の有力蠟屋の代表として、久兵衛の計画した炭屋への「生蠟一手売捌」に強硬に反対し、大坂の生蠟問屋との直接取引を主張していた。したがって久兵衛が生蠟仕組から手を引き、瀬戸らにその実権が移ったということは、生蠟の「炭屋一手売捌」を変更するという事態も当然ありえたはずである。いずれにしろ、嘉永二年以降広瀬久兵衛によって主導されてきた福岡藩生蠟仕組は、安政四年以後瀬戸らの福岡・博多の有力蠟屋へとその主導権が移ったのである。[138]

おわりに

広瀬久兵衛は府内藩と対馬藩田代領の財政改革に関与している。府内藩は天保十三年に、「米金之繰巻并札場筵会所取計向」を全面的に久兵衛に委任した。これより以前、府内藩では享保頃から青筵の生産が相当に盛んであり、文化元年に筵会所が設置され、領内の青筵の独占が図られていた。久兵衛はこれまで通用していた藩札たる筵札にかわって、日田金に信用づけられた加印筵札を発行し、筵会所の青筵買入独占の強化を行い、青筵の売捌きについては大坂に蔵元を置かず、問屋に直接廻送することにした。

しかし翌十四年になると江戸への筵積み送りをも重視し、大坂の掛屋は炭屋安兵衛、江戸の掛屋は福島屋弥兵衛に決めた。そして弘化四年からは、「皆東江戸直送」が行われることになった。当時、筵会所の買い集め方法は、生産者の会所への持ち込み、会所の直接買い入れ（筵役人の出張買い）、仲買を通しての買い入れなどがあったが、このうち仲買からの買い入れが中心であった。しかし仲買の「抜売り」により会所の買い集めが減少し、安政二年には筵会所の改革が行われ、生産者→庄屋→会所の集荷機構となった(139)。

このように仲買を排除して庄屋を仲介とする青筵の独占をはかる方向をとっている。つまり筵会所が早くから置かれていたため、会所と対立するようないわゆる青筵問屋が領内に存在していなかったことが、府内藩における久兵衛の青筵統制が成功した一つの要因であったと思われる。また、久兵衛はこのとき府内藩領内に櫨樹栽培を奨励して、新しく板場の設置を行い、一方では藩営の蠟絞場を建て、前貸によって櫨を集めて蠟の製造を行っていた(140)。

対馬藩田代領では弘化元年に藩札の流通が困難となり、久兵衛に銀会所の経営を任せることにした。日田商人広瀬家に銀会所の経営を委任することによって、藩札の信用を維持しようとしたのである。その後嘉永五年に久兵衛は生蠟会所の運営を引き受けることになった。当時田代領には蠟座が置かれ、生蠟の買い集めを行っていたが、生蠟会所を設立して領内で生産される生蠟二〇〇〇丸の買上げをすることになった。この生蠟の独占のために藩札が使用され為替取組が行われた。

これらの生蠟は大坂で売り捌かれ、「筑前蠟入札」のときに一緒に売り捌くため炭屋へ送ったが、もし「筑前入札売相談出来不致」ときは大坂の蠟問屋へ積み送ることにした。この点田代領の生蠟統制は、福岡藩生蠟仕組の売り捌きと密接な関係をもっていたわけである。そして田代領内の蠟屋と久兵衛との間に、生蠟の買入をめぐって対立が生まれているが、これは生蠟独占を実現するために、「蠟荷物旅出御停止候、若抜荷いたし候ニおゐ而ハ、其荷御取揚之上曲事ニ可被仰付」しと、きびしい統制を行ったためであったと思われる。

田代領における生蠟統制は、久兵衛に委任された生蠟会所での領内生産の生蠟の独占を打ち出している点で、久兵衛と田代領の蠟屋との対立を生み出すことになったが、生蠟会所の設置以前には田代領の蠟屋は博多の蠟屋へ売り捌く方法をとっていた。会所設置後は直接博多の蠟屋へ売り捌くことができず、生蠟会所へ低価格で売り渡さねばならないという不満があった。しかし結局は生蠟会所の統制をはねのけるだけの力はなく、会所の統制内に置かれたと思われる。安政二年に久兵衛は生蠟会所から手を引いたが、のち安政六年に対馬藩は生蠟業者や櫨生産農民への統制をさらに強めていく方針を出すようになっていく[141]。

広瀬久兵衛が福岡藩の財政改革に関与するようになったのは、福岡藩が大坂商人から直接に借銀をする道を断たれたが、嘉永五年冬に五万両を必要とするという事情があったからであり、このため福岡藩は幕領たる日田の商人との関係を強めていったのである。福岡藩の財政改革の一環としての生蠟仕組に参画した久兵衛のとった方針は、生蠟為替によって買い集めた生蠟を大坂へ送り、大坂商人の炭屋彦五郎をこの生蠟の蔵元として売り捌きを任せることによって、炭屋から福岡藩への借銀を確保するというものであった。実際に嘉永六年には炭屋から六万五〇〇〇両の借銀をすることになっている。この返済のためにも「炭屋生蠟一手売」を実現しなければならなかった。

この久兵衛の方針に対して、瀬戸惣右衛門を代表とする福岡・博多の有力蠟屋は、炭屋の一手売り捌きに反対していた。しかしかれらは生蠟の大坂積送りを否定していたわけではなく、大坂の生蠟問屋への直接売り捌きを主張していた。この点において久兵衛も瀬戸らも、大坂市場を重視することによって「生蠟為替仕組」を実施し、福岡藩財政難を解決することを考えていたのである。

しかし久兵衛と有力蠟屋との対立は、大坂市場での売り捌き方法だけの問題ではなかった。久兵衛は炭屋を蔵元として生蠟の売り捌きを一任する場合、福岡領内で生産される生蠟を生蠟会所で独占する方針を出していた。これは十分に領内に貫徹しなかったが、その理由は有力蠟屋の抵抗があったからであると思われる。つまり久兵衛が生蠟の独占の方針を打ち出す以前では、生蠟の買い集めは有力蠟屋に任されていたのであるが、生蠟統制の強化が実施されると有力蠟屋が従来もっていた問屋としての機能を喪失するからであった。

福岡・博多の蠟屋のなかで最も有力であった瀬戸惣右衛門はみずから板場を所有して生蠟・晒蠟の製造を行い、数人の使用人を雇って製蠟業に従事させており、また小板場や櫨栽培農民に資金の前貸しなどを通じて、櫨・蠟の集荷を図っていた[142]。瀬戸以外の有力蠟屋も同じような活動を行っていたと思われ、かれら有力蠟屋層は製蠟業者であるとともに、領内の生蠟の買い集めによって収益を上げていた生蠟問屋としての性格も合わせもっていたのである。

したがって、安政四年に久兵衛が福岡藩の生蠟仕組から手を引き、代わって有力蠟屋に生蠟仕組の実権が移ったということは、久兵衛の目指していた藩権力を背景として、生蠟会所による生蠟統制の強化という形態によって藩財源を確保しようとする方針からの変更であった。そして以後有力蠟屋に生蠟の買い集めを委任することによって、生蠟会所へ生蠟を集めることになった。ここに福岡藩においては藩権力自体が中心となった生蠟会所による生蠟統制という、強力な国産統制の実施が不可能になったことをうかがうことができよう。

安政四年以降の瀬戸惣右衛門を中心とする生蠟会所の運営や生蠟の買い集めの実態については今後の研究に俟ちたいが、現在のわかる範囲で述べておくと、博多と芦屋に生蠟会所を設置しており[143]、大坂の炭屋彦五郎の蔵元としての役割が継続しているのは、少しのちになるが元治元年十一月に、綿屋藤七の生蠟三九丸の代銀二一貫八二四匁余が炭屋彦五郎から博多生蠟会所へ渡されていることによって確認できよう[144]。また先述のように、櫨実の領外移出を禁止して領内における生蠟生産の増加をもくろんでいるが、安政四年には三万四九〇〇丸、翌五年には四万六八〇〇丸が生蠟会所へ集荷されている[145]。これは当時の福岡領内の生蠟生産高を八万丸とするとその約半分を占めていることになる。

集荷の具体的方法は生蠟会所が板場への「生蠟前為替金[146]」、つまり前貸金によって、生蠟の集荷を図っていたことは事実であり、これによって板場が生蠟会所の問屋制的支配を受けざるをえなくなる。このような点から、「全領内の独立手工業者（板場）が、製品販売市場から完全に遮断せられて、その独立性を失われつゝあった」との評価が成されている[147]。しかし会所の支配下に入った板場についてはこのようにいえるであろうが、会所への集荷が領内生産生蠟の半分程度であったことから考えると、「全領内」の板場が会所の問屋制的支配に組み込まれたとはいえないのではあるまいか。いずれにしろ、安政四年以後の有力蠟屋が実権をもつ生蠟会所での生蠟の集荷のありかたや、また大坂の生蠟問屋との関係などは今後検討すべき課題である。

福岡藩では天保四年に「生蠟仕組取発」が始められていたが、この時の方針に、「会所へ出荷之生蠟ハ、大坂兵庫にて右之者共（兵庫の鷹見右近左衛門・同清左衛門）え売捌為《（ママ）》、猶又見込ニ而者、江戸其外別口えも指向」、「何々会所ニ出荷致、売捌之都合等相減シ、月《（自カ）》分売相《（直カ）》段ニ不引合候ハヽ、何方え指登候共少も御構無之候」とあるように、生蠟の売捌地は大坂だけでなく、「江戸其外別口」、「何方え指登候共少も御構無之」と、広範な市場の開拓を図ろうとしていた[148]。しかし結局は「野田屋切手」に見られるように、大坂商人への依存を断ち切ることができなかった。また当時大坂の借銀整理は暫時元利の返済を延期するという方針をとったが、借銀の返済を先に延ばすだけで、抜本的な借銀整理は行われていない。このような福岡藩の天保期の藩財政のありかたが、嘉永・安政期においても大坂商人への借銀に依存しなければならないという状態をもたらしているといえよう[149]。

嘉永・安政期の福岡藩の生蠟統制策は、その買い集めに見られるように、福岡・博多の有力蠟屋を中心にして行われている。嘉永三年に領内に出張会所・中次会所が設置されたが、ここの責任者に任ぜられたのは多くが「町庄屋」・「宿庄屋」などの地方の富豪層や、製蠟業者であったと思われる[150]。かれらは炭屋への「生蠟一手御任」に有力蠟屋とともに反対したように、かれらの影響のもとにあったといえる。このように地方の板場の支配を行っている有力蠟屋を、藩が運営する生蠟会所の統制下に組み込んでいくことができたとすれば、ある程度藩権力による生蠟統制の強化をとおして、藩財政の再建の方向を見出すことも可能だったのではないかと思われる。

いずれにしろ嘉永・安政期の福岡藩財政が大坂商人への依存なしに維持しえないという状態は、大坂市場から自立化できなかったことを示している。一般的傾向として天保期には諸藩は領国経済圏の強化を行い、三都を中心とする全国市場から自立化していく方向を取るといわれている。そしてかかる諸藩の中で、全国市場からの領国経済の自立、強化を徹底させていった藩のなかから、明治維新に大きな役割を果たす雄藩が出現してくるとされている。藩財政改革の実施のために、福岡藩の国産たる生蠟の統制を有力蠟屋に依存し、その生蠟を大坂へ送って売り捌いていることや、また財政改革の具体策である「生蠟為替仕組」の実施の責任者として日田商人に依存しなければならないところに、領国経済体制の再編・強化が十分にできていなかったことが示されているといえよう。

注

(1)『日本近世商業資本発達史論・後篇』(日本評論社、一九三六年)。
(2) 右同、一七二―一八四ページ。
(3) 野口喜久雄氏「『積書』より見た広瀬家の経営」(『九州文化史研究所紀要』第一七号、一九七二年)。
(4) 原田敏丸氏「府内藩における青筵専売仕法」(宮本又次編『九州経済史論集』第一巻、福岡商工会議所、一九五四年)、安藤保氏「府内藩青筵専売制の展開」(『社会経済史学』第三五巻第一号、一九六九年)、作道洋太郎氏「対馬藩田代領における生蠟会所の経営」(『大阪大学経済学』第一巻第二号、一九五一年)、同「近世における銀札の性格―対馬藩田代領の研究―」(同、第二巻第一号、一九五二年)、長野暹氏「対馬藩田代領における銀会所・生蠟会所と日田商人」(『九州文化史研究所紀要』第一六号、一九七一年)。
(5) 遠藤正男氏前掲書、二六六―二八一ページ。
(6) 安岡重明氏「福岡藩に於ける財政救済策の展開」(前出『九州経済史論集』第一巻、一九五四年)。
(7) 遠藤正男氏「旧福岡藩の藩債」(『経済史研究』第一八号、一九三一年)。
(8) 檜垣元吉氏「福岡藩政史の研究―天保改革(一)―」(『史淵』第四〇輯、九大史学会、一九四九年)。
(9)「南陔日記」嘉永三年十月二五日条。以下「日記」と記す。「南陔日記」は広瀬久兵衛の「日記」であり、その原本は日田の広瀬家に蔵されているが、その写本が広瀬家と九州文化史研究所(現九州大学附属図書館付設記録資料館九州文化史資料部門)にある。本稿では主として九州文化史研究所の写本を使った。写本で不明の箇所は原本で補った。
(10) 嘉永五年の借銀については広瀬家文書の「筑前御仕組一条書物留」による。なお本文・表・注ともに断らない限り、引用史料は広瀬家文書である。
(11)「筑前御仕組一条ニ付登坂已後要用書留」。以下「要用書留」と記す。

(12) 福岡藩では安政の初め頃より、精錬所事業、鉄砲製造事業、造船事業、金鉱採掘事業などの富国強兵策を行っているが（宮本又次氏「福岡藩に於ける幕末の新事業」前掲『九州経済史論集』第一巻）、これらに必要な経費は藩財政の支出のなかに見当たらない。藩財政とは別の収入がこれらの事業に当てられていたのであろう。

(13) 「要用書留」。

(14) 右同。

(15) 右同。当時の福岡藩の財政難解決の方法として広瀬久兵衛は、借銀返済を一年間停止し、借銀収納・返済を除外して、本年貢を中心とする「御手賄」による藩財政を実施することによって、財政難の危機を乗り切ることを提言している（「日記」嘉永六年七月二九日条）。

(16) 「筑前要用留」。

(17) 遠藤正男氏前掲論文。

(18) 「筑前諸用留」。

(19) 右同。安政元年に当時福岡藩財政の責任者たる黒田醒翁が大坂へ行き、大坂の銀主たちに借銀の返済延期について交渉し、「全当時御差引之御手立無之分、凡金七拾六万六千弐百九拾両余之御借財高、当寅年ゟ八ケ年之間元利共置居」とした（遠藤正男氏前掲論文）。本文で述べた大坂での「置居」銀二万七〇〇〇貫余（約四〇万両）もこの「借財高」に含まれていると思われる。

(20) 「日記」安政二年三月十八日条。

(21) 右同、安政二年八月二〇日条。

(22) 「筑前諸用留」。

(23) 「要用書留」。

(24) 安政二年の藩財政は、「御財用繰至此節、必至と被及差支、何分御凌之道無之、大坂表之御借財、御仕法者相立居候得共、日田御国民ゟ御借り入年割御返済米も、凡弐拾万俵高ニ近く、其外上野御郡代金御返納、彼是御不足高三拾万俵余ニ相成、其内差紙御渡辻之分、九月ゟ者如何様御蔵付可相成哉難計」という状況であった（「筑前諸用留」）。

(25) 「筑前諸用留」。

(26) 右同。

(27) 「日記」安政三年十月五日条。
(28) 炭屋からの借銀七万七〇〇〇両は、五万両が「御改正ニ付調達」、二万七〇〇〇両は「御臨時調達」であり、安政三年十二月と翌四年の一月に一万五〇〇〇両、二月と三月に一万両、四月と五月に一万三五〇〇両ずつの調達であった（「日記」安政三月十月九日条）。このときの返済方法については明らかでないが、「諸産物ニ而払入と申処、蠟代被差押候訳ニ者相成間敷哉」との意見に対して、久兵衛は「夫（蠟代）者銀会所江引受、夫々生蠟会所戻入度取計候心得」であると答えており（「日記」同、十月十日条）、生蠟を借銀返済の引当にしない方針であった。
(29) 表4参照。
(30) 「筑州表当用書物留」。
(31) 「明治二年筑州御藩中御触写」。
(32) 遠藤正男氏前掲書、一七三ページ。
(33) 「日記」文久三年四月二七日条。
(34) 末松政右衛門は幕領である筑前怡土郡加布里の商人である。
(35) 「筑州表当用書物留」。
(36) 「積帳」の福岡藩関係については野口喜久雄氏よりご教示いただいた。記してお礼を申し上げる。なお広瀬家の「積帳」については野口喜久雄氏前掲論文による詳細な研究がある。参照していただきたい。
(37) 「預り」につては野口喜久雄氏前掲論文で説明されている。
(38) 「要用書留」。
(39) 「日記」嘉永三年十月十二・十五日条。
(40) 右同、嘉永四年七月四日条。
(41) 右同、嘉永五年三月十九日条。
(42) 安川巌「福岡藩幕末期における特権商人加瀬屋の研究（二）」（『福岡地方史談話会会報』第一三号、一九七三年）。
(43) 「内野御氏江返書并愚按書控」。
(44) 「日記」嘉永五年九月二一日条。
(45) 以上、「書物留」。

(46) 以上、「福岡藩扶持達書并往復文書」。
(47) 「愚案」(九州文化史蔵写本)。
(48) 「日記」安政二年十月十五日条。
(49) 「筑州表当用書物留」。野口喜久雄氏前掲論文中の「積帳」に、安政三年に福岡藩への献金が一五〇〇両と記されている。これは「積帳」が「正月二日の資産の記録」であるため、安政二年冬の献金が安政三年の項に計上されているわけだが、二〇〇〇両でなしに一五〇〇両となっているのは、博多屋三右衛門分の五〇〇両が除かれているためである。博多屋三右衛門は天保元年に広瀬家から分家しているからである。
(50) 「日記」安政三年二月二八日条。
(51) 伊東尾四郎「松本平内事蹟」(『筑紫史談』第七一・七二集、一九三七年)。
(52) 「日記」安政三年十一月二五日条。
(53) 『福岡県史・第二巻上冊』(一九六三年)三九五ページ。
(54) 「日記」安政三年十一月二五日条。
(55) 右同、安政四年三月二四日条。
(56) 「筑州表当用書物留」。
(57) 加瀬家については安川巌氏「福岡藩幕末期における特権商人加瀬家の研究(一)・(二)(『福岡地方史談話会会報』第一二・一三号、一九七二・一九七三年)に詳しく述べられている。安川氏によると加瀬家は、「福岡湊町で酒造・質屋隠岐国問屋等を営むとともに、福岡・秋月両藩銀主、福岡藩御家中御世帯銀主を請持っ」ていた。福岡藩では町人の格式の序列として、「両大賀・大賀次・年行司・年行司次・年行司格・御用聞町人格」があり、加瀬家は天明八年より福岡年行司および年行司次に就任している。弘化四年に藩から禁足を命じられたが、嘉永三年には再び年行司格となり、御用聞町人に任ぜられていた。
(58) 「筑州表当用書物留」。
(59) このときの永納は広瀬家にとって相当な負担であったらしく、それは次の史料にみることができる。

去未年之義者七月中福岡表ゟ兼々之調達金、御悩之御相談有之、九月ゟ父子共出福、種々難立候得共、詮候処調達金元利七千五百両程之分、全永納ニ相成、御扶持方三十七人被下置、猶又正金二千両無利息年賦返納ニ

而拝借被仰付、父子共十一月ゟ引取、身上八六千両無之ニ付、半方三千両隠居手元ゟ出金ニ相成、半方三千両
当申年正月店卸ゟ相減候間、以後暮方出来兼可申、甚心痛之事共ニ付家内申合、質素倹約可致処八百両余相
残、（下略）（野口喜久雄氏前掲論文）

広瀬家の永納にともなう扶持米は、安政六年十月段階で四五人扶持であったが、三七人とあるのはその後変更があったのであろうか。なお拙稿「幕末における福岡藩財政改革と日田商人広瀬家」（『九州文化史研究所紀要』第一七号、一九七二年）において、安政六年の永納金は二〇〇〇両であったとしたが、これは安政二年の永納金であたことに訂正したい。

(60)「筑州表書物留」。

(61) 野口喜久雄氏「近世における櫨樹栽培技術の成立と展開」（『九州文化史研究所紀要』第一五号、一九七〇年。のち『近世九州産業史の研究』に収載。一九八七年）。

(62)「郡役所」（『福岡県史資料・第四輯』、一九三五年）。

(63) 遠藤正男「福岡藩の櫨蠟取引と銀会所諸札」（『経済史研究』第二五号、一九三一年）。

(64)「福岡藩民政略誌」（『福岡県史資料・第一輯』、一九三二年）。すでに元文・延享ころに相当量の櫨・蠟が大坂へ積み送られていたともいわれている（前注（63）遠藤正男氏前掲論文）。

(65)『福岡県史・二巻上冊』（一九六三年）六八〇・六八一ページ。

(66) 当史料の原本は九州文化史研究所蔵の三奈木黒田家文書のなかにあるが、ここでは宮本又次編『九州経済史論集』第三巻（一九五八年）「寛政九年十二月『御国中櫨実蠟御仕組記録』」に拠った。

(67) のち甘木にも蠟会所が置かれ、博多口から積み出すことになっている。

(68)『福岡県史・二巻下冊』（一九六三年）六三ページと注（63）遠藤正男氏前掲論文によると、蠟座切手は寛政八年に発行されたという。しかし表1によると「寛政十・櫨実蠟仕組ニ付銀切手出来」とあり、これが「蠟座切手」と思われる。「御国中櫨実蠟仕組」に蠟座切手のことが出てこないのは、この「御仕組記録」が寛政八年十月から翌九年閏七月までの記述であることから考えると当然のことである。

(69) 注（63）遠藤正男氏前掲論文。

(70) 生蠟の入札売りに対して大坂の生蠟問屋・仲買は、「是迄大坂表ニ御蔵蠟と申候者、七蔵ゟ外無之候、八蔵ニ相成候

而ハ法式も乱レ、其外問屋仲買共難渋之次第も御座候ニ付、入札之儀御断申上候」（「御仕組記録」）と反対している。

(71) 注（61）野口喜久雄氏前掲論文。

(72) 注（63）遠藤正男氏前掲論文。ただし「福岡藩民政略誌」では、「文政九年国産仕組受持といふ職を置き、櫨蠟鶏卵を専らとし、他の産物を併せて、売買せしめられしかども、利なくして、同十一年廃せられぬ」とあり、遠藤氏の評価とは異なっている。

(73) 天保十一年「鶏卵生蠟仕組ゟ御笠郡夫銭元銀調達并日田融通講へ仕戻一件」（九州文化史研究所蔵写本）。

(74) 右同。

(75) 「加瀬家記録」（安川巌氏蔵）。以下「加瀬家記録」よりの引用史料は、すべて福岡藩特権商人加瀬家を研究されている安川巌氏のご教示によるものである。記して感謝の意を表す次第である。

(76) この野田屋切手については注（63）の遠藤正男氏前掲論文では、「大坂にては、この手形（為替手形）を野田屋へ持参すれば何時にても正金たらしめ得べく、荷受人たる野田屋はその貨物に対して現金若くは手形を蔵屋敷に支払ふのである。又博多に於ては何人でも生蠟会所で正金に引替へ得た」と説明している。

(77) 「加瀬家記録」。

(78) 以上、「筑前御仕組一条書物留」。以下「書物留」と記す。

(79) 「日記」嘉永二年閏四月十四日・十五日条。

(80) 「書物留」。

(81) 「日記」嘉永二年六月十三日条。

(82) 「書物留」。

(83) 「書物留」。

(84) 「加瀬家記録」。

(85) 「書物留」。

(86) 以上、「書物留」。

(87) 「日記」嘉永三年十月二一・二四・二五日条。

(88) 「加瀬家記録」。

（89）以上、「書物留」。
（90）右同。
（91）嘉永二年十二月から翌三年四月までの大坂への出荷数は、生蠟五二一丸と蠟燭一七箱、為替金は一一八九両二歩であった（「書物留」）。
（92）「書物留」。
（93）右同。
（94）これより以前に広瀬久兵衛は、銀会所に引替備金として四〇〇〇両の調達をしていた（「筑州表当用書物留」）。
（95）野田屋切手の回収の方針は、広瀬久兵衛の意見から三か月後の六月に出されている（「書物留」）。
（96）以上、「書物留」。
（97）以上、右同。
（98）「日記」嘉永三年十月二二日条。
（99）「書物留」。
（100）このときの藩札は『福岡県史・二巻下冊』（一九六三年、一六四ページ）では五分・一匁・三匁・五匁・一〇匁の五種類であったとしているが、「加瀬家記録」には、「銀拾匁より以下三分迄色ハいろ〱、裏ニ福岡銀会所と有之」とある。
（101）「加瀬家記録」。
（102）右同。
（103）「書物留」。
（104）広瀬久兵衛は藩札の信用を維持するために、引替手当金を他に流用することを戒めているのが次の史料からわかる。

（前略）、御厳重ニ御規則相立、御手厚之訳下方江貫通、御国中一般ニ札信用仕候ハヽ、過分之出札高と相成り候、右札代り之正金御金蔵江相集可申、其節ニ至り引当手当金、過分ニ者入用有之間敷と被思召、万一外御入用ニ御取用被遊候時者、破れ之端ニ可相成奉存候（「書物留」）。

（105）「書物留」。

(106) 右同。
(107) 銀会所における新藩札と正金との引替は次のようにされた(「書物留」)。
一諸上納物都而此節之新御切手を以、相納候様被仰付度、左候得者正金銀持参、御切手ニ引替候様可相成、則引替方左之通
一正金壱両持参之もの江代切手六拾八匁
但、上納金ニ相成候得者、御銀会所包ニ而相渡、不包切手相渡候節者、包賃弐拾四文相添ル
一右御銀会所包之札者、封印等厳重ニ相見候間者、幾度も上納ニ御取揚被下度事
一御切手持参、正金ニ引替候節者、都而廿四文之包賃受取、引替可申事、但、上御入用ニ而引替候節者不及包賃
(108) 「日記」嘉永五年七月二十日条。
(109) 「愚案書控」。
(110) 「日記」嘉永六年二月十七日条。
(111) 福岡藩では安政三年に「一切札を以急場御凌」の改革が行われていることは先述したが、これは安政元年に生蠟為替以外約一五万両の藩札が使用されているという状況を、さらに推し進めようとしたものだったのであろうか。
(112) 「愚案書控」。
(113) 「書物留」。
(114) 「要用書留」。
(115) 「日記」嘉永六年四月一日条。
(116) 右同、嘉永六年四月三・四・五日条。
(117) 右同、嘉永六年三月三〇日条。
(118) 右同、嘉永六年四月五日条。
(119) 「要用書留」。
(120) 右同。
(121) 右同。
(122) 広瀬久兵衛は炭屋彦五郎へ、「兎角荷主共折合兼候意味有之候ニ付、荷主総代として釜屋惣右衛門江登坂被仰付候

方、可然旨申立置候、御面倒ニも可被思召候得共、同人者御国方ニ而重立候身元、且若年ニ者候得共、人望も有之ものニ付、入札売之次第并各様御骨折之訳見聞仕、荷主共ニ理解申聞候ハヽ、一同帰伏可仕相察候間、此段不悪御承知被下、入札売折合宜永続仕候様御示談被下度奉頼候、定而外ニも壱両人同道いたし候事と奉存候」と書き送り（「要用書留」）、生蠟荷主の釜屋惣右衛門らが大坂へ来る予定であるので、その折りには入札売りについて説得するよう依頼している。

(123) 福岡領内の生蠟生産高については、宮本又次氏「上野勝従の『存寄書』について」（『大阪大学経済学』第三巻第四号、一九七三年）によると、「生蠟壱丸二両三歩八百ケ村に而四百万丸　二万丸五万両に積り金二十万両」となっている。生蠟二万丸の代金が五万両とすると、代金二〇万両では生蠟八万丸となり、前出の四〇〇万丸では計算が合わない。宮本氏が使ったと思われる九州文化史研究所蔵の「存寄書」写本も「四百万丸」となっている。一方遠藤正男氏は前掲書（二六三ページ）で、「生蠟壱丸金弐両弐歩八百ケ村ニ而八万丸、弐万丸代五万両ニ積り金弐十万両」と記している。「四百万丸」と「八万丸」の相違の事情は不明であるが、多分遠藤氏は計算し直して八万丸に修正したのではあるまいか。ここでは遠藤氏の「八万丸」に拠ることにした。

(124) 安政二年三月十六・十七日条。

(125) 安政二年十一月二八日条。

(126) 安政三年四月七日条。

(127) 安政三年十一月二五日条。

(128) 安政四年二月十六日条。

(129) 安政四年三月八日条。

(130) 安政四年三月九日条。

(131) 嘉永三年十月十一日条。

(132) 安政四年三月十四日条。

(133) 安政四年三月二四日条。

(134) 安政四年四月一日条。

(135) 安政四年四月九日条。

(136) 安政四年四月十二日条。
(137) 安政四年四月十四日条。
(138) なお、晒蠟について広瀬久兵衛は安政三年末頃に、「長崎白蠟之義ハ、新実取下晒候様御取計、可然旨申上ル」と（「日記」安政三年十二月四日条）、長崎におけるオランダとの晒蠟取引に関心を示している。その後も、「白蠟出来之積書為御見被下候様」（同、安政四年三月六日条）、「白蠟之事ハ長崎の左右次第ニ御談可申」（同、十四日条）、「長崎白蠟代、御前借出来候旨之御趣向、御内談之趣御内話委細相認」（同、十五日条）などとあり、長崎での白蠟の売り払いを積極的に進めようとしていた。
(139) 安藤保氏前掲論文。
(140) 遠藤正男氏前掲書二九〇―二九七ページ。
(141) 以上、注（4）中の長野暹氏前掲論文。
(142) 遠藤正男氏前掲書二七〇―二八二ページ。
(143) 右同、二七六ページ。
(144) 「釜物文書」（九州大学経済学部経済史研究室蔵）。「釜物文書」の閲覧に当たり九州大学教授秀村選三先生に御世話になった。厚く御礼を申し上げたい。
(145) 遠藤正男氏前掲書、二七六・二七七ページ。
(146) 参考までに「生蠟前為替金」の事例を次に紹介しておく（前出「釜物文書」）。

生蠟前為替金拝借証文之事

一金三百両

右之通拝借被仰付、請取申上候処相違無御座候、右引立私所持之居家建込指出召置候、尤上納之義者来辰八月限、生蠟出荷月割ヲ以、御上納可申上候、勿論御極月限之内、故障筋ニ而勝手ケ間敷義、御願申上間敷候、万一御上納延引仕候節ハ、組合板場中ゟ上納可仕筈ニ付、同人共江御会所ゟ御渡之御銀、并仕切残銀ヲ以、直ニ御引上被仰付候、同人共江ハ私ゟ直ニ返済仕可申候、若延引仕組合共難渋仕候ハヽ、引当之口々御会所江御引上、組合中江御渡被仰付度、則組合中請合之奥判為仕、猶又為念大庄屋村役人衆奥判申受、指上召置候上ハ、毛頭相違無御座候、為後日借証文如件

（中略）

慶応二年卯十二月　　志摩郡前原宿大庄屋

西原藤七

生蠟御会所

(147) 遠藤正男氏前掲書、二七七ページ。

(148) 檜垣元吉氏前掲論文。

(149) 福岡藩の天保改革について安川巌氏は、「西南諸藩がそれぞれ地域的条件を生かした政策—たとえそれが復古的封建反動・徹底した専売仕法の成果吸収にあったにせよ—によって天保改革を成功に導き、近代的軍事力を編成して討幕勢力の主力となったのに反し、福岡藩の財政改革は失敗に帰した。改革失敗によりますます窮迫化した財政問題は、以後の政治動向を決するうえで大きな障害となったことは否めない事実であろう。とすれば、幕末期の福岡藩政を解明するうえで、天保改革のもつ意義を改めて見直す必要がありはしないだろうか」と指摘されている（前掲「加瀬屋の研究（一）」）。

(150) 嘉永六年の「日記」に生蠟会所や中次会所の役人として、「芦屋会所受持銀預り太田源次郎・蛭子屋平四郎」（四月三日条）、「黒崎生蠟会所懸り役見ケ〆同町庄屋桜屋藤四郎・銀預り主杉屋忠右衛門・同綿屋太八郎」（四月四日条）、「飯塚宿庄屋中継（次）会所上見役兼通太・同御銀役古川久右衛門・会所受持古賀屋次郎七・同板場頭取護摩屋又五郎」（七月十九日条）などの人名がみえる。

あとがき

本書は近世における讃岐の高松藩と丸亀藩の財政に関して、これまで発表してきた研究をまとめた論文集です。いずれの藩も藩政文書が残っているわけではないので、収載した個別の論文は、藩政文書にもとづいて藩財政の実態を明らかにし、その上で藩財政難の解決の具体的な内容を検討したというものではありません。地方文書の「御用日記」等を中心として収集した史料によって、藩財政のあり方の分析を試みたものにしかに過ぎません。したがって、両藩の藩財政史の研究という点では不十分なものであることを断っておきたいと思います。

香川大学に昭和四三年に赴任して以来三五年間奉職し、現在勤務している徳島文理大学を含め四〇年余の間、讃岐の近世史について研究を続けてきました。その成果の一部として概説的内容のものですが、『地域にみる讃岐の近世』・『藩政にみる讃岐の近世』（いずれも高松・美巧社刊）を発表しました。これらに含まれていない個別の研究論文については、いずれ機会を得てまとめておく責任があると以前より思っていましたが、この度、藩財政に関する内容のものをようやく一書にまとめることができました。

本書を構成する論文を発表した掲載誌等は次のとおりです。

Ⅰ部　高松藩

第一章　高松藩の砂糖流通統制（「讃岐高松藩における砂糖の流通統制」『香川大学教育学部研究報告』第Ⅰ部第四四号、一九七八年）

第二章　高松藩の砂結為替金（「讃岐高松藩における砂糖為替金」渡辺則文編『産業の発達と地域社会』。溪水

社、一九八二年）

第三章　高松藩の藩札と流通（同題、『香川大学教育学部研究報告』第Ⅰ部第八〇号、一九九〇年）

第四章　高松藩砂糖統制と久米栄左衛門（同題、徳島文理大学文学部『比較文化研究所年報』第二四号、二〇〇八年）

Ⅱ部　丸亀藩

第五章　丸亀藩の藩札と国産統制（「丸亀京極藩における藩札と国産統制」『香川大学教育学部研究報告』第Ⅰ部第七七号、一九八九年）

第六章　丸亀藩御用銀と「直支配」・「会釈」（「丸亀藩財政の一側面―御用銀と『直支配』・『会釈』―」『香川史学』第三一号、二〇〇四年）

第七章　丸亀藩財政と中井家・長田家（「丸亀藩と商人」『新編丸亀市史2・近世編』、一九九四年）

附論

福岡藩「生蠟為替仕組」と広瀬久兵衛（同題、杉本勲編『九州天領の研究』。吉川弘文館、一九七三年）

第一章から第七章までは部分的に手を入れた箇所はありますが、内容的にはほとんど元の論考のままです。なお第三章「高松藩の藩札と流通」と第五章「丸亀藩の藩札と国産統制」は、日本銀行金融研究所の委託研究報告『高松藩・丸亀藩における藩札の史料収集と研究』（昭和六三年四月）が基になっています。また第七章は論文として発表したものではありませんが、丸亀藩にとって重要な内容だと考え論文の体裁に直しました。

附論の「福岡藩『生蠟為替仕組』と広瀬久兵衛」は、当時九州大学教授の杉本勲先生を代表者とする、九州大学九州文化史付属施設を中心とした昭和四三・四四年度の文部省科学研究費「近世日田とその周辺地域の総合的研究」に、政治史班のメンバーの一人として参加させていただいた時の成果です。ページ数のこともあって削除・訂正したところが多くありますが、藩財政と国産統制に関するテーマが、その後の私の讃岐近世史研究の中心的課題になっていくとは、その頃は考えてもみなかったことだっただけに、拙い内容のものでありますが私にとって印象深い論考です。

香川大学に赴任して四年後の昭和四七年四月から、教育学部歴史研究室の学生たちが自主的に香川県内の近世文書の所在確認の調査を始めました。学生たちが旧家を訪闇し調査内容等を記した「調査日誌」を見ますと、昭和四七年四月一日に観音寺市から始まっており、最後は昭和五一年三月二八日の綾歌郡綾南町での調査となっています。この四年間に学生たちは毎年春休みと夏休みに二泊三日の合宿を行って、香川県の西の旧豊田郡豊浜町から東の旧大川郡引田町までの調査を実施しています。私もできるだけ参加しましたが、この調査は学生による自主的な研究活動として行われ、当時四国新聞・山陽新聞をはじめ各紙で取り上げられました。年月日ははっきりしませんが、おそらく調査の終わり頃に、学生が作成し調査先へ送った「史料調査報告1」によると、訪問して調査した総数は二九七軒と記されています。

昭和五五年四月から香川県では「置県百年」の記念事業として『香川県史』の編纂を始めました。私の属した近世史部会では香川県下の近世文書の悉皆調査を実施することを目指して活動を開始しましたが、その時の出発点となったのは香川大学の学生たちによる近世文書の所在確認調査の成果でした。学生とともに行った史料調査を通し、さらに香川県史編纂のための部会員の方々と行った近世文書の調査の成果によって、私の讃岐の近世史の研究が進められていったことはいうまでもありません。本書が刊行できたのもこれらの多くの方々のご援助のお陰であるのを忘れることはできません。

本書は近世の讃岐に関する多くの史料によって記述されています。史料調査の際には所蔵されている方々や資料館等のご厚意とご協力をいただいたことを託しておきたいと思います。また厳しい出版状況の中、本書の刊行をお引き受けいただいた溪水社の木村逸司氏に感謝致しております。

最後になりましたが、讃岐とは全く縁のなかった私を、暖かく迎え入れて下さった多くの方々のこれまでのご厚情を大変有り難く思っています。心よりお礼を申し上げます。

平成二十年十二月

木原溥幸

著者紹介

木原溥幸（きはらひろゆき）

1939年4月　福岡県生まれ。
1967年3月　九州大学大学院文学研究科博士課程（国史学専攻）中途退学。
1967年4月　九州大学助手（文学部）。
1968年4月　香川大学助手（教育学部）。
1980年4月　香川大学教授（教育学部）。
1998年2月　九州大学より博士（文学）の学位授与。
2003年3月　香川大学定年退職。
2003年4月　徳島文理大学教授（文学部・香川校）。（現在に至る）

主要著書
『幕末期佐賀藩の藩政史研究』（九州大学出版会　1997年）。
『香川県の歴史』（共著）（山川出版社　1997年）。
『近世の讃岐』（編著）（美巧社　2000年）。
『讃岐と金毘羅道』（編著）（吉川弘文館　2001年）。
『地域にみる讃岐の近世』（美巧社　2003年）。
『藩政にみる讃岐の近世』（美巧社　2007年）。

近世讃岐の藩財政と国産統制

平成21年 3月 1日　発行

著　者　木原溥幸
発行所　㈱渓 水 社
広島市中区小町1－4（〒730-0041）
電話（082）246－7909
FAX（082）246－7876
E-mail：info@keisui.co.jp

ISBN978-4-86327-049-7 C3021